PETER HAFF
DIE UNGENAUE LAGE DES PARADIESES

PETER HAFF

DIE UNGENAUE LAGE
                DES PARADIESES

Eine Reise zu verlorenen Städten

LUCHTERHAND

© 2001 Luchterhand Literaturverlag GmbH, München
Satz: Filmsatz Schröter, München
Druck und Bindung: GGP Media, Pößneck
Alle Rechte vorbehalten. Printed in Germany
ISBN 3-630-87090-2

Im September vorigen Jahres ging ich
in mein Schlafzimmer, öffnete die
Fenster weit, verzauberte mich
und flog davon.
Ich habe es nicht bereut –

Wolfgang Hildesheimer

»Großmütter sterben aus. Meine Großmutter hatte noch Falten, graues Haar und ein Vogelnestchen im Nacken.« Mit diesen Sätzen hatte ich vor Jahren einen Roman begonnen, der alsbald im Büchermeer davontrieb und versank.

Diese Großmutter hat es gegeben, auch den Biedermeierschrank gab es, in dem sie viele ihrer eifrig gehorteten, meist wertlosen und ziemlich unnützen Dinge verwahrte. Im Schrank gab es Schuhlöffel, Griffe altmodischer Wasserspülungen, Aschenbecher und Flaschenöffner, lauter Dinge, die Großmutter im Laufe der Jahre in den Hotels ihrer extravaganten Wahl hatte mitgehen lassen.

Ich erinnere mich an das Gesicht der alten Frau, es überzog sich mit einem flüchtigen Rot, wenn ich sie vor dem Schrank überraschte. Erst als Erwachsener, ich wurde sehr spät erwachsen, begriff ich, daß es in jedem Haus, in jedem Menschen eine Zone der Ruhe gibt, wo die Erinnerung hinschlüpft, um Kräfte zu sammeln für die Utopien der Zukunft.

Unter all den Dingen im Schrank lag neben einem bemalten Entenei ein abgegriffenes Buch; sein Titel lautete: »Die Nabatäer«. Ich besitze das Buch noch heute, und heute noch strahlt das Wort denselben geheimnisvollen Klang aus wie damals, als meine Großmutter mir daraus vorlas: »Wenn du auf der Straße des Weihrauchs nach Süden reitest, gelangst du nach Petra, der Stadt der Nabatäer.«

Lange Zeit hatte ich mir die Nabatäer als hochgewachsene, schöne Menschen vorgestellt, die sich vom Duft des Weihrauchs nährten und demzufolge auf die Begleiterscheinungen der Verdauung verzichten konnten. Ich hatte mir Petra als Ort gedacht, wo die Schlachten zum Stillstand gekommen und die Schwerter und Lanzen für immer unter Gräsern begraben waren.

Der Plan, nach Petra zu reisen, war dreißig Jahre lang durch irgendwelche anderen Reisen immer wieder aufgeschoben worden, bis sich im Oktober 1999 eine unerwartete Gelegenheit bot. Ich war von einer Lesereise aus Moskau spät abends nach Hause gekommen, hundemüde, die Maschine hatte drei Stunden Verspätung, als das Telefon klingelte. In meinem Kopf kreisten noch die Gesänge der bärtigen Mönche im Kloster Sagorsk, das ich am Morgen besucht hatte. Ich ließ das Ding eine Weile klingeln, hob dann, genervt von dem aufsässigen Geräusch, schließlich doch ab. Eine Freundin meiner Frau rief aus London an, ich weiß, es ist schon Mitternacht, sprudelte sie los, aber ich muß mit euch sprechen, du erinnerst dich, ich habe vor zwei Jahren diese Reise »LOST CITIES« gebucht.

Zwei Jahre lang hatte das »Zegrahm Expedition« Unternehmen in Seattle die Reise »TO HISTORY'S LOST CITIES« geplant und organisiert; eine Reise im Privatjet von London zu Orten, die bei jedem von Fernweh Geplagten als Juwelen ganz oben auf der Wunschliste stehen.

Petra in Jordanien, Muskat in Oman, Rangoon und Pagan in Burma; von dort weiter nach Laos, Vientiane und Luang Prabang. Von Laos aus sollte Kambodscha angeflogen werden, drei Tage in der Ruinenstadt Angkor Wat. Dann Nepal, Kathmandu und von dort in kleinen Maschinen nach Tiger Tops, einer Lodge im Royal Chitwan National Park. Nordwärts nach China; von Chengdu hinauf in die Eisregionen des Himalaya, Lhasa in Tibet. Die Ziele im letzten Drittel der Reise sollten Ulan Bator in der Mongolei und, als Krönung, Samarkand in Usbekistan sein.

Achtzig Leute, sagte die Stimme am Telefon, die Harrisons können nicht mitkommen. Hättet ihr Lust?

Die Sache hatte einen Haken: die Beschaffung der Visa in knapp zehn Tagen. Dreißig Fotos pro Person, ein Bündel Formulare, das sogar bei einem, der auf bürokratische Pflichtübungen weniger gallig reagiert als ich, Schweißausbrüche verursacht. Nach fünf Tagen sah es so aus, als könnten wir die Reise tatsächlich mitmachen. In der Zwischenzeit hatte ich reichlich Gelegenheit, mich bei Gesprächen mit Bekannten über meine farblosen Argumente zu ärgern; wenn ich von der Reise erzählte, mußte ich andauernd hören, Fast food à la McDonalds, sie versicherten mir maliziös lächelnd, ich müßte an jedem dieser Orte mindestens zwanzig Jahre gelebt haben, um auch nur ahnen zu dürfen, wie das Land und die Leute beschaffen seien.

Natürlich, ich wußte, daß es bei weiten Reisen nicht nur eine Ankunft gibt. Erstens kommt man physisch am Bestimmungsort an, zweitens trifft man dann später irgendwann wirklich ein; das ist die Ankunft der Sinne, der nur schwer beschreibbaren Wahrnehmung. Dafür würde auf dieser Reise kaum Zeit bleiben. Auch würde sie so völlig verschieden von der Art des Reisens sein, die ich gewohnt bin, langsam, oft unter prekären Verhältnissen, vor allem allein und ohne Programm.

Drei Tage vor der Abreise lieferte uns UPS eine Kiste ins Haus. Inhalt: zwei Rucksäcke, zwei »Wheelys« (kleine Koffer mit Rädern), zwei dunkelblaue Anoraks, alles mit großen runden Plaketten versehen, auf denen »LOST CITIES« stand. Es gab ein Handbuch, in dem Anweisungen für die

Reise aufgelistet waren; entsprechende Kleidung in den verschiedenen Klimazonen, der Hinweis, daß man aus logistischen Erwägungen während der ganzen Reise ein Namensschildchen mit Foto an sich tragen müsse, und Empfehlungen für die Reiseapotheke.

Da stand zum Beispiel, es sei empfehlenswert, wegen des Höhenunterschiedes von Chengdu nach Lhasa sehr viel zu trinken (um Himmels willen keinen Alkohol) und ein Medikament zu schlucken, das Diamox heißt. Unser Hausarzt, ein friedlicher Pilzsucher, der die Heimat nie verlassen hat, bestätigte die Empfehlung unter ernsthaftem Nicken.

Siehst du, sagte S., alle werden das Diamox nehmen, nur du bist so eigensinnig und behauptest, du brauchst so was nicht. Du bist bestimmt der einzige, der ohne sein Bier nicht auskommt.

Als sie am Abend einem befreundeten Chirurgen, der sich oft in hohen Gebirgsregionen aufhält, von meinem Eigensinn erzählte, sagte der nur, Blödsinn, ihr braucht das beide nicht, Lhasa liegt auf 3600 Metern Höhe. Wenn du Diamox schluckst, meine Liebe, mußt du eine Großpackung Windeln mitnehmen, Pampers, verstehst du, oben rein, unten raus. Oder du trägst Gummihöschen.

Als wir am ersten November im Taxi zum Flughafen Kloten fuhren, lagen auf der Ladefläche des Kombi zwei große Koffer, zwei Wheelys, zwei Rucksäcke plus einige unhandliche Kleinigkeiten, auf die zu verzichten wir uns nicht entschließen konnten. Während der Fahrt sagte S. plötzlich, sag mal, hast du daran gedacht, über diese Reise zu schreiben?

Ich hatte darüber nachgedacht, den Gedanken aber verworfen.

Nein, antwortete ich, das heißt, ich glaube nicht, daß es sinnvoll wäre, den abertausend Bänden Reiseliteratur einen hinzuzufügen.

Es sei denn, du würdest einen Aufhänger finden.

Fällt dir was ein?

Wie wär's mit einer Frage? Sind wir in jeder Gesellschaft, an jedem Ort, den wir aufsuchen, zu jeder Zeit jeweils andere?

Ich schaute zum Fenster hinaus. Ein grauer Novembertag, Allerheiligen; die Menschen gingen auf die Friedhöfe, um an den Gräbern Kerzen anzuzünden. Manche der Alten dachten vielleicht an die Auferstehung der Toten. Lineares Denken. Dort, wo wir in ein paar Tagen sein würden, glaubte man an die Wiedergeburt. Denken in Zyklen. Jeder hoffte auf etwas, das ihn für die Arbeit des Lebens und Überlebens belohnen würde. Für jeden verbarg sich in dieser Hoffnung ein anderes Paradies.

London; 2. November; Langham Hilton Hotel

Ich hatte den Tag benutzt, die Regent Street entlangzuspazieren und mir bei »Bentleys« ein feudales Mittagessen zu gönnen. S. war mit unserer Freundin in der Stadt unterwegs, um bei »GAP« und »Harrods« Weihnachtsgeschenke zu kaufen. Ich machte einen Umweg über den Waterloo-Place, bevor ich zurück ins Hotel wollte. In einer mit Lorbeerbüschen bewachsenen Ecke des Platzes fiel mir die Bronzebüste eines Mannes mit energischem Kinn und Bergerac-Nase auf; Sir M. A. G. Edward-Tonelli,

1789–1848. Bereiste Laos, Burma, Nepal, Tibet und die westliche Mongolei.

Es gibt Zufälle, denen man nachgehen sollte. Ich hatte Zeit und fuhr mit dem Taxi in die London Library; vielleicht gab es ein Buch über die Reise, die Edward-Tonelli vor mehr als hundertfünfzig Jahren an einige der Orte geführt hatte, die wir aufsuchen würden. In der London Library gab es zwei Titel unter dem Namen Edward-Tonelli, die ich im Lesesaal anschauen konnte; dazu reichte meine Zeit nicht. Der freundliche Invalide an der Information gab mir den Rat, ein Antiquariat an der Beaver Street aufzusuchen, wo ich mit einigem Glück alte Jahresberichte der »Royal Geographical Society« auftreiben könnte. Im Antiquariat »Foolscase« fand ich tatsächlich eine Ausgabe von M. Antony Edward-Tonellis Reisebericht; das Buch war 1891 in Verona bei Ortelli gedruckt und in italienischer Sprache geschrieben; der Titel war eher ungewöhnlich: »Pflückt Rosenknospen, solange es geht«.

Am Abend erwartete uns ein Galadiner, zum gegenseitigen Kennenlernen, wie es im Programm hieß. Es muß kurz nach der Vorstellung des sympathischen Reiseleiters Mike Mikkham gewesen sein, als ich mein mit Foto versehenes Namenstäfelchen zum ersten Mal verlor; die Ersatztäfelchen (Zegrahm hatte an alles gedacht) verlor ich in Rangoon und Kathmandu.

Ich überflog die Damen und Herren, die da mit Gläsern in den Händen herumstanden und freundlich Konversation machten. Die meisten waren in einem Alter, in dem man anfängt, Nichtmehrkönnen mit Nichtwollen und Gesundheit mit Abgeklärtheit zu verwechseln. Über den Köpfen meiner künftigen Reisegefährten schwebte die Aura des gesunden Menschenverstandes wie eine Diät, bei der Salz, Seitensprünge und allerhand Scharfes als Verstöße gegen Tugend und Vernunft geahndet werden. Ich erinnere mich an diesen ersten Abend nur verschwommen, weil bereits zu Beginn der Cocktail-Party eine stattliche Dame meine Aufmerksamkeit auf sich zog. Sie stand abseits der Gruppe und weinte.

Sie nahm Abschied von ihrem Hund. Ihre Tochter hatte das Tier ins Langham gebracht, damit sein Frauchen ihm zum letzten Mal für drei Wochen über das Fell streicheln konnte. Die Frau tat mir leid, ich ging zu ihr und fing ahnungslos ein tröstendes Gespräch an; ist das ein lieber Hund, ein Mops, nicht wahr?

Die Dame wuchtete ihren Körper blitzschnell in meine Richtung und zischte, Mops? Butterfly ist eine französische Bulldogge, mein Herr. Sie preßte das rundliche Tier, das ich immer noch als Mops in Erinnerung habe, an ihre Brüste und küßte es heftig auf den Kopf. Der Hund litt unter Blähungen, während der herzzerreißenden Abschiedszeremonie furzte er immer wieder so laut, daß einige der künftigen Reisegefährten das Gespräch unterbrachen und erstaunt zu uns hersahen.

3. November; London via Agaba, Jordanien

Unser Flugzeug, die »Explorer 2000«, ist eine Boeing 757; normalerweise finden in einer Maschine dieses Typs zweihundertfünfzig Passagiere Platz. Wir, das sind zweiundachtzig Reiseteilnehmer, sitzen in Ersteklasse-Sesseln mit Beinfreiheit für gutgebaute Massaikrieger. Bordeigene Hausschuhe, Bibliothek, Briefpapier mit Aufdruck »Lost Cities Expeditions«, ein »Logbuch« mit Faltkarten und Zeittabelle und die in grünes Leder gebundene Speisekarte mit täglich wechselnden Menüfolgen; das alles sei, wie Agnes, eine der Reiseleiterinnen, lächelnd verkündet, selbstverständlicher Service von Zegrahm. Zu diesem Service gehört auch ein winziger Funkempfänger mit einem Sendebereich von achthundert Metern, der es ermöglicht, den Ausführungen der lokalen Guides auf Exkursionen zu folgen.

Die Ledersitze und Teppiche in der »Explorer« sind blau; ein unaufdringliches Muster in Taubenblau, das sich bei künstlicher Beleuchtung an den Wänden und im Weiß des Geschirrs (mit Goldrand) spiegelt. Später, in zehntausend Metern Höhe, wenn die Sonne durch die Kabinenfenster scheinen wird, färbt das Blau den Weißwein in meinem Glas in durchsichtiges Smaragdgrün.

Die Flugzeit von London nach Agaba wird fünf Stunden betragen. Route: Wien, Belgrad, Sarajewo, Sofia, Skopje, Thessaloniki.

Unter uns Wolkenschleier. Manchmal reißen sie auf, man sieht bewaldete Berge, weites unbesiedeltes Land, dem der Mythos anhaftet, es würde in Rauhnächten von Vampiren durchstreift. Wir trinken Champagner Dom Perignon 1996, essen Brötchen mit Lachstartar und iranischem Kaviar. Ich schaue einer spindeldürren Holländerin mit Bürstenhaarschnitt zu, wie sie sich aus ihrem Sessel emporwindet, die Schuhe auszieht und mit todernstem Gesicht anfängt, auf dem Gang Turnübungen zu machen. Wenig später kommt ihr Mann vorbei und sagt mit entschuldigender Offenheit, Yoga, meine Frau braucht das auf Reisen, wegen, na ja, Sie wissen schon.

Vom Kapitän erfahren wir, daß westlich unter uns Pristina liegt und wir in wenigen Minuten den Kosovo überfliegen werden. Die sportliche Holländerin turnt noch immer wegen ihrer empfindlichen Verdauung, und ich denke mir, daß dort unten vor wenigen Wochen noch Krieg war und es Menschen gibt, die wegen ihrer Verdauung nicht zu turnen brauchen, weil es nichts zu verdauen gibt.

Die Passagiere dösen vor sich hin oder lesen. Eine Stimme aus dem Lautsprecher kündigt an, daß in ein paar Minuten Professor Erdman über »Lost Cities« im allgemeinen und speziell über Jordanien sprechen werde. Einige der Reisenden schauen auf die Uhren. Es fällt mir auf, wie viele Leute immer wieder auf ihre Uhren schauen, als könnten sie es nicht erwarten, bis sie irgendwo ankommen. Um das Phänomen der Zeitdehnung anschaulich zu machen, hatte Einstein empfohlen, sich je eine Minute lang auf eine heiße Herdplatte und auf den Schoß einer schönen Frau zu setzen; Warten reicht vom behaglichen Räkeln im Sessel der »Explorer 2000« über den Verweilzwang bei Paßbehörden bis hin zur Einzelhaft. Warten ist die Zeit, in der uns bewußt wird, wie banal und bedeutend zugleich das ist, was wir unsere (manchmal teuer bezahlte) Freiheit nennen.

Professor Erdman ist klein, rothaarig, rundlich, und er ist ein hinreißender Erzähler. Von dem, was er erzählt, notiere ich mir später nur eine Frage und die von ihm darauf gegebene Antwort: Warum reisen wir? Wir versuchen aus dem Leben Inseln der Bedeutsamkeit aufsteigen zu lassen und irgendwie festzumachen; Rituale gegen die dahinströmende Zeit, die alles einebnet und unwiderruflich verschlingt.

Wir haben eben Thessaloniki überflogen, ich stehe neben Erdman im Heck der Maschine vor den Toiletten; das Leuchtzeichen teilt mit, daß alle besetzt sind. Mir fällt auf, daß der Professor im Verhältnis zu seiner Körpergröße riesige Füße hat; sie stecken in rosaroten Turnschuhen mit grünen Schnürsenkeln. Unsere Unterhaltung ist zunächst ein gegenseitiges Herantasten. Ben Samuel Erdman wird auf dieser Reise der Mensch sein, mit dem ich, außer mit meiner Frau, am meisten zusammen bin, der am meisten weiß, der mir helfen wird, alles zu vergessen, was ich an geistigem Gepäck mit mir trage: die Kunst, die Religion, die Wirtschaft und die Geschichte jener Fremde, die wir in so kurzer Zeit durchstreifen werden; sogar die naive Lust, die mich spontan veranlaßt hat, an dieser Reise teilzunehmen, schließlich sogar die Resignation in der Lust, die mich gegen Ende manchmal überfallen wird.

Durch unsere Gespräche auf Ausflügen oder in kleinen Bars oft bis tief in die Nacht vollzog sich das einzig Wichtige, das mir, dem Touristen, widerfahren konnte: Ich wurde von Augenblicken berührt, von Farben, Gerüchen, den Essenzen fremden menschlichen Lebens, sogar von der Substanz toter Steine. Ich ließ für drei Wochen den ruhelosen, verachtenden Menschen, der an Geheimnisse vorbei eilt, hinter mir.

Ich eilte nicht mehr an ihnen vorüber, ich wußte, daß sie Zeichen aussenden. Für eine beschränkte Zeit wurde ich zum Jäger des Augenblicks.

Ben Erdman lehrt an der Universität von Ohio Geschichte und vergleichende Religionswissenschaften. Er ist in Rußland geboren, in Kiew, als Sohn eines Rabbiners und einer lybischen Jüdin. Er erzählt, wie die Eltern Rußland verließen, der lange Weg über Israel in die Vereinigten

Staaten und die Schikanen, die er als Kind mit dem Käppi über dem blassen Gesicht und den abstehenden Ohren erdulden mußte. Sein Vater hatte sich in Amerika nie so recht wohl gefühlt, er sympathisierte mit dem Zionismus, brachte es aber doch nicht fertig, sich den Zionisten anzuschließen. Israel war eine Idee, kein Land.

Mir geht es jetzt gut, sagt er, ich verdanke Amerika viel.

Und Europa? Ob er sich vorstellen könnte, in Europa zu leben?

Oh ja. Berlin, zum Beispiel. Wenn ich einen Ruf nach Berlin bekäme, ich würde sofort meine Koffer packen.

Kein Problem mit den Deutschen?

Wenn Sie das meinen, Deutschland ist überall.

Wir stehen noch immer vor den Toiletten; inzwischen sind sie frei. Wir haben ganz vergessen, daß wir aus einem dringenden Grund hierhergekommen sind.

Petra, Jordanien; 3. und 4. November;
Wadi Musa, Moevenpick Resort

Im Sommer des Jahres 1812 zog eine arabische Reiterschar südwärts durch das glutheiße Transjordanien. Man sah es ihm nicht an: Einer der arabischen Kamelreiter war Europäer. Er hieß Johann Ludwig Burckhart und war gerade siebenundzwanzig Jahre alt geworden. Nach Studien in Leipzig und Göttingen hatte Burckhart in Syrien zwei Jahre lang die arabische Sprache erlernt und sich mit den theoretischen Grundlagen des Islam vertraut gemacht. Finanziert wurde seine Ausbildung von einer privaten britischen Forschungsgesellschaft, einer Vorläuferin der 1830 gegründeten »Royal Geographical Society«; die Geldgeber hatten sich als Ziel gesetzt, die Quellen des Niger zu erkunden.

Als Burckhart zu seinem Ritt durch die jordanische Wüste aufbrach, erwähnten Beduinen, die ihn begleiteten, in der steinernen Bergwildnis im Westen lägen die Ruinen einer vergessenen Stadt. Burckhart änderte die Route. Er wollte nach Westen, um diese Ruinen zu suchen. Das Unterfangen erwies sich als äußerst schwierig; seine Begleiter fürchteten die Bdul-Beduinen, die Herren des unwegsamen Gebirges. Durch eine List gelang es ihm, seine Leute zu bewegen, ihn zum Wadi Musa zu führen: Er erzählte ihnen, das Grab Harouns aufsuchen zu wollen, von dem er behauptete, es läge in der Nähe der toten Stadt. Sein Wunsch wurde respektiert; es war ein frommer Wunsch. Sie ritten mit dem Schweizer durch eine Sig genannte Schlucht, durchquerten das Stadtgebiet von Petra und stiegen hinauf zum Dschebel Haroun (Aaron), wo Burckhart ein Tieropfer darbrachte. In der mißtrauischen Obhut seiner Begleiter dürfte Burckhart von der antiken Metropole kaum viel erblickt haben, genug jedoch, um zu ahnen, welch unglaubliche Entdeckung ihm gelungen war. Am Abend des 23. August 1812 schließt Burckhart seine Tagebucheintragung mit dem Satz: »… ich bin überzeugt, die Ruinen im Wadi Musa sind jene des alten Petra.«

Es ist morgens um halb sechs, vor den Fenstern ist es stockfinster. Ich sitze im Gang zwischen Schlafzimmer und Bad vor der Kofferbank, die mir als Schreibtisch dient. Vor mir der kleine Stapel Bücher, die ich auf die Reise mitgenommen habe; außer diversen »Travel-Guides« sind es M. A. G.

Edward-Tonellis Aufzeichnungen und das Buch »Die Nabatäer«; es war als Geschichtsbuch für ein deutschspra-
chiges Mädchengymnasium in Lobzenica bestimmt. Dort
hätte meine Großmutter ihr Abitur machen sollen, was
sie nicht schaffte, weil sie sich mit siebzehn in einen ost-
preußischen Junker verliebte, von dem sie in fünf Jahren
vier Kinder bekam.

Der Klappentext hält sich kurz: »Die Nabatäer sind ein
antiker Volksstamm im Peträischen Arabien; sie wurden
zuerst von Asurbanipal erwähnt und von Antigonos und
Demetrios Poliorketes erfolglos bekriegt. Trajan unterwarf
ihr Reich 106 nach Christus und schuf die römische Provinz Arabia.«

Das Buch verzichtet auf trockene historische Daten; es
sind Geschichten, die der Autor zusammengetragen hat
und die durch die Stimme meiner Großmutter noch heute
in mir lebendig sind; Geschichten und Bilder, die in den
nächsten Stunden vielleicht Wirklichkeit werden. Gamal,
mein Guide, ist ein Grund für das frühe Aufstehen, der
andere ist ein Kratzen im Hals und Hustenreiz. Ich möchte S. nicht stören und will versuchen, mich aus dem Zimmer zu schleichen, ohne daß sie aufwacht.

Es sieht nach Glücksfall aus, was sich gestern auf der
Fahrt von Agaba zum Wadi Musa ereignet hat. Die meisten der Reiseteilnehmer waren bei der Ankunft vom Essen
und Trinken rechtschaffen ermattet und ließen das Be-
grüßungszeremoniell durch eine Dudelsackband mürrisch
fotografierend über sich ergehen. Bei der Fahrt durch die
transjordanische Nacht schliefen die meisten. Der lokale
Guide legte nach kurzer Zeit sein Mikrophon aus der Hand,
als er auf die gesenkten Häupter der Schlafenden blickte.
Er kam zu mir ans Heck, sind Sie nicht müde, fragte er, Sie

sitzen auf der Hinterachse, gehen Sie doch nach vorne, dort ist es angenehmer.

Nein, danke, ich sitze ganz bequem.

Stört es Sie, wenn ich mich zu Ihnen setze?

Durchaus nicht.

Sind Sie Amerikaner?

Ich bin Deutscher.

Dann kennen Sie Marburg?

Ich war mehrmals dort. Kennen Sie es?

Ich habe dort zwei Jahre studiert. Geschichte. Die Geschichte des Mittleren Orients, aus westlicher Sicht.

Gamal hatte bei den letzten Sätzen die Sprache gewechselt; er sprach viel besser Deutsch als Englisch.

Was ich von ihm erfuhr, war höchst spannend. Er gehörte zum Stamm der Bdul-Beduinen, einem heute auf etwa tausendfünfhundert Mitglieder geschrumpften Völkchen, demselben, das zur Zeit Burckharts den Talkessel von Petra als sein persönliches Eigentum beschirmt hatte.

Das Land hat uns gehört, sagte Gamal, wir waren die Herren dieser Bergwüste. Bis die Europäer kamen und uns unser Eigentum wegnahmen.

Soviel ich weiß, haben sich die Bdul wacker verteidigt.

Gamal zuckte die Achseln. Natürlich, aber wir zogen den kürzeren. Die Bdul wissen, wie man dem Gegner die Gurgel durchschneidet, aber es waren zu viele Gurgeln, und sie hatten die besseren Waffen. Vor zehn Jahren hat die Regierung die Beduinen aus dem Tal von Petra umgesiedelt und ihnen nördlich bei Umm Schaihun ein neugebautes Dorf zugewiesen. Die Herren aus den Ministerien haben Angst, wir könnten die Touristen stören. Früher wohnten viele von uns in Zelten oder wie die Füchse in den Höhlen von Petra; Wasser fanden wir im Wadi Musa oder an der Quelle im Wadi Syagh.

Er schwieg und blickte in die Wüstennacht hinaus. Der Bus rumpelte über eine Staubstraße. Einmal wurden die Passagiere ruckartig aus dem Schlaf gerissen, als eine Herde Schafe den Weg blockierte.

Sind Sie morgen unser Guide, fragte ich.

Nein. Ich bin nur heute für den Transfer von Agaba zu Ihrem Hotel zuständig.

Hätten Sie Zeit?

Morgen? Ihre Reisegesellschaft ist in drei Gruppen aufgeteilt. Sie haben gute Leute als Führer.

Trotzdem, würden Sie mitkommen? Ich möchte Petra nicht im Rudel kennenlernen.

Gamal ließ sich Zeit mit der Antwort. Dann müssen wir früh los, sagte er endlich, der Wächter ist ein Freund, er läßt uns vor sieben zum Sig.

Um halb sieben ist es hell. Die Bergrücken der Felswüste liegen unter einem wolkenlosen weißen Himmel. Unwillkürlich tauchen alttestamentarische Vorstellungen auf, halbgeschaute Bilder aus dem Religionsunterricht. Man ist im Jordanland.

Gamal hat die westliche Kleidung mit der weiten dunkelblauen Dschellaba seines Stammes vertauscht und wie bereits gestern das weiß-schwarze Tuch um Kopf und Hals geschlungen. Er ist groß, fast einen Kopf größer als ich und hat Hände, in die meine zweimal passen. Wir kommen zum Eingangstor, zum Sig. Der weißbärtige Mann im Kartenhäuschen nickt Gamal zu; die beiden beginnen ein lebhaftes Gespräch, bei dem der Bärtige immer wieder auf mich schaut und unmißverständlich die Handbewegung

21

des Geldzählens macht. Schließlich kommt Gamal zu mir, gehen wir, sagt er, Jussif hat einen alten, silberbeschlagenen Sattel. Er wollte wissen, ob Sie sich als Käufer eignen würden. Sie brauchen nicht zufällig einen Sattel?

Leider nein.

Er deutet auf das Foto des verstorbenen Hashemiten-Herrschers über der Tür. Wir vermissen Hussein, sagt er, die meisten von uns vermissen ihn, immer noch. Er hat das Land zusammengehalten, das weder über Öl noch genügend Wasser verfügt, dafür aber jede Menge palästinensischer Flüchtlinge, irakische Exilanten, Tscherkessen, Armenier, Kurden.

Was ist mit dem jungen König?

König Abdallah ist ein netter Kerl, aber lange wird er die Krone nicht tragen.

Warum?

Gamal streicht sich über den Schnauz. Der für unser Land geeignete Mann ist Kronprinz Hamza. Ich will Ihnen das erklären. Abdallahs Mutter, König Husseins zweite Frau, ist Britin. Hamzas Mutter, Königin Nur, ist Amerikanerin. Es weiß doch jedes Kind, daß die USA Großbritannien an Einfluß und militärischer Macht weit überlegen sind. Nur Hamza verfügt dank seiner Gene über die nötigen Verbindungen zu Washington. Und wie denken Sie darüber? Wieder die Bewegung …

Schauen Sie, sagt er, Religions- und Stammesgemeinschaften haben jahrhundertelang das Gerüst der osmanischen Macht gebildet. Glaube und Gene stifteten individuelle Identität; das im Orient verbreitete Klientelwesen ist noch weit von der Idee einer Bürgergesellschaft entfernt. Sie müssen verstehen, man löscht so etwas nicht von einem Tag auf den anderen aus dem Gehirn.

Hinter dem Eingangstor ist der Sattelplatz. Lyathnah Bauern aus dem Wadi Musa richten ihre Pferde für die Touristen. Wir nähern uns dem Eingang zur Schlucht; steil aufragende Felswände, in deren Schrunden sich die Wurzeln wilder Feigenbäume festklammern. Auf diesem Weg ist Burckhart auf die Felsenstadt zugeritten. Ich beobachte einen Jungen, der seinen Esel vor sich her treibt; immer wieder schlägt er dem Tier mit einem Knüppel grundlos über den mageren Rist. In arabischen Ländern war mir früher schon aufgefallen, wie brutal Tiere behandelt werden, wenn es sich nicht gerade um edle Pferde handelt. Ich sage das Gamal.

Er schweigt eine Zeitlang, dann platzt es aus ihm heraus, und Sie, was machen Sie mit Ihren Frauen? Sie mißhandeln sie mit übertriebener Freiheit.

Sein Gesicht zeigt einen entschlossenen Ausdruck, es ist noch dunkler geworden.

Sinnlos, jetzt eine Diskussion zu beginnen. Ich blicke auf einen Busch vor der Felswand, der gelbe Blüten trägt. Später werde ich eine davon getrocknet in meinem Notizbuch finden und mir nicht mehr vorstellen können, wie sie vor der roten Felsmauer glühte.

Der Weg durch den Bab-as-Sik in den Talkessel geht ständig bergab. Bis der Archäologe Bellwald das antike System von kleinen Staudämmen in den Nebentälern restaurierte, drohte Reisenden, die Petra auf diesem Weg besuchten, bei unerwarteten Regenfällen der Tod; 1963 starben in der Schlucht sechsundzwanzig Menschen in den heranrasenden Fluten.

An manchen Stellen ist der Weg jetzt so schmal, daß ein Ochsengespann knapp Platz fände; Sandsteinfelsen ragen bis zu hundert Metern in die Höhe; je tiefer wir kommen, desto stärker wird der Eindruck, die Bergflanken würden sich irgendwo im Himmel berühren. Manchmal fällt durch Spalten in der zerklüfteten Wand der Widerschein eines Sonnenstrahls und beleuchtet den roten, von Kalkadern durchzogenen Fels; er sieht dann aus wie die marmorierten Innenseiten von blutigen Tierhälften. Wir gehen langsam, das dürre Solo meiner Schuhsohlen bricht sich an den Wänden. Gamal schreitet lautlos.

Vor einer Nische im Fels bleibt er stehen. In Petra gibt es viele solcher Nischen, sagt er, früher waren Statuen nabatäischer Gottheiten darin; sie wurden fast alle gestohlen. Jetzt stehen sie in Museen oder privaten Sammlungen; in Kalifornien sollen sich mehr als hundert Skulpturen befinden.

Schweigend gehen wir ein paar Schritte weiter. Mein Führer deutet auf einen in den Stein gehauenen Kanal, der sich an der Felswand entlangzieht; er ist etwa dreißig Zentimeter breit und an manchen Stellen überdeckt.

Ich erfahre, daß in diesen Kanälen Wasser aus den Quellen des Wadi Musa in die Stadt geleitet wurde; an manchen Stellen seien die zweitausend Jahre alten Terrakotta-Leitungen noch völlig intakt.

Es gibt Augenblicke, in denen man dem vor geraumer Zeit Erlebten näher ist als der Gegenwart; zehn, zwanzig Jahre schmelzen unter den Fingerspitzen, während ich die Hand auf den Steinkanal lege. Ein Regentag in Yukatan; ich war von Villahermosa nach Palenque gekommen, über aufgeweichte, grundlose Straßen, durch den Dschungel der Regenzeit. Der »Tempel der Inschriften« verschwand in Schlingpflanzen und Wolken, aus den Baumkronen drang das Bellen der Affen. Im Inneren des Tempels tastete ich die sechsundvierzig Stufen hinab zur Grabkammer des

Priestergottes Pal Ka. Meine Begleiterin deutete auf einen fußhohen, zum Teil überdeckten Kanal, der aus der Grabkammer heraus über Treppen und Gänge zur Spitze der Pyramide führte.

Ist das ein Luftschacht, fragte sie, und dann, als sie von dem alten Guide keine Antwort bekam, oder ist es vielleicht eine Wasserleitung?

Nein, Señorita, sagte der Alte endlich. Er schüttelte den Kopf und schaute auf die rötlichen Steine. Das war ein Weg für die Seele des Toten. Auf ihm konnte sie hinaufsteigen, dorthin, woher sie vor langer Zeit einmal kam.

Könnte es sein, sage ich jetzt und nehme die Hand vom Stein, daß in diesem Kanal die Seelen der Toten aus dem Tal wieder hinaufstiegen ans Licht?

Gamal ist stehengeblieben. Darüber habe ich nicht nachgedacht, sagt er, Sie meinen, daß die Seelen wieder dorthin zurückkehren, wo das Leben beginnt? Ins Wasser des Wadi? Das ist ein sehr schöner Gedanke.

Zum ersten Mal huscht ein Lächeln über das dunkle Gesicht.

Gamals Schulter streift manchmal den überhängenden Fels, während er wieder anfängt zu reden. Er erzählt von Treppengräbern und Schluchtheiligtümern, Tempeln und Opfermalstätten, in denen die Bewohner Petras einst den Göttern ihre Gaben darbrachten, Früchte und lebende Tiere. Ein Tauschhandel, von dem sie Gesundheit und Sicherheit erhofften. Während wir uns langsam der hellen Öffnung des Sig nähern, redet er von der Weihrauchstraße; sie sei in der Antike neben der Seidenstraße die zweite große Verbindung zu einer weit entfernten Welt gewesen, sagt er, dreitausend Kilometer reisten die Wohlgerüche des Orients aus Südarabien bis nach Europa, Lastkamelen aufgepackt, unter glühender Sonne, Sandstürmen ausgesetzt, in eisiger Kälte; Weihrauch und Myrrhe waren die begehrtesten Aromata, zu manchen Zeiten wurden sie aufgewogen mit Gold.

Die Schlucht öffnet sich, ein paar Schritte noch und wir stehen vor der Fassade des al-Khazneh-Tempels, der in allen Reiseführern als Wunder der Antike gerühmt wird. Es ist sehr still. Die Sonne bescheint um diese Stunde nur den äußersten Saum der Felswand, in die der Totentempel geschnitten ist wie eine Gemme. Das Rot des Steins strahlt bis auf den Grund des Kessels; selbst jetzt, noch gefangen in der Schattenwelt der Schluchten, versteht man, warum Petra von William Burgon »die rosarote Stadt des Orients« genannt wurde. Eine Stadt, »halb so alt wie die Zeit«.

Ich bin dankbar, daß Gamal jetzt schweigend zu den geschlossenen Andenkenläden schlendert und sich eine Zigarette dreht. Da stehe ich also allein auf heiligem Boden, der verseucht ist von Geschichte als Kommerz, und schaue auf das Grabmal eines vor zweitausend Jahren gestorbenen Königs, von dem die Wissenschaft annimmt, es sei Aretos der Vierte gewesen. »Al-Khazneh Faraun«, Schatzhaus des Pharao, den Namen erfanden die Bdul-Beduinen; sie vermuteten in der vier Meter hohen Urne, die auf dem Kapitell ruht, den Schatz eines ägyptischen Herrschers. Einschüsse, die ich von hier unten mit freiem Auge erkennen kann, zeugen von den vergeblichen Versuchen, den Stein zu öffnen. Sechs korinthische Säulen, sie tragen einen flachen Giebel und die Attika.

Kunsthistoriker mögen mich steinigen, die Fassade erinnert mich an ein Potpourri aus Rom, Athen und Gelsenkirchner Barock. Doch, irgendwie ist es schon ein ergreifender Anblick, ich bilde mir das jedenfalls einen Herzschlag lang ein. Dann beginne ich wieder einmal nach dem Grund einer seltsamen Ergriffenheit zu fragen, die mich regelmäßig beim Anblick von versteinertem Leben befällt. Habe ich angesichts dieser Kulisse vergangener Zeiten geglaubt, der Anonymität meines Lebens entkommen zu sein? War es durch die Dichte des Sichtbaren hindurch Heimweh nach einer Zeit, in der die Menschen größer waren? Aber das waren sie ja gar nicht. Kunstgenuß, wie meine Mutter ihn mir bis zum Überdruß verordnet hatte? Die prachtvollen Ornamente im Fels, von denen man sagt, sie würden in der Abendsonne glühen wie Lava, es war das Chloroform der Macht und der Angst vor dem Tod, das sie entstehen ließ, nicht das Verlangen nach Kunst. Oder war es das mit Trauer verknüpfte Bewußtsein, daß alles Menschenwerk sich in den Räumen der Zeit verliert wie der betäubende Duft der Myrrhe?

Ich glaube, die innere Landkarte eines jeden Menschen kennt zwei Länder: eines, wo man immer schon hinwollte, und ein anderes, wohin man nie wieder möchte, obwohl man nie dort war. Ist dies der ersehnte Ort meiner Kindheit, wo schöne hochgewachsene Menschen sich vom Duft des Weihrauchs nährten, mein Petra, das Fleckchen Erde, wo die Schlachten zum Stillstand gekommen waren und die Gerätschaft des Todes für immer unter Gräsern begraben liegt?

Als ich Monate später die Notizen über den al-Khazneh-Tempel in meinen Heften wiederlas, fiel mir eine seltsame Leichtigkeit auf, die schlecht mit dem übereinstimmte, was ich damals empfand. Aber woher rührt dieses Leichte? Vielleicht war es Respekt vor den Rätseln. Zeitnot, geistiges Mittelmaß auch. Etwas von alldem muß es gewesen sein.

Vielleicht war da noch etwas anderes: eine unbewußte Angemessenheit, als ob ich gut daran täte, nicht alles wissen zu wollen.

Unter den vielen Dingen, die ich von dieser Reise nach Hause brachte, ist eine schmutzige kleine Stoffpuppe. Als ich vor dem »Schatzhaus« stand, hatte eine Bewegung mich aus meinen rückwärts gewandten Gedanken gerissen, eine magere Hündin mit hängenden Zitzen; sie strich dicht vor meinen Füßen vorbei, mein Blick fiel auf einen Gegenstand am Boden, halb verdeckt von Sand. Es war eine Puppe. Klein, zerlumpt, von einem Kind fortgeworfen oder vergessen. Dahinter die enormen korinthischen Säulen des Tempels, der aus der dunklen Schlucht heraus in den Himmel wuchs. Mit den steifen Gliedern, dem starren, von der zerzausten Perücke fast erdrückten Gesichtchen, wirkte das Ding wie eine Ikone des Verlorenseins. Ich hob es auf, klopfte den Staub ab und stopfte es in die Tasche.

Gamal ist lautlos neben mich getreten. Sie wissen das vermutlich, sagt er, al-Khazneh ist das Grabmal des Königs Oboda.

Ich dachte Aretos?

Er zuckt die Achseln. Auch möglich, sagt er, übrigens, die Urne dort oben ist aus massivem Stein.

Woher wissen Sie das?

Ein Verwandter arbeitet als Artist beim schwedischen National-Zirkus. Er ließ sich vor zwei Jahren nachts abseilen und hat den Stein mit einem batteriebetriebenen Burdan-Bohrer angebohrt. Nichts.

Er hebt den Kopf, hören Sie, sagt er, jetzt kommen Ihre Kollegen.

Nach Nordosten öffnet sich der Talkessel zur eigentlichen Stadt; als wir in die Weite hinausgehen, ist es, als würde ich ein Gefängnis verlassen. Reste von Brunnen, Treppenansätze, die in die Steinwildnis führen; Säulentrommeln neben dem Weg, hingeblättert wie Aufschnitt. Es macht den Eindruck, als würden die Monumente des Todes die Überreste des antiken Alltags erdrücken.

Gamal kommentiert meine Feststellung mit Kopfschütteln. Sehen Sie, sagt er, bis jetzt ist erst ein winziger Teil von Petra ausgegraben. Die Archäologen glauben nicht, daß Petra eine Tempelstadt aus Stein war; es sieht ganz danach aus, als sei sie eine Kombination aus Stein-, Lehmziegel- und Holzbauten gewesen. Vermutlich war es eine griechisch inspirierte »City« auf Hangterrassen; es gab Lehmziegelviertel mit zinnenbewehrten Wohnhäusern und Türmen südarabischer Tradition und natürlich assyrische Einflüsse. Jenseits der Stadtmauer waren Zeltlager. Nicht alle Nabatäer haben das Wirtschaftswunder der Weihrauchstraße aus der Nähe kennengelernt, sie hausten in den Felshöhlen des al-Katute Gebirges.

Ein Gewebe aus weißem Licht und Sandstaub liegt über dem Tal, hier und dort wie Skelette eines entschwundenen Lebens die Schattenkegel morscher Säulen und verdorrter Kameldornakazien. Wir sind am Amphitheater angekommen; die Ränge sind bis hoch hinauf in den Stein gehauen. Aus Felslöchern tauchen kleine Bettler auf.

Geben Sie ihnen nichts, sagt Gamal, die Touristen verderben sie.

Ein sehniger Junge kommt mit ein paar zerknitterten Ansichtskarten auf mich zu, gefolgt von anderen, die bunte Steine anbieten.

Wenn Sie wollen, denen können Sie etwas geben.

Ich reiche dem ersten einen Dinarschein. In dem Augenblick stürzt ein anderer sich auf den kleinen Kartenverkäufer und versucht, ihm das Geld zu entreißen. Die Kinder prügeln sich mit einer Brutalität und Verbissenheit, bis sie bluten und ich versucht bin einzugreifen.

Lassen Sie die beiden, sagt Gamal, das ist ihre Vorbereitung aufs Leben.

Kampf?

Was sonst?

Wenig später sitzen wir auf einer der noch nachtkalten Steinbänke des Amphitheaters, und Gamal erklärt, um die Zeitwende hätten hier achttausend Menschen die Schlächter bejubelt, woraus man auf eine Einwohnerzahl Petras von etwa zwanzigtausend schließen könne.

Er unterbricht sich, wie heißen Sie eigentlich?

Peter.

Entschuldigen Sie meine Neugier, was machen Sie beruflich?

Ich bin Schriftsteller.

Was schreiben Sie?

Romane.

Gedruckt?

Gedruckt.

Ich hätte auch gerne geschrieben, sagt er, aber es würde nichts Gescheites daraus geworden sein. Ich denke zuviel. Er schweigt einen Augenblick. Die beiden Jungen, fährt er dann fort, glauben Sie nicht auch, daß das Leben ein Kampf ist?

Er erwartet keine Antwort, seine Hand deutet auf das Halbrund des Theaters, dessen äußerster Rand in diesem Augenblick von der Sonne erfaßt wird. Hier haben vor zweitausend Jahren Gladiatoren gekämpft, sagt er, Sklaven gegen Löwen und Stiere. Nehmen wir die vorchristliche Zeit; 312 sandte Antigonos ein Heer gegen die neue nabatäische Macht, vielleicht tat er es auch, um einen geplanten Ägyptenfeldzug an der Ostflanke zu sichern. Die Truppen der Griechen brachen nach Idumäa auf und erreichten nach drei Tagen und drei Nächten nabatäisches Gebiet. In einem Überraschungsangriff nahmen sie Petra, den »Felsen der Araber«. Sie können sich den Reichtum der Karawanenstadt vorstellen, wenn Sie die Beute betrachten: achtzig Kamelladungen Weihrauch und Myrrhe, Gold und fünfhundert Talente Silber. Die Nabatäer verfolgten das griechische Heer, brachten ihm eine furchtbare Niederlage bei und holten sich Geld und Waren zurück. Von den viertausend griechischen Fußsoldaten und sechshundert Kavalleristen sind nicht einmal fünfzig entkommen; die andern wurden versklavt oder ganz einfach geschlachtet. Langweile ich Sie?

Nein. Erzählen Sie weiter.

Warum ich Ihnen das erzähle, ich glaube nicht, daß sich seither etwas geändert hat. Denken Sie an Vietnam, den Kosovo, an Saddam. Seit König Aretas dieses Theater zu seinem Vergnügen gebaut hat, haben unsere Herzen sich nicht geändert. Am Ende Ihrer Reise werden Sie feststellen, alle Orte, die Sie aufgesucht haben, sind auf Schlachtfeldern errichtet.

Er reißt einen Grashalm ab und deutet auf den Grabtempel in der gegenüberliegenden Felswand. Das dort drüben ist wahrscheinlich das Palastgrab des Aretas, sagt er, Aretas wurde von seinem Sohn ermordet, im Schlaf mit einer Satteldecke erstickt.

Er schweigt kurz, kaut auf dem Grashalm. Ein Onkel von mir hat im Streit seinen Zweitältesten erstochen.

Der Grund?

Das würden Sie niemals verstehen. Ein religiöser Streit. Die Leidenschaft enthält immer Mord.

Er steht plötzlich auf, kommen Sie, sagt er, ich möchte Ihnen etwas zeigen.

Wir steigen den Hang hinauf, steiles, wegeloses Gelände, der Schotter unter den Sohlen gibt nach; meine Hände suchen andauernd Halt an Ästen von kleinen Aleppo-Eichen oder Felsbrocken. Nach einer Viertelstunde stehen wir auf einem Felsband unter den Tempelfassaden. Gamal fängt an, mit einem flachen Stein den Schotter wegzukratzen, bis ein Stück verrostetes Wellblech zum Vorschein kommt. Er schiebt es zur Seite; darunter Knochen, menschliche Knochen, Schädel, Beckenknochen, Oberschenkel.

Mein Großvater hat die Skelettreste im Tal gefunden und nochmal beerdigt, sagt er, sie stammen aus den zerstörten Felsgräbern über dem Amphitheater. Schauen Sie sich das einmal genau an.

Er holt einen Schädel aus der Grube. Fast zärtlich streicht er mit dem Handrücken über Stirn- und Jochbein. Der Knochen ist am Hinterkopf handbreit gespalten.

Das kommt nicht von der Verwitterung, sagt er, von denen ist keiner eines natürlichen Todes gestorben.

Er deckt das Blech wieder über die Grube. Sie haben mir von Ihrem Jugendtraum erzählt, sagt er, den unter Gras für immer versunkenen Schwertern. Den Traum können Sie vergessen.

Als wir wieder auf dem Weg sind, meint er kopfschüttelnd, wenn ich ehrlich bin, ich mag das hier alles nicht. Lauter Dinge von Toten. Wenn Sie Zeit haben, zeige ich Ihnen heute abend etwas Lebendiges; ich nehme sie mit ins Café, es gehört meinem jüngsten Bruder.

Ich fürchte, ich muß zum Abendessen im Hotel erscheinen, meine Frau erwartet mich. Und später ist da noch ein Vortrag.

Dann gehen wir halt früher ins Café.

Der Weg führt nach Norden, vorbei an den Felsengräbern der nabatäischen Könige. Während wir schweigend durch das Tal wandern, habe ich das Gefühl, die Dinge durch die Augen all jener zu betrachten, die vor mir da waren; auch die Geräusche von uns Lebenden kommen aus einer anderen Zeit, in der das Stakkato von Pferdehufen und das Echo menschlicher Schritte das Zeitmaß skandierten. Für kurze Zeit ist die Wahrnehmung nicht einzementiert, der Augenblick gerät in Fluß, man denkt das Ende mit, ohne darüber zu erschrecken.

Gamal deutet auf einen Berg im Westen des Tals. Dort oben wurden zur Zeit des Florentinus Blutopfer dargebracht, sagt er, man kann die Blutrinnen noch erkennen. Eine Legende erzählt, es sei der Ort, wo Isaak von seinem Vater geopfert werden sollte. Möchten Sie hinauf?

Ich wollte zum Ad-Deir. Glauben Sie, daß die Zeit reicht?

Er schüttelt den Kopf. Gehen wir zum Ad-Deir, es ist der schönste Ort von Petra.

Neun Uhr, die Luft ist angenehm kühl und so klar, daß man aus großer Entfernung Details an den Gräbern erkennen kann. Gamal verzichtet auf kunsthistorische Erklärungen. Während wir langsam über die Quader aus der Römerzeit gehen, erzählt er von seiner Familie. Fünfzehn Kindern hat seine Mutter das Leben geschenkt; drei sind nach der Geburt gestorben, ein Bruder starb letztes Jahr an einem geplatzten Blinddarm während der Pilgerreise nach

Mekka; die kleine Schwester ist von Geistern bewohnt und wird in Amman von einer Tante betreut. Meine Mutter lebt wie eine Königin, sagt er, sie kann kochen, nähen, ein bißchen lesen. Viel mehr braucht eine Frau bei uns nicht zu können. Unsere Familie ist nicht reich, wir hatten das Glück, ein Stück Land zu besitzen, das Holländer wollten, um ein Resort darauf zu bauen. Wir sorgen alle für unsere Mutter, nicht wie bei Ihnen, wo man die Alten in Heimen versteckt.

Jetzt komme ich doch auf das zurück, was Gamal vor einer Stunde gesagt hat. Wenn ich Sie recht verstanden habe, meinten Sie vorhin, im Westen würden die Frauen durch Freiheit mißhandelt?

Er geht stumm neben mir her. Ich habe mich ungeschickt ausgedrückt, sagt er endlich. Die Mädchen in Marburg, ich hatte kurze Zeit eine Freundin, es ging nicht. Die jungen Frauen leiden alle unter chronischer Abwechslung; die wippenden Knie, die Handys, ich hatte den Eindruck, sie telefonieren den ganzen Tag, um sich zu vergewissern, ob sie überhaupt noch am Leben sind.

Und jetzt arbeiten Sie als Fremdenführer in Petra?

Ich komme selten hierher. Gestern bin ich für einen Freund eingesprungen, der geheiratet hat. Ich führe Leute durch die südjordanische Wüste, mit Kamelen, Zelten, Leute, die den Sternenhimmel so sehen wollen, wie sie ihn in ihren Städten niemals sehen. Nach einer Pause fügt er hinzu, zwei Tage in der Woche arbeite ich an einer Schule für behinderte Kinder.

Inzwischen sind wir beim »Basin-Restaurant« angekommen, einem wuchtigen Steinbau mit schattigen Terrassen. Sie möchten sicher etwas trinken, sagt Gamal, schauen wir, ob schon offen ist.

Der Kellner kommt mit einem Tablett und fängt an, Tische zu decken. Wir sind nicht die ersten Gäste; ein jüngeres Pärchen steigt die Treppen herauf und sucht einen schattigen Platz. Sie tragen weite, grobgestrickte Pullover, die ihnen bis an die Knie reichen, geflickte Jeans, Jesus-Sandalen, runde Nickelbrillen. Der Mann hat einen rötlichen Vollbart und Stirnglatze. Sie halten sich an den Händen und sehen ziemlich glücklich aus.

Während Gamal zur Toilette geht, höre ich die Unterhaltung der beiden; nach der Aussprache sind sie Australier oder Neuseeländer. Sie haken in ihrem Reiseführer Sehenswürdigkeiten ab. We did it, sagt das Mädchen immer wieder, und der Bärtige wiederholt langsam und andächtig, yes, Darling, we did it.

Mir fällt eine Szene im Louvre ein, bei meinem letzten Besuch, wann immer das war. Ich ging so ziemlich als letzter durch die Gänge des klassischen Sektors, als Glocken ankündigten, daß es Zeit sei, den Bau zu verlassen. Da kam vom anderen Ende des Gangs eine junge Frau mit einem Kind daher. Sie schleifte das kleine Mädchen keuchend hinter sich her, stürzte auf mich zu, holte Atem und sagte, sorry, do you know, where is Mona Lisa? Sie stand fast davor. Ich zeigte ihr das Bild, sie jauchzte, oh, I did it, und raste davon.

Gamal trinkt Wasser; ich freue mich über mein kaltes dänisches Bier. Erst jetzt bemerke ich die Blasen am Fuß. Ich hatte mir vor der Reise Docksider mit Profilsohlen gekauft; irgendwo drücken die Dinger am Rist und an der Ferse. Voll Reue denke ich an S., sie hatte mir gestern noch eingebleut, nimm Pflaster mit. Es sind nicht nur die Blasen, ich spüre das Kratzen im Hals stärker und einen Druck im

Kopf, untrügliche Zeichen, daß eine Erkältung im Anzug ist.

Gamal scheint mir meinen Zustand anzusehen. Versuchen Sie das, sagt er, und zieht aus den Falten seiner Dschellaba ein taubeneigroßes schwarzes Etwas. Belkeziz, Kräuter aus den Bergen, Sie müssen es im Mund zergehen lassen. Ist gut für alles.

Es schmeckt abscheulich und ist dazu noch höllisch scharf, eine Mischung aus Bärendreck und Tabasco. Als wir aufbrechen, um den Prozessionsweg zu erreichen, der zum Ab-Deir führt, fühle ich mich tatsächlich besser, ich bilde mir sogar eine Zeitlang ein, die Blasen am Fuß hätten sich in Luft aufgelöst.

Der Pfad führt durch eine Schlucht; sie ist weiter, offener als der Sig. Man befindet sich in einer anderen Art von Licht, in einer anderen Luft, und man freut sich über Dinge, die erhalten blieben, um etwas zu erzählen und zugleich Rätsel aufzugeben.

Nach und nach, während wir langsam die Stufen hinaufsteigen, wie durch eine geheimnisvolle Verwandtschaft zwischen dem Geist und den Dingen, entwickelt sich in mir die Vorstellung, daß die Welt ein lückenloses Ganzes sei. Daß es auch für den Geist keinen Bruch geben könnte, wenn er frei von jedem persönlichen Anspruch wäre. Freilich, lange hält so ein Gefühl sich nicht. Die ausschließliche Wahrnehmung der Gegenwart vertreibt es, die Gerüche, Farben, Geräusche, jetzt der messerscharfe Schrei eines Raubvogels; es ist der erste Vogel, den ich wahrnehme, seit ich Petra betreten habe.

In den Schluchten, durch die der Pfad führt, haben nabatäische Gläubige dem Fels heilige Grotten eingeschnitten; in ihnen standen die »Bethyls«. Das Wort kommt vom aramäischen Beth-El, Haus Gottes. Es waren flach aus dem Stein gehauene Nischen, das »Haus«, in denen sich rechteckige Stelen abzeichneten, das Symbol der Gottheit; Haus und Gott waren Zeichen des Undarstellbaren. Ein Gedanke, der mir gefällt.

Am Oberlauf der Klamm Qattar ad-Deir kommen wir zu einem düster romantischen Ort unter einem Felsüberhang. Gamal zeigt mir ausgewaschene Kultnischen, wo Besucher sich seit Jahrhunderten mit Messern verewigt haben, verblaßte mottenfarbene Zeichen. Steinkreuze weisen darauf hin, daß nach der Zeitwende Christen in nabatäische Kultstädten gezogen waren, um in der Einsamkeit zu ihrem neuen Gott zu beten.

Während er den Holzspan austritt, mit dem er die Kreuze beleuchtet hat, sagt Gamal, obwohl wir dieselben Wurzeln haben, für uns Muslime hat die christliche Erlösungsreligion in ihrem bitteren Pochen auf die Nichtigkeit der leiblichen Welt etwas Abstoßendes. Die Bewegungen der Asketen, oder denken Sie nur an die chiliastischen Hysteriker. Verstehen Sie das?

Nein. Mich stört das auch.

Denken Sie dagegen an Mohammed, seine wissenschaftliche und philosophische Freisinnigkeit.

Jetzt wird das Gespräch heikel. Hat Mohammeds Lehre den Gläubigen nicht auch die Dimension der Geschichte verschlossen, frage ich. Historische Entwicklungen nachzuzeichnen verwehrt der Koran doch nicht weniger als das Alte und Neue Testament.

Wir sind wieder auf den Pfad eingebogen, zur Paßhöhe sind es noch zweihundert Meter. Gamal läßt sich Zeit mit einer Antwort. Ich weiß nicht, ob die dunkle Färbung seines Gesichts vom Aufstieg oder der Wut über die Ignoranz eines Ungläubigen herrührt. Ich glaube, sagt er endlich, jede Religionsbewegung ist die Antwort auf etwas. Man reagiert aus Angst vor dem Neuen und klammert sich ans Alte. Der neue Fundamentalismus ist nichts anderes als Angst vor dem, was aus dem Westen über uns kommt. Ich muß Ihnen offen sagen, ich teile diese Angst.

Und was sagen Sie zu Ihren militanten Revolutionswächtern?

Ich höre das immer wieder, seien Sie doch ehrlich, zweitausend Jahre Kultur und Abendland, kaum kratzt einer mit dem Fingernagel an der glänzenden Fassade, schon kommt auch bei Ihnen die alte bestialische Kriegsbemalung wieder zum Vorschein.

Der Ort, den wir inzwischen betreten haben, ist zu wundervoll, um einen Streit anzufangen. Im Westen erheben sich ausgeglühte Bergrücken über dem Wadi al-Araba, das sich vom Toten Meer bis nach Agaba erstreckt. Im Südwesten der Jebel Haroun. Über seinem Gipfel schwebt eine weiße Moschee wie ein von Kinderhand gezeichnetes Wölkchen.

Diese Berge sind keine Alpen oder die in den Himmel ragenden Giganten des Himalaya; dennoch, ihr Anblick weckt Vorstellungen von Chaos und Erhabenheit, Träume von Sieg und Gottesherrschaft. Vielleicht, würde man länger hierbleiben, ein Verlangen nach Klarheit.

Ich empfinde diesen Ort stärker als den Gipfel des Berges Sinai, wo ich auch mit Blasen an den Füßen und einer beginnenden Erkältung vor zwei Jahren stand. Es umfängt mich ein Gefühl von physisch spürbarem Frieden; es ist nicht jener seltsame Friede, wie ich ihn mir manchmal vorstelle, nachdem alles vorbei sein und der Zustand wieder herrschen wird, der seit Ewigkeiten auf diesem Planeten geherrscht hat. Ich könnte in diesen Augenblicken keinem erklären, warum dieser Ort mich derart beeindruckt, daß ich für einen Moment den Atem anhalte. Vielleicht liegt es daran, daß er für mich nicht mit einer sittlichen Bedeutung ausstaffiert ist. Hier oben weht ein Hauch urzeitlicher Magie.

Wir lassen den Tempel Ad-Deir rechts liegen und steigen auf einen Steinhügel, der das Plateau überragt. Biblische Szenen: Zottelige Ziegen weiden hier, der Hirte, ein hellhäutiger Junge von sechs oder sieben Jahren, liegt zusammengerollt im Schatten eines Strauchs und schläft. Wir setzen uns auf den Boden und schauen über die kahlen Bergrücken. Die Moschee ist jetzt nur unscharf zu erkennen, die Sonne steht ziemlich hoch, und die von den Felsen abgestrahlte Hitze nimmt den Konturen die Schärfe.

Dort ist das Grab Harouns, sagt Gamal, die Christen nennen ihn Aaron, Umrans Sohn. Nach einer kleinen Pause fährt er fort, glauben Sie die Geschichte vom brennenden Dornbusch?

Es ist ein Gleichnis. Der Kanal, auf dem die Seele über Umwege ans Licht gelangt.

Dann schweigen wir wieder. Das dunkle Profil Gamals im Gegenlicht; da sitzt einer, der nicht oft in einen Spiegel schaut. Raubvögel schrauben sich, ohne die Schwingen zu bewegen, auf Luftsäulen in den Himmel, bis ich sie nur noch als Punkte wahrnehmen kann. Der bittere Geruch von trocknenden Kräutern. Der Hirte ist aufgewacht; er reibt sich die Augen und geht zu seinen Ziegen. Sein rechter Arm steckt in einem schmutzigen Gipsverband.

Sehen Sie den Busch, unter dem der Junge schlief, sagt Gamal, es ist eine Zistrose. Sie wächst in den kargen Zonen der Steinwüsten. Ihre Blätter dünsten einen hochexplosiven Stoff aus, der die Pflanze umhüllt wie der Mantel einer Gasbombe. Ein Funke genügt, ein von einer Ziege losgetretener Stein, um die Explosion auszulösen. Die Pflanze brennt lichterloh, eine Fackel in der Wüste.

Der Dornbusch?

So könnte es doch gewesen sein.

Es ist rasch heiß geworden, die Sonne brennt aufs Plateau. Als wir uns in den Schatten der Felswand zurückziehen, kommen die ersten unserer Reisegesellschaft den Pfad herauf; durch die »Lost Cities«-Plaketten kann man sie bereits von weitem von anderen Touristen unterscheiden.

Wir sind in einiger Entfernung von dem Ad-Deir Tempel stehengeblieben; er wirkt mächtiger als das »Schatzhaus«; er beeindruckt mich auch mehr als al-Khazneh in seinem engen Felsental, obwohl die Fassaden beinahe identisch sind. Gamal deutet auf eine Tafel mit arabischen Schriftzeichen. Drei Jahrhunderte vor dem Erscheinen ihres Erlösers haben die Nabatäer diesen Tempel aus dem Fels geschlagen, sagt er. Goldrot leuchtet das Kapitell jetzt im Sonnenlicht, ein Leuchten, das mehr aus dem Inneren des Steins zu kommen scheint, als von der Sonne selbst. Plötzlich wird mir der aberwitzige Anspruch unserer christianisierten Welt bewußt, deren Kalender sogar das annektiert, was zu Zeiten geschah, als es Christus noch lange nicht gab.

Jetzt hat Minnie Broomsfield mich entdeckt, eine reife Dame aus Minnesota; sie stürzt keuchend auf uns zu. Die rotblonden Haare hängen in die Stirn, die Augenschminke ist über das ganze Gesicht verschmiert; sie sieht aus wie eine Schauspielerin nach ihrem letzten verpatzten Auftritt. Da sind Sie ja, ruft sie, Ihre Frau macht sich schon Sorgen.

Sie nestelt am Kopfhörer ihres Empfangsgeräts. Kein Ton hier oben, seufzt sie, man kennt sich überhaupt nicht mehr aus. Sie bringt ihre Videokamera in Anschlag, schwenkt sie von mir zu Gamal und richtet sie schließlich auf die Fassade des Tempels. Dabei spricht sie andauernd mit dem Ding. Dann ist der Film zu Ende. Während sie einen neuen einlegt, sagt sie, die sehen doch alle gleich aus, diese Tempel. Langweilig, ich habe mir Petra aufregender vorgestellt. Wahrscheinlich muß man nachts herkommen, wenn alles beleuchtet ist. Ich war einmal in Ägypten, Luxor und Verdi, mein Gott, alles im Scheinwerferlicht, kennen Sie das?

Gamal versucht, mich wegzuziehen, aber Minnie ist hartnäckig, sie packt mich am Ärmel. Ich habe gehört, Sie sind Schriftsteller, Sie müssen nach Luxor, ich beschwöre Sie, das wird Sie inspirieren, schreiben Sie eine Liebesgeschichte in Luxor, es wird ein Bestseller.

Sie wendet sich an Gamal, nicht wahr, Mister, das ist doch der Ad-Deir Tempel?

Gamal schüttelt den Kopf. Nein, Madame, sagt er todernst, ich muß Sie enttäuschen; die Beduinen nennen diesen Tempel Zibb Faraun, den Phallus des Pharaos.

Minnie stutzt einen Augenblick, oh, wie romantisch, sagt sie dann und schaltet die Kamera ein. Ich höre gerade noch, wie sie sagt, und das hier ist der wundervolle Tempel, den die Wilden Penis des Pharaos nennen.

Als wir den Pfad hinuntergehen, sagt Gamal, entschuldigen Sie, ich konnte einfach nicht anders. Jetzt wissen Sie, warum ich als Guide für Petra nicht geeignet bin.

Der Abstieg wird zur Tortur; ich habe jetzt auch am andern Fuß Blasen, die Nase ist völlig verstopft, und als wir

41

fast wieder im Tal sind, fällt meine Sonnenbrille auf den Boden und ein Glas zerbricht, was besonders unangenehm ist, weil wir jetzt direkt gegen die Sonne laufen.

Nachdem wir eine Weile gegangen sind, sagt Gamal einen Satz in unser Schweigen hinein, den ich nicht vergessen werde: Zwei Dinge kann man nicht anschauen, die Sonne und den Tod.

Eine Stunde später sitzen wir trotz meines miserablen Zustands im Café von Gamals Bruder; es ist zehn Minuten vom Eingangstor des Sig entfernt, in einem der noch wirklich alten Häuser, die vor hundert Jahren zu einer Karawanserei gehörten. Obwohl draußen die Sonne niederbrennt, ist es finster in dem kleinen Raum; man sieht nicht von einer Wand zur anderen, so dicht ist der Rauch. Ein Ort für Männer. Sie sitzen an niedrigen Tischen und rauchen; einige rauchen die traditionelle Wasserpfeife, während sie Scheschbesch spielen, die levantinische Variante des Backgammon.

Gamal bugsiert mich an einen der schmalen Tische an der Wand und stellt mich seinen Freunden und dem Bruder vor; er heißt Fadl und ist das Gegenteil von Gamal, klein, quirlig, er unterhält die Männerrunde mit Witzen, sie klatschen sich auf die Schenkel und lachen so herzhaft, daß ich mitlachen muß, obwohl ich kein Wort verstehe und manchmal den Eindruck habe, daß sie über mich lachen.

Der Kaffee in den winzigen Täßchen ist stark und sehr gesüßt. Die dunklen Augen der Männer hatten mich eine Zeitlang gemustert, jetzt wenden sie sich wieder dem Spiel oder ihrem Gespräch zu, was sollen sie mit einem anfangen, mit dem man nicht reden kann. Nur der Mann neben mir spricht ein ausgezeichnetes Englisch.

Er legt den Löffel bedächtig neben die Tasse. Gamal sagt, Sie leben in der Schweiz. Wie denken die Leute in Ihrem Land über den Islam?

Ich reagiere vorsichtig, antworte dasselbe, was ich Gamal gesagt habe, daß man dem Fundamentalismus mit Mißtrauen und oft auch mit Ablehnung begegnet.

Der Mann schweigt, rührt im Kaffee. Er ist vielleicht vierzig, graumelierter Schnauz, elegante westliche Kleidung. Von Gamal weiß ich, daß er Badschidi heißt, muslimischer Professor in Kairo ist und kürzlich in einer Debattesendung der BBC aufgetreten ist.

Natürlich, sagt er, diese Extreme schaden unserer Religion. Aber sie sind eine Reaktion darauf, daß die Muslime zu den Underdogs der westlichen Großmächte degradiert werden.

Badschidi nennt Beispiele, er redet leise, schaut dabei auf seine gepflegte Hand, die mit dem Kaffeelöffel spielt. Die Allianz im Kuwait-Krieg gegen die Iraker, sagt er, die Inder in Kaschmir, die Serben in Bosnien, jetzt die Russen in Tschetschenien, die jeden Widerstand unter der grünen Fahne im Blut ertränken. Der Nahost-Friedensprozeß zeigt doch deutlich, wie die Araber die Rechnung für Israels und Amerikas Vormachtstellung bezahlen.

Während ich auf die Hand mit dem Löffel schaue, wird mir bewußt, fast alles, was Badschidi mit ruhig dahintreibender Stimme in die Rauchschwaden hineinspricht, würde in meiner gewohnten Umgebung Protest hervorrufen; hier, zwischen den schnauzbärtigen, spielenden und rauchenden Männern, klingt es plausibel.

Religion braucht Innerlichkeit, will ich Badschidi sagen, deshalb soll sie keine Gewalt ausüben, aber Gamals Hand berührt jetzt meine Schulter, ich glaube, Sie müssen zurück ins Hotel, sagt er, kurieren Sie sich aus, damit Sie morgen für die Weiterreise fit sind.

Als wir vor dem Café stehen, geht die Sonne gerade hinter dem Jebel al-Barra unter; der Bergrücken hebt sich auberginefarben gegen den roten Abendhimmel ab, Linien, fast schwarz und so sanft, sanft ohne jede Weichheit. Vielleicht stimmt es, was S. mit ihrer Frage gemeint hat, und wir sind an jedem Ort, zu jeder Zeit andere.

Ich greife in die Tasche, um mein Portemonnaie und Papier für die Adresse herauszuholen. Gamal winkt ab. Ich will kein Geld, sagt er, es war ein Vergnügen, den Tag mit Ihnen zu verbringen. Es hat auch keinen Sinn, die Adressen zu tauschen, wir werden uns nicht wiedersehen.

Es ist das zweite Mal, daß ich sehe, wie ein Lächeln über sein Gesicht huscht; er greift mit einer fast scheuen Geste nach dem Kopftuch und zieht es ein wenig zurück. Der Schädel ist kahl. Chemotherapie, sagt er, die Lymphen. Ich werde nicht mehr lang leben.

Er lächelt wieder und blickt an mir vorbei in den Abendhimmel. Allah ist groß, sagt er. Leben Sie wohl.

Im Hotel treffe ich vor dem Lift Steve Straw; er ist Herzchirurg an der Universitätsklinik von Los Angeles und begleitender Arzt während der Reise. Steve ist einer der Ärzte, wie man sie sich wünscht, immer freundlich und aufgekratzt; sein Lachen und die Art, mit Wehwehchen umzugehen, strahlen eine Zuversicht aus, die selbst in schlimmsten Fällen ansteckend sein muß.

Steve, sage ich, als wir im Lift sind, wie stehen die Chancen für einen, der Lymphdrüsenkrebs hat?

Er zuckt die Achseln. Chancen? Keine, sagt er lächelnd, ich kenne jedenfalls keinen, der das überlebt hat.

Er tippt mir auf die Brust. Sie haben eine kapitale Erkältung, mein Lieber, sagt er, Ihre Augen sehen aus wie die von einem Cocker-Spaniel. Welche Zimmernummer haben Sie? Ich bringe Ihnen was.

Freitag, 5. November; Agaba via Muskat, Oman

Ich weiß nicht, was mehr geholfen hat, den gestrigen Abend zu überstehen und heute wieder auf dem Damm zu sein, Steves hellblaue Pillen, Gamals Kügelchen oder das Dampfbad.

Es ist acht Uhr morgens, wir sitzen im Bus nach Agaba, wo die »Explorer« auf uns wartet. Allmählich wird mir bewußt, welche unglaubliche Organisation hinter dieser Reise steckt. Zweimal am Tag, am Morgen und am Abend, liegt auf den Zimmern ein auf die Minute ausgearbeitetes Programm für jeden Zielort; es enthält sogar Hinweise für die Kleidung (in Oman die Empfehlung, keine Shorts zu tragen); angeheftet ist ein Kuvert mit lokaler Währung im Wert von 10 US-Dollar, was Umrechnen und Wechseln ersparen soll. Kleine Geschenke auf den Kopfkissen werden später an die Reise erinnern; in Petra war es ein Fläschchen mit Sand aus der Jordanischen Wüste.

Während wir auf die Abfahrt warten, versuche ich, Ordnung in meine Notizen zu bringen. Schräg vor uns sitzt die Dame mit dem Mops; inzwischen weiß ich, daß sie Lill Lexman heißt, geschieden ist und ein viktorianisches Landgut unweit von Essex bewohnt. Ich strecke mich ein wenig und sehe, wie sie in einem Fotoalbum blättert; lauter

Möpse, auf dem Rasen, vor dem Kamin, Stöckchen apportierend; vielleicht ist es immer derselbe Mops, die von Blähungen geplagte Butterfly.

Die Schrift, mit der ich gestern nacht noch ein paar Sätze notiert hatte, verrät einiges über meinen Zustand. Nach einer Stunde im Dampfbad und einem Diner im jordanischen Restaurant »Al Saraya«, mußten wir noch die Darbietungen einer mageren Bauchtänzerin über uns ergehen lassen. Wie sich später herausstellte, kam das Mädchen nicht, wie angekündigt, aus Kairo, sondern aus Leverkusen am Niederrhein.

Im Bett ging mir Gamal nicht aus dem Kopf, sein ernstes Gesicht, das Lächeln zum Abschied. Um mich abzulenken, knipste ich das Licht nochmal an, als S. bereits schlief. Ich las die letzten Seiten der »Nabatäer«. »... in der Bibel steht, daß Nabath oder Nabajoth der Stammvater war, der Erstgeborene Ismaels. Fest steht, daß die Nabatäer einen arabischen Dialekt sprachen, der in aramäischen Buchstaben geschrieben wurde.« Ich war unkonzentriert und blätterte weiter; dabei kam mir ein vergilbter Zettel in die Hände, den ich seltsamerweise bisher übersehen hatte; es war eine Rechnung des Hotels »Masouk« in Amman; sie trug das Datum 27. Dezember 1929.

Die Rückseite war mit der kleinen akkuraten Handschrift meiner Großmutter bedeckt. »Weihrauch«, hatte sie geschrieben, »Gummiharz der Boswellia aus Abessinien, von der Somaliküste und aus Dhofar in Oman. Herodot berichtet, daß kleine grüne Schlangen den Baum zu seinem Schutz umkreisen.« Dann folgte ein Satz, der mich aufhorchen ließ: »Wir traten durch die Öffnung des Sig und standen vor dem al-Khazneh Grabmal. Es herrschte unheimliche Stille. Ich spürte die Nähe der Toten, als ob sie nach mir greifen wollten. Solange K. an meiner Seite war, konnte nichts geschehen.«

Wer war K.? Mein Großvater hatte sich 1926 eine Kugel in den Kopf geschossen; seine Frau war gerade dreißig, als er starb. Mit wem war Großmutter in Petra? Hatte sie diesen K. geliebt?

Ich löschte das Licht. Lag da, dachte über diesen Satz nach und den langen und doch so kurzen Tag in Petra. Ich war noch immer nicht sicher, ob ich über die Reise schreiben würde. Aber ich war am Ende dieses einzigen Tages dorthin gelangt, wo man sich der Möglichkeit einer Wahl bewußt wird. Und dann, fast schon im Halbschlaf, fand ich als Kriterium, das mich bei dieser Wahl leiten könnte, die Empfindung, an diesem Tag wirklicher und tiefer gelebt zu haben als an anderen Tagen. Mit dem Gefühl, dies festhalten zu wollen, schlief ich ein.

Die Fahrt nach Agaba führt über das Wadi Rum durch Sandsteinberge zur Nord-Süd-Route und der »Straße der Könige«; das Gelände ist felsig, mit kargen Flecken grün; grün wie die Haut eines alten Reptils.

Auf der anderen Seite des Gangs sitzt Dr. Pierre Fiema, ein schwerer Mann mit Tränensäcken und einer riesigen Goldkette um den Hals; er ist Direktor des American Center of Oriental Research in Amman und kommt mit nach Agaba, um eine junge Archäologin abzuholen. Er hatte gestern einen Vortrag gehalten, der spurlos an mir vorübergegangen war, weil Mitleid mit meinen Bronchien die ganze Aufmerksamkeit in Anspruch nahm.

Fiema bedauert, daß wir nur einen Tag in Jordanien bleiben; im Osten, sagt er, Richtung Irak, dort sollten wir das nächste Mal hin, an den Wegen der Händler und Schmuggler findet man die berühmten Wüstenschlösser, die für die Jagden der omajadischen Kalifen gebaut worden sind. Ich sage Ihnen, die Fresken wunderbar, die reinste Pornographie, wirklich wunderbar. Er macht eine ausholende Bewegung, die wahrscheinlich Brüste andeuten soll.

Mit einem verschwörerischen Zwinkern reicht er mir seine Karte, rufen Sie an, wenn Sie das nächste Mal in der Gegend sind.

Während vor den Fenstern die Steinwüste vorbeizieht, erzählt Fiema von seiner Arbeit in Petra. Erst fünf Prozent der Stadt seien ausgegraben, sagt er, auf das große Wunder warten wir noch. Ich werde es nicht mehr erleben. Mit einem raschen Seitenblick prüft er mein Aussehen und fügt hinzu, Sie auch nicht. Dann gerät er wieder ins Schwärmen, erzählt von den Reizen der arabischen Mädchen, die er in einem gewagten Brückenschlag mit der Schlankheit von Dolmen vergleicht, Steinbauten in der Wüste, deren rätselhaften Ursprung man bis heute nicht kennt. Er zieht eine flache Flasche aus der Tasche. Möchten Sie? Black Label.

Ich danke ihm; er nimmt einen kolossalen Schluck, bevor er mir die Flasche reicht. Auf solchen Reisen braucht man das, sagt er, es ist das Weihwasser der Ungläubigen.

Interessant ist, was Fiema erzählt, wie die Regierung die Beduinen seßhaft macht: Die Schüler erhalten freies Essen, auch für ihre Eltern; die Kinder schleppen die Aluminiumkessel oft meilenweit bis zu den Zelten. Allmählich rücken die Zeltlager näher an die Schule heran, bis ein Dorf entsteht.

Am Flughafen von Agaba verabschieden wir uns. Fiema eilt auf ein weißblondes üppiges Wesen zu, das neben mehreren Koffern auf ihn wartet. Ich möchte wetten, die junge

Dame ist keinem Hörsaal eines archäologischen Instituts entstiegen, eher einer der Fresken, von denen Fiema so geschwärmt hat.

Ein heißer, trockener Wind weht aus der Wüste zum Meer hin. Die »Explorer« ist die einzige Maschine auf dem Rollfeld, sieht man ab von den grauen Kolossen einer amerikanischen Hubschrauberstaffel.

Von hier, aus der Wüste heraus, hatte T. E. Lawrence am 6. Juli 1917 den Sturm auf Agaba gewagt. Monate später, beim Sichten meiner Aufzeichnungen, werde ich an dieser Stelle ergänzen: Kurz vor seinem Tod schrieb Lawrence von Arabien aus seinem Cottage in Dorset an einen Freund: »Sie möchten wissen, was ich treibe? Das möchte ich wirklich auch wissen. Tage scheinen zu dämmern, Sonnen zu scheinen, Abende zu folgen, und dann schlafe ich. Was ich getan habe, was ich tue, was ich tun werde, beunruhigt mich und verwirrt mich. Sind Sie jemals ein Blatt gewesen und von einem Baum im Herbst gefallen und haben sich wirklich darüber gewundert? Genau so empfinde ich mich.«

Sieben Tage später verunglückte Lawrence mit seinem Motorrad, fiel in ein mehrtägiges Koma und starb.

Die Stewardeß heißt Evelyn; sie kommt aus Dublin, hat die rotesten Haare und die grünsten Augen, die ich je an einem Menschen gesehen habe, und ist von den Mädchen bei weitem die flinkste. Sie weiß, daß ich auf meinem Bier gerne eine Schaumkrone habe, und stellt beim Essen die Weinflasche auf den Tisch, damit ich ja nicht zu lange warten muß.

Während wir in Petra waren, hat die Küchencrew auf dem Markt in Amman Proviant eingekauft: Obst, frisches Gemüse, Milchlamm und Süßwasserfische.

Der Flug nach Muskat wird drei Stunden dauern, kann sich aber, wie der Kapitän uns wissen läßt, erheblich verlängern, weil Saddam Hussein an der Grenze zu Saudi-Arabien Manöver abhält. Vor dem Start werden die Pässe eingesammelt. Die brauchen Sie jetzt eine Weile nicht mehr, sagt Agnes, wir erledigen das alles für Sie. Sie sollten beim Zoll nur ihre Täfelchen tragen, Foto nach außen, dann können Sie einfach durchgehen. Nur die Chinesen machen Zicken.

Der vom Irak erzwungene Kurs führt südöstlich über die Saudische Wüste. Wir fliegen in einer Höhe von neuntausend Metern mit einer Geschwindigkeit von fünfhundertsechzig Meilen pro Stunde.

»Die Wüste ist Schrift«, schrieb der Mystiker Edmond Jabès, »in jedem Sandkorn liegt ein überraschendes Zeichen.« Ich habe mit S. den Platz getauscht, sitze am Fenster und schaue auf das endlose Herz Arabiens, das aus nichts als Sand, glühender Hitze und Trockenheit besteht. Bis heute, ans Ende unseres Jahrhunderts, hat diese Wüste keiner beherrscht. Das »Nichts« gab dieser Ödnis den Namen: Rub al-Chali, das »Leere Viertel«. Die größte geschlossene Sandfläche der Erde bedeckt den Süden Saudi-Arabiens, Teile Jemens, des Emirats Abu Dhabi und Omans. Das Gebiet ist größer als Deutschland und Frankreich zusammen und wird von weniger als zehntausend Menschen bewohnt, die sich jeder Volkszählung entziehen.

Evelyn bringt mir ein zweites Bier mit einem perfekten weißen Schaumpilz. Unter mir die ausgedörrte rotgoldene Unendlichkeit; ich beginne nach Zeichen zu suchen, der geheimnisvollen Schrift, von der Jabès sprach. Mäandernde Dünen, deren Kämme schmale runenartige Schatten werfen. Nach einer Weile beginne ich mich darüber zu ärgern, daß ich mit diesen großartigen Bildern vor dem Fenster so wenig anfangen kann, daß ich beginne, Vergleiche aus der Erinnerung zu holen. Ich vergleiche die Sanddünen der Sahara mit denen des »Leeren Viertels«; und ich sehe, während wir die Hügel von Ad Dhana überfliegen, den Wüstenweg nach Zagora in der Nordsahara, wo ich mit einem Freund auf Kamelen entlangritt, bis wir an einem Morgen auf einen Holzpfahl trafen, der windschief im Sand steckte; auf einer verwitterten Tafel stand in Englisch: 41 Kameltage bis Timbuktu. Neben dem Pfahl lag ein totes Kamelfohlen mit aufgeblähtem Leib.

Als ich Ben dies später bei unserer Toiletten-Runde erzählte, sagte er grinsend, das andere ist immer das Begehrenswerte. Wenn uns die Brüste einer Frau zu langweilen beginnen, vergleichen wir sie mit Schnee, ein poetisches Aphrodisiakum. Es kommt uns darauf an, etwas zu dem zu machen, was es nicht ist, Schaumkronen zu Schnee, Schnee zu Haut, Sandkörner zu Zeichen. Ein Beweis, daß der Mensch es nirgends lange aushält. Das hat mein Rabbi mir beigebracht, als ich zehn Jahre alt war.

Er schaut über die Köpfe der Sitzenden. Sag mal, was hat dich an Petra am meisten beeindruckt?

Weiß ich noch nicht. Vielleicht, daß jemand geht.

Oh! Weißt du, was mich am meisten beeindruckt hat? Ein Epileptiker. Das heißt, seine Frau. Dort, wo das Tal in den Kessel zum al-Khazneh mündet, brach vor uns ein Mann zusammen und fing an zu zittern und sich in Krämpfen zu winden. Seine Frau steckte ihm rasch etwas in den Mund. Steve fragte, ob wir helfen könnten, aber sie sagte ganz ruhig, nein, Ted ist in Ordnung. Dann stand sie einfach da und schaute auf den rotglühenden Totentempel im Fels. Auf diesen Augenblick haben wir dreißig Jahre gewartet, Ted und ich, sagte sie strahlend, ist das nicht wunderbar?

Die »Explorer« fliegt jetzt so hoch, daß die Konturen der Dünen kaum zu erkennen sind. Ich wechsle vom Bier zu Espresso und Calvados und schlage Edward-Tonellis Buch auf. Bereits beim ersten Durchblättern hat es sich als eine wahre Fundgrube erwiesen.

Als einziger Sohn einer Genueserin aus dem Adelsgeschlecht der Tonelli-Veronesi und des Glasgower Reeders und Handelsherrn Frederik Edward 1786 in London geboren, besucht er eine Jesuitenschule in Florenz, studiert Theologie und Geschichte, promoviert, wieder in England, über Epikur. Mit vierundzwanzig zieht es ihn zurück nach Italien, vielleicht um seiner vom Vater getrennt lebenden Mutter nahezusein. Ein Jahr später tritt er in den Orden Jesu ein und wird Geistlicher am Jesuiten-Kolleg San Michele bei Bologna. Zwei Jahre später verläßt er das Kolleg und reist an Bord eines portugiesischen Frachtseglers nach Indien. Es folgen Wanderungen zu Fuß, ziellos, scheint es, manchmal gefährlich auch; neunmal wird er überfallen, ausgeraubt, er landet im Gefängnis, kommt frei, wird krank, zieht weiter. An seinem linken Handgelenk trägt er jetzt das »raksha bandhana«, den schützenden Baumwollstreifen der buddhistischen Mönche auf Ceylon.

Die Reise führt ihn von Goa nach Radjastan, wo er am Hofe des Maharadjas von Jaipur eine Art Hauslehrerrolle spielt; er befaßt sich mit Astronomie, Mathematik und den Grundzügen des Islam und legt nun auch im Kopf das Priestergewand ab. Weiter geht die Reise über das bergige Kashmir südwärts nach Kambodscha, wo er als einer der ersten Europäer die Ruinen von Angkor Wat durchstreift.

In einer Stadt, die er Paranda nennt und die ich auf keiner meiner Faltkarten finden kann, wird er erneut krank; vermutlich Malaria. Er verliert die Wachstuch-Hefte mit seinen Aufzeichnungen; und nun, nach der Genesung, beginnt er mit einem Experiment, das über die Jahre seiner Reise andauern wird und das er »Kunst des Erinnerns« nennt.

Er »pflückt Augenblicke des Glücks wie Rosenknospen«; und damit dieser Schatz nicht wieder verlorengehen kann, bedient er sich einer Methode, die der Dichter Simonides von Keos erfunden haben soll. Wochen nach dem Flug über das »Leere Viertel« werde ich in Ciceros »De Oratore« lesen, wie die Dichter zur Entdeckung der »Gedächtniskunst« fand.

Bei einem Festmahl des thessalischen Adligen Skopas trug Simonides zu Ehren des Gastgebers ein Gedicht vor, das auch Verse zum Ruhm der Zwillingsgötter Kastor und Pollux enthielt. Skopas, ein sparsamer Mann, teilte darauf dem Dichter mit, er wolle nur die Hälfte des vereinbarten Lohnes bezahlen, da die Hälfte des Gedichtes nicht ihm, sondern den Göttern gewidmet sei; Simonides möge sich für die andere Hälfte an die Zwillinge wenden. Wenig später wurde dem Dichter die Nachricht überbracht, vor dem Palast würden zwei Jünglinge auf ihn warten. Als er vors Tor trat, war niemand zu sehen. Während seiner Abwesenheit stürzte das Dach des Festsaals ein und begrub Skopas samt seinen Gästen; die Leichen waren derart verstümmelt, daß die Verwandten außerstande waren, die Identität festzustellen. Simonides, dem die Götter ihren Anteil gezahlt hatten, vermochte die Toten zu identifizieren, weil er sich erinnerte, wo sie während des Mahls gesessen hatten.

Cicero folgert, daß eine planmäßige Anordnung entscheidend für ein gutes Gedächtnis ist; wer diese Fähigkeit trainieren will, muß bestimmte Orte auswählen und von den Dingen, die er im Gedächtnis behalten will, geistige Bilder schaffen, die er an die bewußten Orte heftet. Man könne, so Cicero, die Orte anstelle einer Wachstafel, die Bilder anstelle von Buchstaben benutzen.

In der antiken Welt, ohne Druckverfahren, ohne Papier, um Notizen zu machen, war ein geübtes Gedächtnis ungeheuer wichtig. Boten und Späher mußten sich auf ihr Gedächtnis verlassen, auf nichts sonst. Das Wort »Gedächtniskunst« gibt nur einen schwachen Eindruck, wie Ciceros Gedächtnis arbeitete, als er zwischen den Bauten des antiken Rom entlangging und sich die Orte und die an diesen Orten aufbewahrten Bilder unauslöschlich in seine Erinnerung brannte.

Ich konnte mir, als ich das las, eine erste Vorstellung machen, wie Edward-Tonelli auf seiner Reise »Rosenknospen« pflückte und so unverrückbar im Gedächtnis behielt, daß er sie noch Jahre danach in ihrer Chronologie niederschreiben konnte.

Während ich auf die Wüste unter mir schaue, eine Weite ohne faßbare Formen, weiß ich auch, warum der Karawanenweg nach Zagora mir stärker ins Bewußtsein gedrungen ist als die Bilder des »Leeren Viertels«; der Pfahl mit dem Schild, das tote Kamel hatten einen unvergeßlichen Raum um sich geschaffen. Und während ich jetzt das alles denke, taucht die Frage auf: Was, welches Ding, welches Ereignis, wird mir von diesem einen Tag in Petra in Erinnerung bleiben? Es sind zu viele, noch weiß ich keines über ein anderes zu stellen.

Und wieder wird es Wochen später sein, bis ich mir die-

se Frage noch einmal stelle, zu Hause, an meinem Schreibtisch. Ich werde mich an diesen Tag erinnern, an die Stunden auf den ausgeglühten Hügeln über dem Wadi al-Araba,
die Felsengräber, das rauchige Café. Was geblieben sein
wird: die in den Himmel ragenden korinthischen Säulen
des al-Khazneh-Tempels und die schmutzige kleine Puppe
davor, ein Gesicht, das, wenn ich die Augen einen Herzschlag lang schließen werde, Gamals Gesicht ist, wie es in
den Abendhimmel lächelt.

Wir sind noch immer in der Luft, vier Stunden schon.
Saddam zwingt die »Explorer« zu einem Kurs, der südlich
der vorgesehenen Route nach Oman führt. Während eines
längeren Fluges bietet sich Gelegenheit, mit anderen Reisenden ins Gespräch zu kommen; man steht in kleinen
Gruppen auf dem Gang, besucht einander, trifft sich un-
vermeidlich vor der Toilettentür. Ein Thema, das ich bei
meiner Wanderung vom Bug zum Heck und zurück oft zu
hören bekomme, sind Souvenirs. Seit alten Zeiten nahmen
Könige, Feldherren, Pilger und Forscher aus fernen Ländern Erinnerungsstücke mit nach Hause. Pietätsgefühle
gab es kaum. Vom ausgestopften Bantu-Prinzen bis zum
Schrumpfkopf, vom Nashorn bis zum vollständigen Tempel, alles, was nicht niet- und nagelfest war, wurde in die
Heimat verfrachtet.

Manche meiner Reisegefährten scheuen weder Größe
noch Gewicht des Objekts ihrer Begierde. Das Ehepaar
Swenson hat in einem halboffiziellen Antiquitätenladen
einen angeblich echten »Bethyl« aus vorchristlicher Zeit
erstanden; er wiegt fünfzig Kilo und ruht jetzt im Fracht-
raum der Boeing. Die glücklichen Besitzer haben die Blende
vors Fenster gezogen, trinken Cola-Light und lösen Kreuz-

worträtsel. Den Stein werden sie mit nach Nebraska oder Texas nehmen, und er wird ihr Leben lang den Geschmack der Ferne bewahren.

Die Hälfte der Gruppe sind Amerikaner; die andere Hälfte teilt sich in Europäer, Neuseeländer, Australier, Kanadier. Eine ältere Dame kommt aus Kapstadt; sie reist in Begleitung ihrer jüngeren Schwester und strickt unermüdlich, auch während der Mahlzeiten. Sie hatte bereits auf dem Londoner Flughafen jede Minute benutzt, um an einem gebißfarbenen Gebilde zu stricken, das aussieht, als würde es einmal ein Bettüberwurf für das Krankenlager einer salesianischen Nonne. Ihre Schwester zieht sich für den Flug jedesmal um, sie verschwindet blitzschnell in der Toilette und taucht dann ebenso schnell in einem rotgelb gestreiften Trainingsanzug wieder auf. Dabei ist sie barfuß.

Gegen vier Uhr landet die »Explorer« in Muskat. Agnes hatte recht, die Zollbeamten stehen Spalier und zeigen weiße Zähne unter buschigen Bärten. Das in einem Land, dessen Immigrationsprozedur gefürchtet ist.

Agnes kann wundervoll lachen; im Bus nimmt sie das Mikrophon, sie schüttelt sich vor Lachen, als sie sagt, erst die gute Nachricht: Das »Al Bustan Palace Hotel« gilt als eines der schönsten Hotels der Welt; die schlechte Nachricht: In Oman ist Feiertag, bis morgen mittag gibt es keinen Alkohol.

Der erste Eindruck von Muskat ist enttäuschend; entlang der Schnellstraße vom Flughafen zum Zentrum eine Straßenmöblierung aus Beton und Kunststoff, Palmen, Araberpferden, riesigen Krummdolchen. Eine andere Art von Verschönerung scheint einem paradiesischen Urtraum zu folgen, der um so üppiger wirkt, je unwirtlicher der Lebensraum aus Sand, Fels und Hitze ist: In Muskat hat man der leblosen Natur eine lebendige eingepflanzt, blühende Vegetation entlang der Straßen, zwischen Karst und Asphalt triumphieren künstliche Wasserfälle über die lähmende Hitze.

Die berühmte Stadt an der Weihrauchstraße, die wir jetzt mit achtzig Stundenkilometern durchfahren, ist eine moderne westliche Stadt, unpersönlich und sauber. Die lokale Fremdenführerin, eine Inderin mit charmantem Akzent, sagt voll Stolz, Muskat sei neben Singapur die sauberste Stadt der Welt; schmutzige Autos würden von der Polizei aufgehalten und in die nächste Waschanlage geschickt. Als sei das alles doch ein bißchen zuviel des Guten, fügt sie lächelnd hinzu, das historische Muskat sei noch genau so, wie es zu Zeiten des berühmten Sultans Said ibn Sultan war, laut und ein bißchen dreckig.

Am anderen Ende der Stadt fährt der Bus über eine Paßhöhe; links schwarzbraune Felsen, rechts weiche ockerfarbene Sedimente. Dann taucht das »Al Bustan Palace Hotel« vor uns auf; von Kokoshainen, weißen Sandstränden und schwarzen Bergkegeln umrahmt, liegt es in einer Bucht, aus der ein ganzes Fischerdorf kurzerhand evakuiert wurde, um für den Riesenbau Platz zu machen. Die Inderin erklärt die Funktion des Hotels: internationales Haus von Weltrang, zugleich Gästehaus der omanischen Regierung.

Beeindruckend ist er schon, dieser einem Sultanspalast nachempfundene Hollywood-Koloß inmitten einer scheinbar unberührten Natur; sein Herzstück ist das Atrium mit einer dreißig Meter hohen lichtdurchfluteten Kuppel.

Minnie Broomsfield betritt neben mir dieses touristische Heiligtum; sie staunt, fotografiert, kommentiert; mein Gott, sagt sie, daß ich das erleben darf, gewaltiger als der Dom in Florenz. Dieser gewagte Vergleich mag von den Unmengen Weihrauch herrühren, den ein weißbärtiger Omani neben dem Eingang verbrennt.

Unser Zimmer, eigentlich eine Suite, ist bemerkenswert; Kissenwolken auf niedrigen Diwanen, Tapisserien an Wänden aus Edelhölzern, ein Marmorbad mit Goldarmaturen und Whirl-Pool – vollendetes Ambiente eines luxuriösen arabischen Bordells. Die Fensterfront öffnet sich zur Bucht, das Meer ist schwach zu erkennen; Schaumkringel, wenn Wellen auf den Sand treffen. Ein Insekt zirpt, es ist ein Geräusch, als würde eine Uhr aufgezogen.

Der Pool entspricht in seinen Ausmaßen dem Hotel; er reicht von der Terrasse bis ans Meer. Ich bin mutterseelenallein mit den letzten Wehen meiner Erkältung und frage mich, ob es nicht klüger gewesen wäre, auf's Schwimmen zu verzichten. Aber das Wasser ist warm, über mir Sterne, die Finger von Fächerpalmen klirren im Abendwind. Eine Stimmung, wie man sie in keinem Reiseprospekt romantischer darstellen könnte. In den Genuß meines elitären Alleinseins platzt Ad Murphy.

The pool is open?

Hab' nicht gefragt.

Ich ziehe mich rasch um, dann komme ich.

Diese amerikanische Geselligkeit; ich habe fast den Eindruck, daß Ad sich jetzt nur umzieht, weil er glaubt, ich könnte mich einsam fühlen. Ad ist Arzt, Entrogastrologe aus San Francisco, frisch geschieden, drei Kinder. Er macht die Reise, um zu vergessen, daß seine Frau mit einem mexikanischen Zeitungsverleger durchgebrannt ist. Ich habe das von Ben gehört, der bei Ad seit Jahren Patient ist. Ich laß' ihn alle zwei Jahre in meinen Hintern gucken, reine Prophylaxe, wir Juden sind alle Hypochonder.

Wir schwimmen nebeneinander im Kreis. Ich erzähle Ad von den Tücken des Schreibens, er erzählt, daß er lieber plastische Chirurgie machen würde, als sich täglich in die Anatomie von Hintern zu vertiefen. Bevor er seinen Facharzt machte, war er als junger Mediziner während des Vietnamkrieges beim CIA in Teheran.

Wir waren für die medizinische Logistik zuständig, sagt er, eine verdammte Scheiße; wir haben Johnson und seine Lady Bird von ganzem Herzen gehaßt. Alle wußten, das kann nicht gutgehen. Meinem Bruder hat eine Sprengfalle acht Tage vor Schluß die Beine abrasiert. Hab' nie begriffen, warum er dort hinging.

Hatte er sich freiwillig gemeldet?

Er war Fotograf, hat für »Life« gearbeitet. Einer von den Wahnsinnigen wie Larry Barrows oder Robert Capa. Der Krieg war für die Jungs ein Rausch, sie waren süchtig, verstehst du, freier Fall zwischen Euphorie und Verzweiflung.

Schweigend ziehen wir unsere Kreise unter dem Sternenhimmel. Ad schwimmt auf dem Rücken. Er kennt die Sternbilder, nennt ihre Namen; bei manchen weiß er sogar die Entfernung zur Erde.

Was hältst du von Mary, fragt er.

Mary ist das jüngste Mitglied unserer Gruppe, eine farblose mollige Blondine, die Zegrahm als Chronistin der Reise engagiert hat. Das einzige, was mir an ihr auffiel, ist eine Tätowierung am Handgelenk in Form einer Hummel.

Außer »hallo« hab' ich kein Wort mit ihr gewechselt. Warum?

Nur so. Ich wundere mich, daß ein so schönes Mädchen nicht verheiratet ist.

Woher weißt du das?

Hab' sie gefragt. Sie lebt bei ihrer Mutter in Nashville, vierzig Meilen von San Francisco. Sie ist Journalistin. Gefällt sie dir?

Oh doch, lüge ich, sie ist recht attraktiv.

Er blickt hinauf zu den Sternen. Ich geh' mich rasch umziehen, sagt er, wir sehen uns später.

Ich schaue ihm nach, wie er lang und sehr dünn aus dem Wasser steigt und zwischen den Palmen verschwindet. So könnte eine Geschichte beginnen. Vermutlich wäre es eine schlechte.

Als ich Agnes und Ben später bei der vergeblichen Suche nach einer Bar vor verschlossenen Türen begegne, sagt Ben, hab' schon bei dir angerufen, S. meint, daß du unter Entzugserscheinungen leidest. Hör mal, ich habe hier einen alten Bekannten; er war »Herr des Wassers« in dieser Gegend, ein Unikum. Wir treffen uns morgen, wenn du Lust hast, komm mit.

Jesus Maria, tun Sie das ja nicht, Agnes hebt warnend den Finger, Ben hat mich in London einmal zu seinen Freunden in ein Etablissement geschleppt, wo ich gedacht habe, da kommst du lebend nicht mehr raus. Sie lacht ihr herrliches Lachen, ich gehe Tee trinken, sagt sie, will jemand mit?

Ich blicke ihr nach, wie sie mit den raschen Schritten eines jungen Mädchens durch die Halle geht und im Oriental Tea Room verschwindet. Agnes ist ein erstaunlicher Mensch; sie ist Ungarin und lebt in Wien. Sie macht den Job für Zegrahm vier Monate im Jahr und das immer an Bord der »Explorer«. Sie hat zwei kleine Kinder und einen Mann, der beim Rundfunk arbeitet. Agnes ist klug, sie ist gebildet, spricht ein Dutzend Sprachen; das tun andere

Frauen auch. Was sie so ungewöhnlich macht, ist ihre Umsicht, die nie erlahmende Hilfsbereitschaft und Geduld. Trotz der unglaublichen Organisation, die diese Reise verlangt, den oft kaum erfüllbaren Wünschen der verwöhnten Klientel, dem andauernden Streß mit Behörden, nie sieht man sie ohne Lächeln, kein noch so unverhofft auftauchendes Problem kann sie aus ihrer Zuversicht verströmenden Ruhe bringen.

Alkoholfreies Abendessen mit Huttons auf der Palmenterrasse des »Al Bustan«. Larry baut Wolkenkratzer und unterhält in Sydney ein Büro mit hundert Mitarbeitern. Seine Frau Betty ist eine hyperaktive Person, sie verbringt einen Großteil ihrer Zeit damit, das »social life« ihres Mannes zu organisieren. Leider hat sie die üble Angewohnheit mancher Ehefrauen, ihn vor anderen Leuten unentwegt zu korrigieren und ihm jede Geschichte, die er erzählen will, gründlich zu versauen; aber nein, Larry, es war nicht um halb sechs, es war auf die Minute sechs Uhr, und es war auch nicht in Perth, sondern in Melbourne. Er winkt dann mit einer resignierten Bewegung ab und küßt sie aufs Ohr.

Betty erzählt von ihren Vorfahren, die als Gefangene von England nach Australien kamen; lauter Ganoven und Strauchdiebe, sagt sie, wie bei Larrys Familie, man hat die Typen aus den Gefängnissen geholt und möglichst weit weg geschickt. Mein Urgroßvater war nach Beendigung seiner Karriere als Taschendieb Briefträger in Adelaide; er galt als der schnellste Briefträger Australiens. Sie lacht und öffnet ihre Bluse, da, schaut her, sagt sie, und zeigt uns ein blitzendes kleines Ding. Ein Schrittzähler, erklärt sie, heute sind es erst drei Kilometer. Ich muß jeden Tag mindestens acht Kilometer laufen, sonst krieg' ich Kopfweh.

Später, die Frauen sind schon im Bett, sitze ich mit Larry noch eine Stunde auf einem umgekippten Zodiac am Strand und schaue in die ungeheure Kühle des Wüstenhimmels; der volle Mond überstrahlt die kleinen Sternbilder und läßt nur Andeutungen von anderen Lichtquellen übrig. Jupiter ist klar sichtbar; erst in vierzig Jahren wird er der Erde wieder so nah sein wie in den nächsten drei Wochen.

Für die Aborigines ist Jupiter ein Gott des Weges zu den Ahnen, sagt Larry. Dann beginnt er von seinen Hobbys zu erzählen, der schwierigen Zucht von Holsteiner Rindern und dem Sammeln von Prothesen; über hundert hat er zusammengetragen; die älteste, eine hölzerne Unterschenkelprothese aus Nordchina, stammt aus dem neunten Jahrhundert. Besonders stolz ist er auf die Ganzprothese des Generals Rustow, eines Heerführers von Iwan dem Schrecklichen; sie ist aus zwei Saurierknochen gefertigt. Wenn du nach Melbourne kommst, zeige ich dir meine Sammlung, sagt er, ich habe in der Nähe meiner Farm ein Museum gebaut. Du kannst dort auch wohnen, ist sehr gemütlich.

Samstag, 6. November; Muskat

Meine Bakterien sind auf und davon und haben sich neue Wirte gesucht; überall wird gehustet und gerotzt, daß man Angst kriegen könnte, wenn man nicht selber schon krank gewesen wäre.

Ich bin früh am Morgen im Meer geschwommen, weit hinaus, bis zu einer Dhau, die außerhalb der Festmachertonnen ankert. Von dort draußen sieht man erst, wie einmalig das »Al Bustan« gelegen ist; die von bizarren Bergrücken umschlossene Bucht mit ihrem wergfarbenen Sandstrand und dem dichten Säulenwald der Kokospalmen. Es war niemand da, außer ein paar schnellen Vögeln, die Schatten über den Strand zogen. Der Wind hatte über Nacht den Sand gekämmt, das Licht war noch sanft, der Blick lief beim Schwimmen über die glatte tiefblaue Fläche, verlor sich aber nicht.

Als ich zum Strand zurückschwamm, die Berge mit ihren Kerben und Wunden nun vor mir, wurde mir der Gegensatz von Meer und Gebirge wieder deutlich bewußt. Respektgebietend sind beide, groß und alt und voller Würde. Beide wecken im Menschen eine schwer erklärbare Sehnsucht; der Unterschied steckt im Unnutz, das Meer braucht der Mensch, die Berge nicht. Man versteht, daß einer lossegelt, um Handel zu treiben oder ein neues Land zu entdecken. Aber irgendwo hinaufklettern, und das auch noch unter Lebensgefahr, um hinterher sagen zu können, ich war da oben, das hat etwas Rauschhaft-Verrücktes.

Nach einem opulenten Frühstück im Strandpavillon besteigen wir die Busse für eine Stadtrundfahrt. Im Wagen ist es saukalt, die Klimaanlage läuft auf Hochtouren; im Freien hat es bereits dreißig Grad, wir aber sitzen mit Pullovern da und frieren, bis der Fahrer auf Agnes' Drängen das Gerät endlich abstellt.

Unser Guide heißt Hassan; er ist eines von den vierundzwanzig Kindern der drei Frauen seines Vaters; Hassan ist stolz auf die Errungenschaften seines Landes und gerät ins Schwärmen, sobald die Rede auf den Landesvater kommt, Sultan Qaboos.

Oman ist reich, betont er immer wieder und erzählt von Öl, Entsalzungsanlagen und dem Import von japanischen Geländewagen. Auf meine Frage, was passieren wird, wenn in zwanzig Jahren das Erdöl zu sprudeln aufhört, antwortet er lächelnd, kein Problem, Oman ist reich, wir haben alles, Erdgas, Industrie, wirklich, no problem, believe me.

Ob Oman dann auch noch ein Steuerparadies bleiben wird?

No problem, Mister, believe me.

Die erste Station ist der Fischmarkt am Hafen. Gleich am Eingang ein Beispiel für die liebenswürdige Art mancher Araber, mit Lebewesen umzugehen; ein halbtoter Rochen liegt auf der Quaimauer, er bewegt sich schwach, während zwei junge Männer ihn als Fußball benutzen.

Wir schlendern durch die Reihen der Fischstände; man schaut und, obschon hundertmal gesehen, staunt über den Reichtum des Meeres, die unfaßbare Artenvielfalt seiner Kreaturen; bei manchen Fischen kann man zuschauen, wie sich die Farbe von Minute zu Minute verändert, sobald der frische Fang mit Luft und Licht in Berührung kommt; die Pracht des Pfauenrades verkommt zu einem stumpfen schmutzigen Grau. Es ist heiß zwischen den Ständen, kein Wind; ich gehe mit Ben auf der Quaimauer zum Molenkopf, wo sich die roten Lateinersegel der Fischerboote in einer leichten Brise blähen.

Ben ist stehengeblieben. Du wolltest mir noch sagen, was dich an Petra beeindruckt hat, du sagtest, einer geht.

Ich erzähle von Gamal, seinem Glauben an Allah.

Vor uns liegt ein kleiner Hai in einer Blutlache; Ben bückt sich, hebt die Kiemen, als möchte er prüfen, ob der Fisch frisch ist. Ich beneide jeden, der mit diesem Selbstbetrug durchs Leben kommt, sagt er.

Kann ich verstehen. Was sagt dein Rabbi dazu?

Ben hebt die Schultern ein wenig. Was soll er schon sagen? Er hat mich Denken gelehrt, und das Denken hat mir den Glauben vermasselt. Auf die Heiligung des Augenblicks kommt es an, mein Lieber. Wenn du den Jenseitssinn in dir ausrottest, bleibt das Diesseits übrig.

Epikur?

Er nickt. Ja, sagt er, ein kluger Mann. Seine Hand spreizt noch immer die Kiemenschuppe ab. Jetzt läßt er sie los und deutet mit seinem blutigen Finger auf das Auge des Tiers.

Mein Rabbi hat auch einmal gesagt, man müsse nur ins Auge eines getöteten Tiers blicken, um zu wissen, daß die Ewigkeit jetzt ist.

Das Fischauge ist grau. Um die schwarze Pupille liegt ein himmelblau irisierender Schimmer. Ich habe mich zu dem Kadaver hinabgebeugt. Er riecht nach Verwesung.

Die Fahrt geht am Hafen entlang zum Souk; an der Außenmole liegt die Yacht des Sultans. In einer deutschen Werft gebaut, sagt Hassan, zwanzig Millionen Dollar. Oman kann sich das leisten, Allah sei gepriesen, Muskat ist reich.

Muskat war nicht immer reich. Die Anfänge der Stadt liegen im Dunkel; eine Legende erzählt, sie sei von himjaritischen Händlern aus dem heutigen Jemen gegründet worden. Der Reisende Ibn Battuta beschreibt Muskat im 14. Jahrhundert als Fischereihafen; hundert Jahre später erwähnt der omanische Navigator Ibn Madjid die Stadt wegen der herausragenden Bedeutung ihres Hafens. Die große Zeit Muskats scheint erst gegen Ende des Mittelalters angebrochen zu sein, als Handelsfahrer und Piraten die Vorteile des in der Bucht geschützt liegenden Hafens und die einfache Versorgung mit Trinkwasser erkannten.

Zu Beginn des 16. Jahrhunderts eroberte die portugiesische Flotte von Albuquerque das unter der Herrschaft von Hormuz stehende Muskat. Die Schiffe der Portugiesen konnten durch ein System von Tonröhren Süßwasser von den Bergen für ihre Raubfahrten bunkern. Die neuen Herren begannen sich an diesem strategisch wichtigen Ort einzurichten; sie bauten die als uneinnehmbar geltenden Festungen Mirani und Jalali an beiden Seiten der Hafeneinfahrt, konnten jedoch nicht verhindern, daß sie die Stadt hundertfünfzig Jahre später an die Perser verloren.

Muskat wurde zur militärischen und handelspolitischen Drehscheibe im Indischen Ozean; durch den Hafen konnte man den gesamten Schiffsverkehr kontrollieren, auch Segler, die Muskat nicht anlaufen wollten, mußten auf Reede ankern und Zölle entrichten.

Wir fahren durch einen Teil der Altstadt, den Rest, den das Modernisierungsprogramm von Sultan Qaboos übrigließ. Die Häuser aus der Blütezeit im 18. Jahrhundert werden Baits genannt; es sind zweigeschossige Lehmbauten mit Flachdächern, die im Sommer zum Schlafen genutzt wurden. Der Bus hält, die Reisenden stürzen auf die Straße, um die kunstvoll gearbeiteten Holzgitter vor den Spitzbogenfenstern zu fotografieren. Man kann es den Gesichtern ansehen, sie sind nach all den von Hassan gezeigten Errungenschaften der Moderne dankbar für die wenigen Reste an Vergangenheit hier.

Ich stehe mit Ben und Huttons abseits im Schatten einer mit Bougainvilleen bewachsenen Mauer. Ein paar Schritte vor uns gehen zwei Männer in grauen Kaftanen; sie bleiben stehen, wenden die Gesichter gen Mekka und lassen sich in Gebetsstellung auf den Boden gleiten. Ben schaut ihnen kopfschüttelnd zu. Ich möchte nie mehr knien, sagt er leise, ich bin schon klein. Dann deutet sein von Sommersprossen gesprenkelter Zeigefinger auf die fotografierende Gruppe.

Die meisten dieser Leute waren schon überall auf der Welt, sagt er, sie wollen nicht nur andere Orte, sie wollen andere Zeitalter bereisen.

Er blickt auf den ältesten Reiseteilnehmer, von dem ich aus der Zegrahm-Liste weiß, daß er Antonio Guaretti heißt und in Monte Carlo wohnt. Er steht gekrümmt in der Sonne, mit einer Hand auf den Stock, mit der anderen auf die Schulter seiner wesentlich jüngeren Frau gestützt; das blasse Gesicht unter dem Strohhut wirkt leidend.

Guaretti kenne ich, seit ich für Zegrahms unterwegs bin, sagt Ben, das sind fast zehn Jahre. Er hat unzählige Operationen hinter sich, vom Krebs bis zu künstlichen Hüften. Guaretti war ein erfolgreicher Kunsthändler. Eines Tages ließ er sich scheiden, heiratete eine junge Frau und verkaufte seine Geschäfte in New York und London. Jetzt reist er acht Monate im Jahr durch die Vergangenheit; nur macht Guaretti es umgekehrt als die meisten Passagiere der »Explorer«, er läßt die Inseln der Bedeutsamkeit, die er in seinem Leben gesammelt hat, wieder im Meer der Zeit verschwinden.

Ist er identisch mit dem Guaretti, der dem Metropolitan seine Sammlung von Skytischem Schmuck geschenkt hat? Betty hat die Frage gestellt; jetzt faßt sie Ben am Arm, entschuldigen Sie, ich habe Sie unterbrochen, was läßt Guaretti verschwinden?

Das ist eine seltsame Geschichte, Guaretti hat sie mir vor ein paar Jahren erzählt. In seinem Gepäck hat er von all den Orten, die er besucht, einen Gegenstand, der ihm in einem bestimmten Augenblick seines Lebens etwas bedeutet hat. Den läßt er dort zurück, wo er ihn gekauft oder gefunden hat und wohin er eigentlich gehört.

Die Hauptader des von Gäßchen durchzogenen Souk ist die Khore Bamba. S. und unsere Freundin Rosemary wollten weite luftige Kleider, Kaftans, wie sie die Einheimischen tragen; die seien in der Hitze bequemer als Hosen. Rosemary meint zwar, es sei eigentlich lächerlich, diese Lust der Touristen an der Maskerade in fremden Landesfarben, worauf Larry trocken bemerkt, ach was, die Touristen sind immer die anderen.

Im Souk begegnet man den unglaublichsten Kontrasten; weißhaarige Omanis mit zerfurchten Gesichtern sitzen reglos vor ihrer Ladenbox und verkaufen noch älter als sie selbst wirkende Schrauben, Seile, Blechnäpfe. Sie strahlen eine zeitlose Ruhe aus, ihr Sitzen ist der pure Aufenthalt im Diesseits. Das scheint auch Betty zu empfinden; sie bleibt vor einem dieser alten Männer stehen; in herzenstiefer Bereitschaft, einfach nur dazusein, knipst er mit einer rostigen Zange seine Zehennägel ab.

Zeit müßte man einfrieren, sagt sie, und später wie Eiswürfel auftauen können. Drinks aus dem Stundenglas. Dann eilt sie weiter zur Straße der Gold- und Silberschmiede.

Nach dem Alten zeigt ein Inder sein erstaunliches Sortiment von Plastikblumen, Weihrauchbrennern, Barbies und aufblasbaren Dinosauriern; als er uns kommen sieht, reißt er aus einer Kiste Leonardos »Abendmahl« auf Kunststoff und mit einem Wecker bestückt. Eine Frau ordnet auf dem Boden Gläser und Dosen, sie sind gefüllt mit geheimnisvollen Duftmischungen, die einem beim Näherkommen fast den Atem verschlagen. In Oman ist man nicht nur mit den Augen unterwegs, sondern auch mit der Nase. Hier herrscht die Kultur der Gerüche; jedem Körperteil ist ein Aroma zugeordnet; es gibt Duftstoffe für Stirn, Hals, Ohrmuscheln, Haare; Räucherwerk für Bart und Haupthaar, Parfumöle und Salben für den ganzen Körper, unterteilt in Regionen von den Genitalien bis hinab zu den Zehen.

Die mit »khol« schwarz umrandeten Augen der Frau blicken wach und ungeniert auf den Fremden; sie trägt die »burga«, die schwarze Gesichtsmaske der arabischen Frauen. Als ich gerade weitergehen will, klingelt etwas; sie zieht zwischen den Salbentöpfen ein Handy hervor und beginnt zu reden; sie biegt sich vor Lachen, während sie mit den Augen den Strom der Passanten nach Kunden absucht. Erst nach ein paar Sekunden merke ich, daß sie mit einer anderen Händlerin telefoniert, die kaum zwanzig Meter entfernt Stoffe verkauft.

Weil an Festtagen die Große Moschee für Ungläubige geschlossen ist, steht als nächstes der Besuch des Fort Jalali auf dem Programm. Vor der Abfahrt passiert mir ein Malheur: Am Eingang des Souk habe ich meine Docksiders bei einem ambulanten Schuster gelassen, weil sie immer noch drückten, und war mit Leihsandalen durch die Gassen gelaufen. Erst als ich schon im Bus sitze, bemerke ich, daß ich die Sandalen noch an den Füßen habe. Also zurück, unter dem Gelächter der Reisegefährten.

Man spürt den Segen des Erdöls an allen Ecken; ich habe auf meinen Reisen oft Forts und Schloßanlagen besucht, aber nie eine jahrhundertealte Festung gesehen, die wie gerade fertig geworden wirkt; alles ist blitzblank, Türgriffe, Treppengeländer, sogar die zu Pyramiden getürmten Ka-

nonenkugeln sind auf Hochglanz poliert. Durch die Schießscharten der Wehrgänge hat man einen eindrucksvollen
Blick über die Hafenbucht und den Sultanspalast am Fuß
der Festung Mirani. Weit unten, auf der englischen Rasen-
fläche, streuen europäisch gekleidete Frauen Körner; ein
Taubenwirbel entsteht, man hört das Schlagen der Flügel
bis hier herauf.

Jedesmal, wenn ich auf dem Wehrgang einer Festung
oder dem Turm einer dem Verfall preisgegebenen Burg-
ruine stehe, beschleicht mich das Gefühl, im Dunstkreis
der Herrscher hätte sich damals ein edleres und besseres
Leben abgespielt und man wäre vielleicht sogar ein Teil
davon gewesen. Es ist ein trügerischer Traum, die Herren
hätten hinabgeschaut auf einen, wie ich jetzt auf den
Schwarm hungriger Tauben hinabschaue.

Vorbei an Lanzen und Schwertern, dekorativ sind sie an
die Wände genagelt, Zeugen dessen, was Gamal gemeint
hatte, am Ende der Reise würde ich feststellen, jeder der
Orte, die wir aufsuchen, sei auf blutgetränkter Erde errichtet. Als die Augen sich ans Dämmerlicht der Turm-
nische gewöhnt haben, entdecke ich gerahmte Schwarzweißfotos von Sansibar.

Ich war im Frühjahr auf Sansibar gewesen, angezogen
von den Sagen und Mythen dieser kleinen Insel vor der
afrikanischen Küste. Dank (hier paßt der Ausdruck) des
sozialistischen Regimes der letzten Jahrzehnte ist Sansibar vom Geldsegen des Kapitalismus in Gestalt von Asphalt und Beton verschont geblieben. Während ich jetzt
durch eine der Schießscharten auf das moderne Muskat
hinabblicke, denke ich an den Beit el Ajaib, den noch vor
hundert Jahren als »Haus der Wunder« bestaunten Sultanspalast in Stone Town, den Sultan Sayyid Said zu Be-

ginn des 19. Jahrhunderts bauen ließ und in dem Sultan
Abdulla 1963 an den Folgen einer Beinamputation starb.
Verlotterte, düstere Räume, bestückt mit Möbeln der fünf-
ziger Jahre, Nierentischchen, gläserne Gartenzwerge als
Rauchverzehrer. So deutlich wie im Erker der Jalali-
Festung wird die jüngere Geschichte Omans wohl kaum
an einem anderen Ort sichtbar: hier der schmuddelige Sul-
tanspalast auf Sansibar, dort unten, auf kurzgeschorenem
Rasen der von Gold strotzende Palast von Sultan Oaboos.
Die Zeit vor der Entdeckung des Öls, die Zeit danach.

1804 hatte Sayyid Said den osmanischen Thron bestiegen. Die wirtschaftliche Sonderstellung der Insel im Indischen Ozean war Anlaß, Sansibar zum neuen Zentrum
des Sultanats zu küren: eines zusammengeraubten Impe-
riums, das Kenya und Tansania umfaßte und sich bis So-
malia, Sambia und Malawi erstreckte. Es waren nicht nur
die Gewürze, der Weihrauch, die Myrrhe, die den Handel
für Oman lukrativ werden ließen, es waren die Sklaven.
Im 19. Jahrhundert besaß Sansibar den größten Sklaven-
markt der Welt: Arabische Händler haben allein in diesem
Jahrhundert mehr als drei Millionen Afrikaner in ihre Gewalt gebracht. Sayyid Said benötigte auf seinen Dattelplantagen in Oman und auf Sansibar viertausend von
ihnen.

Auf ihren Streifzügen nahmen die Araber ganze Volks-
stämme gefangen und entvölkerten ganze Landstriche.
Kranke und Alte wurden erdrosselt oder erschlagen, um
Munition zu sparen. Die Sklaven waren in kleinen Gruppen durch Hanfseile und Eisenringe am Hals miteinander
verkettet; die Kräftigsten schleppten das Elfenbein der ge-
schlachteten Elefanten zur Küste.

Vielleicht hängt das Bild eines weißbärtigen Mannes

aus Unkenntnis dieses dunklen Kapitels der omanischen Geschichte hier zwischen verblaßten Fotografien des Palastes und den Dattelplantagen im Süden des Landes. Nirgendwo ist ein Hinweis, wer der Mann ist. Ich kenne das Foto, es ist im »Handbook of Slavery«, London 1914, auf einer der ersten Seiten abgedruckt. Der Mann hieß Tippu Tip und war einer der erfolgreichsten und berüchtigtsten Sklavenhändler des letzten Jahrhunderts. Sein richtiger Name war Hamed bin Juma el Mujerbi; bekannt wurde er als Tippu Tip, weil seine blinzelnden Augen denen eines afrikanischen Sperlings ähnelten, den die Insulaner »tiptip« nannten.

Der Afrika-Forscher Livingstone berichtet, Tippu Tip habe eine fünfzigseitige Gebrauchsanweisung verfaßt, die es seinen Händlern erleichtern sollte, die Qualität der Ware zu bestimmen; dazu gehörte, einen Stock zu werfen, den der Sklave apportieren mußte; auf diese Weise konnte der Käufer die Geschmeidigkeit seiner Gangart erkennen. Für die Jagd galt, »keine Alten mit geschrumpften Hoden, nur junge Männer ohne Bart und Mädchen mit stehenden Brüsten«.

1838 auf Sansibar geboren, war Tippu Tip mit der Sklaverei aufgewachsen; von seinem Vater, einem Gesandten des Sultans in Tabora, wurde er in das Geschäft eingeweiht. Seine Mutter war eine Afrikanerin aus dem Volk der Nyamwezi. Tippu Tip war in Ost- und Äquatorialafrika gefürchtet und geachtet zugleich; Forscher und Reisende profitierten von seinem Einfluß und dem Schutz, den er ihnen auf Expeditionen gewährte. Der Journalist Stanley, auf der Suche nach dem verschollenen Livingstone, schildert ihn als wohlhabenden arabischen Ehrenmann: »Er war ein großer Herr von sehr dunkler Hautfarbe, rasch in seinen Bewegungen, ein Bild der Kraft und Energie. Er hatte ein schönes intelligentes Gesicht, die vollendet geformten Zähne blitzten weiß … zweifellos war Tippu Tip der bedeutendste Mann, den ich unter Arabern getroffen habe.«

Tippu Tip war ein geachteter Mann; König Leopold von Belgien wollte ihn zum Gouverneur im Oberen Kongo ernennen; Sultan Sayyid schlug ihn als Statthalter in Tabora vor. Tippu zog es nach dreißig erfolgreichen Jahren im Sklaven- und Elfenbeinhandel vor, sich auf Sansibar niederzulassen, wo er von 1890 bis zu seinem Tod 1905 in einem palastähnlichen Haus an der Suicide Alley seinen Lebensabend genoß; ein frommer Mann, dem die Gebote des Korans immer heiliger wurden. Seine Nachfahren werden auf vierzig Söhne und dreißig Töchter geschätzt. Tippu erlebte den Höhepunkt omanischer Macht in Afrika und ihren unaufhaltsamen Niedergang.

Beim Mittagessen im Garten des Bait al Zubair Museums erzähle ich dem amerikanischen Botschafter die Geschichte von Tippu Tip. Um Himmels willen, sagt er und schaut sich verstohlen um, erzählen Sie das bloß keinem Omani, sie wollen solche Geschichten nicht hören.

Wir essen Schoowa; eine frisch geschlachtete Ziege wird in Bananenblätter gehüllt und vierundzwanzig Stunden in einer Lehmgrube auf Holzkohlen gegart. Das Fleisch zergeht auf der Zunge, ich habe noch nie so schmackhaftes Kitz gegessen; dazu wird Reis mit verschiedenen Gemüsen gereicht, Würzsoßen, Chutneys und knuspriges Chapati-Brot. Zu meinem und, wie ich feststelle, auch zu des Botschafters Bedauern wird nur Wasser serviert.

Unser Gastgeber ist ein reicher Omani, der sein Wohnhaus in ein Museum verwandelt hat; er ist in Europa auf Reisen und läßt sich von seinen Töchtern vertreten, zwei Fregatten in wallendem Weiß, die uns nach dem Kaffee liebenswürdig lächelnd durch die klimatisierten Räume führen: Wir begegnen Zeugnissen aus Muskats Geschichte seit der Befreiung von den Portugiesen bis zur Zeit des himmlischen Ölsegens. Tippu Tips Spuren fehlen in dieser Schau von Omans ruhmreicher Geschichte.

Ich benutze die Gelegenheit, dem Botschafter ein paar Fragen zu stellen. Was passiert, wenn die Ölreserven erschöpft sind?

Er betrachtet das Modell eines im Bau befindlichen Verwaltungsgebäudes von wahrhaft fürstlichen Ausmaßen. Man wird zur Normalität zurückkehren müssen, sagt er. Es gibt Erdgasreserven, aber keiner weiß, wie lange sie reichen werden.

Wird das System kollabieren?

Er zuckt die Schultern. Was heißt, es wird kollabieren, it is collapsing now.

Für den Nachmittag ist wieder eine Stadtrundfahrt geplant, diesmal mit Besichtigung des modernen Diplomatenviertels. Wir entziehen uns dem Programm; S. geht mit Rosemary und Huttons an den Strand; sie will in Frederik Warnhams »History of Oman« weiterlesen, einem Buch, das sie so fesselt, daß sie es letzte Nacht bis drei Uhr morgens nicht aus der Hand gelegt hat. Ich werde Ben trotz Agnes' Warnung zum »Herren des Wassers« begleiten.

Wir mieten im Hotel einen Toyota Landcruiser, um zum Wadi Baushar zu gelangen. Die Fahrt führt am Ghalla Wentworth Golf and Country Club vorbei; die Greens sind grün gestrichene Betonplattformen im Sand. Am Ende des

Dorfes steht ein verfallenes Gebäude mit einem ausgetrockneten Wasserbecken. Ben biegt scharf nach links ab.
Von hier ging die alte Karawanenroute nach Süden, sagt
er, wir fahren noch ein Stück, dann müssen wir laufen.

Während wir an einem alten Bewässerungskanal ent-
langgehen, reden wir über die Anziehungskraft der Wüste.
Ben war bereits mehrmals in den omanischen Ausläufern
des »Leeren Viertels«; er schwärmt von nächtlichen Biwaks,
dem unheimlichen Rauschen, wenn Wind aufkommt, das
klingt wie die Brandung der See. Er erzählt von Sadun,
einem Guide, mit dem er von Muskat nach Kahlūf unterwegs war: Sadun hatte seinen Vetter besucht, der in Holland für eine Erdgasgesellschaft tätig war. Schon am nächsten Tag war er wieder in Oman, sagt Ben, er konnte nicht
begreifen, wie man in einem Land leben kann, wo einem
Bäume und Häuser die Weite verstellen. Sadun verstand
auch nicht, wie ein Mensch an einem einzigen Ort leben
kann. Die Sonne geht auf, und sie geht unter, sagte er, der
Mond nimmt zu, die Sterne wandern, der Sand wird von
den Winden geschüttelt. Das alles zeigt doch, daß auch wir
in Bewegung sein müssen.

Ben ist stehengeblieben. Er hat die Augen geschlossen,
leckt Staub aus den Mundwinkeln. Was glaubst du, sagt er,
warum bezahlen achtzig Leute so viel Geld, um diese Reise
zu machen? Nur um in Bewegung zu bleiben?

Das wollte ich eigentlich dich fragen.

Es wird für jeden der achtzig Leute einen anderen
Grund geben. Aber ich glaube, daß alle diese Gründe einen
gemeinsamen Nenner haben.

Die Suche nach dem Paradies?

Vielleicht. Das Paradies als Zuflucht in den Herzen der
Menschen. Wirst du über die Reise schreiben?

Ich denke ja.

Hast du ein Motiv?

Nein. Nichts Bestimmtes. Zu Beginn der Reise hatte ich einen Satz von Novalis im Kopf, das Paradies sei gleichsam über die ganze Erde verstreut und daher unkenntlich geworden. Wir müssen es andauernd suchen.

Ben nickt sein kreisendes Nicken, das sowohl Zustimmung wie Ablehnung bedeuten kann. Mein Rabbi hat einmal gesagt, wenn du das Paradies suchst, Ben Samuel, fang die Suche bei dir an.

Entlang des schmalen Ziegenpfades stehen tote Tamarisken; bei der geringsten Berührung mit dem Ellbogen oder dem Schuh zerfallen die Stämme zu Staub. In einer knappen Stunde sind wir am Ziel. Ben kennt Saleh seit zehn Jahren; als sie sich zum ersten Mal trafen, war Saleh noch Wakil, »Herr des Wassers«; seine Aufgabe bestand darin, die Bewässerungskanäle in Ordnung zu halten. Im Zeitalter der Betonröhren und Entsalzungsanlagen hat dieser Beruf an Bedeutung verloren.

Saleh wird immer reicher, sagt Ben. Er ist Schmuggler, Händler von Nashornpulver und Tigerpenissen, Antiquitätendieb, Vertrauter des Polizeichefs und erster Mann in einem Komitee zur Unterstützung kranker Zirkusartisten. Für ihn ist Ehre im Leben das Wichtigste; in diesem Land wird nichts vergessen. Bis vor ein paar Jahrzehnten haben Herkunft und Ansehen das Leben geregelt, nicht die Gesetze des Staates. Saleh haßt zweierlei, fügt er schmunzelnd hinzu, Gottlose und Juden. Zum Glück weiß er nicht, daß ich beides bin.

Dann erklärt Ben den Grund seines Besuchs; seit zehn Jahren möchte er von Saleh einen kleinen Koranständer aus Elfenbein kaufen; seit zehn Jahren feilschen sie um

76

den Preis und gehen jedesmal als noch bessere Freunde auseinander.

Salehs Haus ist zweigeteilt. Seine Frauen und die Kinder leben in einem geräumigen Lehmhaus mit übertrieben wirkenden Holzschnitzereien; er wohnt in einem von Dattelpalmen und Zwergakazien umgebenen Beduinenzelt fünfzig Meter von der Familie entfernt. Dort sitzen wir ihm auf dicken Teppichen gegenüber, trinken Minztee und reden über die potenzsteigernde Wirkung von Hammelhoden und über Sultan Qaboos.

Der Sultan hat keine Söhne, weil er Männer mag, sagt Saleh abfällig, ein Herrscher ohne Söhne, daß es so etwas überhaupt gibt.

Er sitzt mit untergeschlagenen Beinen da, ein schwerer Mann mit dem Gesicht eines ehrgeizlosen Ringkämpfers, dem man weder seine Vergangenheit noch seine dreiundsiebzig Jahre ansieht. Hinter ihm, in einer Ecke des Zeltes, hängen Kalaschnikows. Saleh hat zwei Frauen und hält nach einer dritten Ausschau, um die Zahl seiner männlichen Nachkommen auf zwanzig zu bringen; dreizehn Söhne hat er bereits.

Zwischen uns steht der Koranständer; die zierliche Konstruktion ist mit Halbedelsteinen und Korallen verziert. Während ich den Ständer betrachte, über das Elfenbein streiche und mir dabei überlege, auf welchen Wegen das kleine Kunstwerk in dieses Zelt gelangt sein mag, wechseln die beiden vom Englischen in die arabische Sprache, die Ben fließend beherrscht.

Das Rededuell der beiden dauert eine Stunde, dann umarmen sie sich; Ben zieht ein Bündel Omani Rial aus der Tasche, gibt es Saleh und klemmt sich den Koranständer unter den Arm. Ma' salamah, gute Reise.

Als wir am Kanal entlang wieder zurückgehen, versucht Ben den Inhalt des Gesprächs zu übersetzen. Der Stolz und der Wohlstand der Leute hier verbieten ein Geschacher, wie es auf den Basaren in Ägypten betrieben wird, sagt er, in Oman ist der Handel ein Ausdruck von Lebensfreude, den man mit einem Augenzwinkern genießt.

Ich habe später im Hotel versucht, das Gespräch zu notieren:

Lange ist es her, seit ich Dich das letzte Mal sah, mein Freund.

Du weißt, ich lebe weit von hier, Allah sei's geklagt, im Land der Ungläubigen, die niemals Zeit haben und Gummi kauen.

Ich habe Freunde dort, sie kommen jedes Jahr und kaufen bei mir; heuer haben sie einen Koranständer gekauft, längst nicht so schön wie dieser hier, der Preis war ein Geschenk für einen armen alten Mann. Allah sei Dank.

Ich freue mich für dich, mein Freund.

Mein Zelt ist deines. Befehle mir.

Du bist der Herr. Was müßte ich ungefähr für diesen Ständer bezahlen?

Zwischen uns, Bruder, braucht man über Geld nicht zu reden. Ich will keinen Gewinn, ich will nur, daß deine Augen sich an schönen Dingen erfreuen. Für dich kostet er nichts. Er ist ein Geschenk.

Erinnerst du dich an Ahmed? Ich habe ihn zu dir geschickt, er hat den Säbel gekauft.

Ahmed? Oh ja, auch er ist ein Freund. Für dich macht der Ständer tausend Rial.

Tausend? Bruder, hast du keine Furcht vor Gott?

Bei Allah, dieser Preis ist nur für dich.

Sechshundert.

Nimm ihn für siebenhundert.
Sechshundertfünfzig.
Allah wird mich für den Verlust entlohnen.

Sonntag, 7. November,
Muskat via Rangoon, Burma

Vor dem Zähneputzen versuche ich alles, was ich im Lauf der letzten Tage auf irgendwelchen Fetzen Papier, Rechnungen, Stadtplänen, geschrieben habe, ins Notizbuch zu übertragen; es ist eigentlich ein Unterfangen für Archäologen, die gewohnt sind, Keilschriftreste auf Stein zu entziffern. Dann folgt die Behandlung meiner Zehen; die Leihsandalen haben mir einen blühenden Fußpilz beschert, den ich versuche, mit Daktarin loszuwerden.

Unter den Notizen befindet sich der Zettel, auf dem ich Bens Vortrag »Zwischen Augenblick und Ewigkeit« in Stichworten festgehalten habe; er hielt ihn als Ausklang unseres Besuchs von zwei arabischen Ländern. Heute werden wir einen neuen Kulturkreis betreten, die Welt Gautama Buddhas.

»An der Schwelle zum dritten Jahrtausend sieht der Islam sich als Nabel der Welt; er erstreckt sich wie ein breiter Gürtel über den Erdball, vom Atlantik bis zum Pazifik, von West nach Ost. Er ist auf dem Weg, im neuen Jahrtausend die bedeutendste Religion zu werden; er hat auf allen Kontinenten Wurzeln gefaßt; jeder sechste Mensch ist Muslim, die islamische Welt zählt heute bereits mehr als eine Milliarde Menschen.«

Ben schloß seinen Vortrag mit einem Gedanken zu den religiösen Grundelementen des Islam. Die theozentrische Auffassung von der Zeit im Koran, so etwa sagte er, die Lehre von der Vorherbestimmung und die Vorstellung einer Zeit, deren Anfang und Ende außerhalb der Zeit liegt, haben eines gemeinsam: den Augenblick.

Der Augenblick kann weder zeitlich noch räumlich beschrieben werden. Er ist das gedankliche Fundament, auf dem die Religion des Islam gründet. Im Augenblick, als Ort göttlichen Schaffens und mystischer Innenschau, tritt der ewige Schöpfer mit dem zeitlichen Geschöpf in Verbindung.

Mir imponierte, wie er den Vortrag gestaltet hatte, die Kraft seiner Formulierungen, der Witz, die Mimik, das ganze Register semitischer Gestikulierkunst, die mich wieder an den wortreichen Kampf um den Koranständer erinnerte.

Anstatt zur »Arabischen Nacht«, zu der Zegrahm in ein Zelt geladen hatte, zogen S. und ich es vor, ins Fischrestaurant am Strand zu gehen. Ich hatte vergessen zu reservieren, als wir ankamen waren alle Tische besetzt.

An einem Vierertisch entdeckte ich das Ehepaar Guaretti. Sie wollen nicht gestört sein, sagte S., komm, wir gehen woanders hin. Aber Frau Guaretti hatte uns bereits entdeckt und gab zu verstehen, wir sollten an ihren Tisch kommen.

Es wurde ein äußerst anregender Abend; ich staunte über den Feuereifer und die jugendliche Begeisterung, mit der Guaretti trotz seines Alters selbst die unscheinbarsten Begebenheiten wahrnahm und kommentierte; so hatte er in den wenigen Tagen der Reise bereits die meisten der zweiundachtzig Teilnehmer kennengelernt und nach Herzenslust ausgefragt.

Mich interessieren Menschen, sagte er, Sie werden das verstehen.

Er wußte zum Beispiel, daß Mrs. Lexman nicht nur die Fotos ihrer Bulldoggen bei sich hat; sie trägt im Portemonnaie auch Haarlocken ihrer Hunde mit sich. Interessant ist, sagte Guaretti, wenn eines ihrer Scheusale das Zeitliche segnet, läßt sie es ausstopfen und stellt es im Eßzimmer auf die Fensterbank.

Das hat Sie Ihnen alles erzählt?

Natürlich. Guaretti lächelte. Ältere Herren wirken vertrauenerweckend. Außerdem, ich kenne sie seit Jahren, wir waren einmal kurze Zeit Nachbarn in Essex. Die Lexman lebt für ihre Hunde und einen esoterischen Verein; die Leute nennen sich Pharaiten. Und wissen Sie, warum die Gute das alles tut? Weil ihr Mann sie nach siebenundzwanzig Jahren Ehe wegen einer jungen Gans verlassen hat.

Nach dem Essen zündete sich Guaretti eine Montechristo Nr. II an, obwohl seine Frau ihn mit flehentlichen Blicken davon abzuhalten versuchte. Er sah wirklich krank aus; der faltige Schildkrötenhals steckte in einem viel zu weiten Hemdkragen.

Ich sollte nicht rauchen, sagte er lächelnd, ich weiß, aber in meinem Alter spielt das keine Rolle mehr. Was halten Sie von Erdmans Rede über den Islam?

Ich fand interessant, daß im Islam sich in einem weder räumlich noch zeitlich zu fassenden Moment Geschöpf und Schöpfer begegnen. Es ist vielleicht weit hergeholt, aber so gewinnt die Philosophie des Epikur eine religiöse Dimension.

Guaretti lehnte sich zurück und saugte an seiner Zigarre. Islam hin, Epikur her, sagte er, das ganze Leben besteht aus einer Kette von mehr oder weniger wahrgenommenen Augenblicken, in denen wir den unglaublichsten Dingen begegnen. Ich habe von unseren Reisegefährten oft hören müssen, es sei ein Jammer, daß wir an jedem Ort nur so wenig Zeit zur Verfügung hätten. Ich habe widersprochen. Ich durfte in meinem Leben die Erfahrung machen, daß selbst die kleinste Zeiteinheit einen maßlosen Raum an Erinnerung bergen kann. Wenn Sie mein Alter erreicht haben, werden Sie ähnlich denken. Es gibt Augenblicke in unserer Erinnerung, die so unauslöschlich sind, daß der Gegenstand überflüssig wird, der ihn in unser Bewußtsein gebrannt hat.

Und wie ist es mit Menschen? Die Frage kam von S.

Guaretti hob leicht die Achseln. Er sog weiter an seiner Zigarre und schwieg.

Ich blickte auf seine Frau. Sie hatte beide Hände vor sich auf den Tisch gelegt wie ein kleines Mädchen und schaute darauf hinab. Das habe ich mich auch schon oft gefragt, sagte sie leise. Deshalb bin ich manchmal froh, daß Tony schon so alt ist.

Nach Rangoon

Der Flug wird fünf Stunden dauern; die Route führt entlang des nördlichen Wendekreises über das Arabische Meer, überquert auf der Höhe von Maharashtra den indischen Subkontinent und wird nach Überfliegen des Golfs von Bengalen in Burma enden.

Ein Gefühl von Nachhausekommen; an Bord der »Explorer« begegnet man den bekannten Gesichtern, nimmt seinen angestammten Platz ein und findet Kleider und Bücher so, wie man sie vor zwei Tagen hingelegt hatte.

Meine Bakterien scheinen einem besonders fleißigen Stamm anzugehören, mittlerweile haben sie die Reisegesellschaft fast vollständig erorbert; wenn die Dinger sichtbar wären, wir säßen im Nebel. Die Sitzordnung hat sich verändert, der Darmspezialist hat Platz getauscht und kuschelt jetzt neben der molligen Mary, deren rasselnde Hustenanfälle fünf Sitzreihen wach halten. Ich helfe Mrs. Lexman, ihren Koffer aus dem Schapp zu ziehen, sie sucht nach Tempotaschentüchern und weiß nicht mehr so recht, wo sie die Packung verstaut hat.

Guarettis Erzählung gedenkend, erkundige ich mich nach ihrem Hund, wobei ich das Wort Mops vermeide. Zwei Bulldoggen sind es, werde ich belehrt, ein Rüde und eine Hündin.

Sie seufzt und schneuzt sich mit den in den Tiefen ihres Koffers entdeckten Tempos die Nase. Butterfly ist immer so fröhlich, sagt sie, aber Mozart macht mir Sorgen, seit seiner Kastration neigt er zu Depressionen.

Während ich den Koffer wieder im Schapp verstaue, erfahre ich, daß es in London eine Tierhandlung gibt, die künstliche Hoden verkauft. Die »neuticles« können in drei Minuten implantiert werden, das sei so einfach, wie eine Glühbirne wechseln.

Ich weiß nur nicht, ob ich es riskieren soll, sagt sie. Ihre Veilchenaugen blicken mich treuherzig an. Haben Sie auch ein Tier, fragt sie.

Ich rate ihr zu den Ersatzhoden für Mozart und füge hinzu, daß ich sechzehn Jahre lang einen Rauhhaardackel hatte, der Wichtel hieß.

Sie vermissen ihn?

Und wie.

Mrs. Lexman seufzt wieder und läßt sich in ihren Sessel rutschen.

Der Stehkonvent vor den Toilettentüren ist zu einer Art Stammtischrunde geworden; man trifft und erleichtert sich, die Gesprächsthemen reichen von Adam und Eva bis zu Wucherpreisen für Zahnprothesen. Nach dem Lunch treffe ich Ben und Larry, sie diskutieren über »Lost Cities«; Larry meint, Muskat habe mit einer verlorenen Stadt so viel zu tun wie ein verlorenes Ei.

Ben widerspricht. Der Ölboom hat die alte Kultur dieser Stadt mit einem Schlag ausgelöscht, sagt er.

Die Kultur vielleicht, kontert Larry, der Pragmatiker, aber die Stadt ist erhalten geblieben, schöner und sauberer, als sie je war. Die Menschen wirken zufrieden, was ein Beweis für die Fähigkeit unserer Spezies ist, mit den unglaublichsten Veränderungen fertigzuwerden.

Allerdings, Bens Stimme hat einen spöttischen Tonfall, als er fortfährt, man sieht es daran, daß die unglaublichste aller Veränderungen, der Tod, für uns eine so alltägliche Sache ist.

Larry hebt die Augenbrauen. Er ist nicht ganz sicher, wie der letzte Satz gemeint ist. Er schaut auf die rosaroten Turnschuhe von Ben. Auf bald, sagt er, ich schau' mal, was Betty macht.

Ben zieht einen Schuh aus und bewegt die Zehen. Ich mag diesen kleinen Mann mit seinem Schmerbauch und den fuchsroten Locken. Ich mag seinen Kampf mit der Phantasie; nichts ist für ihn das, was es ist. Ein Mädchen kann sich sekundenschnell in Vanilleeis verwandeln, die Vereinigten Staaten sind ein menschenleeres Land, in dem gelbe Krokusse wachsen. Sein ganzes Leben ist Ben auf der Jagd nach wunderbaren Augenblicken, kaum weht ein Hauch von etwas Wunderbarem ihn an, verfällt sein scharfer Verstand sofort in exaktes Denken, obwohl er ganz genau weiß, daß etwas Wunderbares, über das man sich nicht mehr wundern kann, aufhört, wunderbar zu sein. Seit ich ihn näher kenne, glaube ich auch nicht mehr, daß er ein Atheist ist. Er möchte einer sein.

Was macht deine Schreiberei? Hast du ein »link« gefunden?

Vielleicht der Anlaß der Reise. Ich habe S. von deiner »Zuflucht« erzählt. Sie hat den Gedanken in ein Bild übersetzt. Könnte es sein, daß wir alle das Paradies als eine Art Zelt mit uns herumschleppen, stets in der Hoffnung, einmal einen Ort zu finden, wo wir es für immer aufschlagen können?

Ben wiegt den Kopf. Ich weiß nicht; wir Juden haben seit jeher das seßhafte Leben als fragwürdig empfunden. Jahwe ist ein Gott des Weges.

Ich bin kein Jude.

Sei froh.

Notizen beim Anflug auf Burma:

Tragflächen und Triebwerke im Sonnenlicht. Über dem Land liegen die Schatten der Abenddämmerung. Sturmhimmel; Wolkenfische in einem schmutzigen Violett. Unter uns die grüne Wildnis von Wasseradern durchzogen wie Linien einer Hand.

Unser Bus wird auf der Fahrt vom Flughafen zum »The Traders Hotel« von einer Polizeieskorte auf BMW-Motorrädern begleitet. Es wundert mich, daß der Guide so offen über das herrschende Militärregime spricht; die Unterdrückung der Meinungsfreiheit, die geschlossenen Universitäten, die mangelhafte medizinische Versorgung.

Nach und nach flammen in der Stadt Lichter auf. Trauben von Männern in bunten Longyis hängen am Heck der Busse, Fahrrad-Rikschas, kaum Verkehr. Allmählich wird einem bewußt, daß Burma mit einer der härtesten Diktaturen der Welt leben muß und Touristen erst seit kurzem wieder Visa bekommen. Vor der verschnörkelten Fassade des Rathauses sind gepanzerte Militärfahrzeuge postiert; Militär auch vor dem Zentralkrankenhaus. Ich erinnere mich, im Sommer 1988 hatte ein Blutbad dieses Land traumatisiert, damals hatte die Polizei dreitausend Demonstranten, die meisten von ihnen Studenten, einfach niedergeschossen.

Wir kommen am Gelände der Universität vorbei, Stacheldrahtwalzen, Polizeiposten. Der Guide deutet auf rote Plakate am Straßenrand. Dort steht, wir sollen helfen, alle destruktiven Elemente als gemeinsamen Feind zu zerschmettern, sagt er und lächelt.

Als Guaretti ihn fragt, wem genau man denn helfen solle, erhält er die Antwort, dem »Staatsrat für Wiederherstellung von Recht und Ordnung«, der seit neuestem in »Staatsrat für Frieden und Entwicklung« umbenannt wurde. Wieder ein schmales Lächeln. Er steckt das Mikrophon in die Halterung und setzt sich auf den Klappsitz an der Rückenlehne des Fahrers.

Wissen Sie, sagt er, zuviel sollte man hier nicht sagen, bei uns heißt es, »we speak, we die«; das große Ohr des Regimes ist überall, oft muß man sogar innerhalb der Familie vorsichtig sein, jeder Freund könnte ein Feind sein. Als ich ihn nach Aung San Suu Kyi frage, der unter Hausarrest stehenden Oppositionspolitikerin, legt er den Finger auf den Mund und lächelt zum Fenster hinaus.

Das Hotel ist modern und luxuriös, von westlichem Zuschnitt, hat mehrere Restaurants und eine gemütliche Bar. Wir entscheiden uns fürs »Summer Palace Chinese Restaurant« und finden uns schließlich an einem Tisch für zehn Personen bei einem Cantonese-Gelage, das aus mindestens zwanzig Gängen besteht.

Die lockere Atmosphäre wird getrübt, als Larry mit seinen Stäbchen auf den Teller von Mrs. Zack deutet und freundlich fragt, na, wie schmeckt Ihnen Hund? Die anschließende Diskussion über ein Standardwerk der chinesischen Küche, »Food in Chinese Culture«, führt dazu, daß die arme Frau abrupt aufsteht und mit schmalen Lippen den Tisch verläßt.

Es bilden sich zwei Lager; die zarten Seelen empfinden in Sojasauce gegarten Windhund als ausgesuchte Grausamkeit, während sie, durchaus in Kenntnis der Filme von »Schweinchen Babe«, mit mehr oder weniger Geschick versuchen, rösch gebratene Schweinemöckchen zwischen ihre Stäbe zu klemmen. Das Argument der Genießer, Larry ist ihr eloquentester Fürsprecher, besteht darin, den Heiligen Franz der Lüge zu zeihen. Zu seiner Zeit seien bereits die meisten Bären in Gruben verendet, und die Wölfe hätten beim Anblick eines messerbewehrten Klosterbruders den Schwanz eingezogen. Die abendländischen Kaiser aßen mit den Händen Pfau, Schwan und Nachtigall, von Froschschenkeln gar nicht zu reden. Was, um Himmels willen, sei schon dabei, sagt Larry, wenn ein Feinschmecker aus Yünnan sich an Goldaffen und Riesensalamandern erfreut; und im übrigen, gegrillte Seidenraupen und Tausendfüßler, in Honig marinierte Wanderratte und junge Katze, das alles seien für den Kenner nicht zu verachtende Leckerbissen.

Am Tisch sind außer Huttons noch zwei amerikanische Ehepaare, wovon eines mir bereits in Petra aufgefallen war, Harry und Sylvie Wang; er Taiwan-Chinese mit amerikanischem Paß, Sylvie deutschstämmige New Yorkerin. Beide waren bis vor zwei Jahren Lehrer an einem College in Boston. Das Rätsel, wie zwei Lehrer sich eine Reise für siebzigtausend Dollar leisten können, lüftet sich, nachdem die Diskussion über die Zubereitung von Meerschweinchen-Pastete beendet ist. Beide hatten aus einer Laune heraus beschlossen, eine vereinfachte Grammatik der englischen Sprache zu schreiben und das Büchlein schließlich selber verlegt, weil keiner es drucken wollte. Die Grammatik wurde ein Riesenerfolg. Bis jetzt sind mehr als zwei Millionen Exemplare verkauft, sagt die bescheidene Sylvie und wird bis zu den Ohren blutrot.

Beim »nightcap« in der Bar beginnt das Gespräch sich um den Buddhismus zu drehen, und wieder einmal wundere ich mich, wie viele Menschen der westlichen Hemisphäre sich von fernöstlicher Meditation, Karma und Wiedergeburt anstecken lassen, ohne, wie Larry, eine sämige Suppe aus Fischlippen genießen zu können.

Montag, 8. November; Rangoon via Pagan

Wecken vier Uhr fünfundvierzig; Frühstück von fünf bis sechs.

Während S. schon im Bad ist, liege ich noch im Bett und versuche, meinen Kopf darauf vorzubereiten, daß er von nun an in Begriffen zu denken hat, deren Bedeutung mir, dessen Seele kein guter Boden ist für den Samen fernöstlicher Weisheit, seit jeher fremd ist.

Noch bin ich mit einem Teil meiner Gedanken in Oman. Ich wandere durch Edward-Tonellis imaginäre Räume, wo er seine Augenblicke verwahrte, lasse auf meiner Suche nach »Rosenknospen« die Tage meines Aufenthalts dort vorbeiziehen und habe dabei das Gefühl, über Wasser gegangen zu sein, das seidenblaue Wasser der Bucht von Muskat, fest genug, mich zu tragen, aber viel zu tief, als daß ich hätte erkennen können, was unter der Oberfläche verborgen lag. Kurz bevor die ersten Wellen des Schlafs mich erfassen, stellt sich in der Erinnerung als einziges der Morgen ein – als ich ans Ufer zurückschwamm, das gläserne Dunkel der Bergkare vor Augen, Schatten schneller Vögel im Sand, ein sanftes Brennen von den Tentakeln einer Nesselqualle an meiner Hand.

Mit einer russischen Propellermaschine vom Typ AD-29 fliegen wir nach Pagan. Neben mir sitzt der lokale Führer, ein kahlköpfiger Mann mit Namen Kyaw Soe; er trägt einen blauen Longyi und verströmt einen süßlichen Puderduft. Als wir in der Luft sind, klagt er mir sein Leid wegen der Glatze; ohne Haare sehe er älter aus, als er sei, achtundzwanzig nämlich; mit zwanzig habe er sich die Haare gefärbt, danach gingen sie alle aus. Schauen Sie nur.

Kyaw erzählt von seiner Familie; er wohnt noch zu Hause, sechs Personen in zwei Zimmern, sein Bett steht auf dem Balkon in einem Verschlag aus Binsenrohr. Die Mutter arbeitet in einer Wäscherei, kocht für die ganze Familie und verdient nebenher ein paar Kyat als Schneiderin. Wir können keine großen Sprünge machen, sagt er, aber wir sind nicht unglücklich.

Kyaw begleitet seine Sätze mit weichen lebhaften Gesten; manchmal kichert er grundlos und wirft den Kopf zurück, als möchte er die nicht vorhandenen Haare aus der Stirn haben. Ich bin sicher, er hat das andere Ufer erreicht. Ich versuche es nochmal mit meiner Frage nach Aung San Suu Kyi; Kyaw ist gesprächiger als sein Kollege im Bus.

»The Lady«, sie ist eine starke Frau, sagt er, sie hat viele Anhänger in Burma, obwohl das Regime sie als Hure des Westens abstempeln will. Sie ist eine Heilige. Viele von uns kuschen, um zu überleben. Als Guide habe ich mein Auskommen, kann Bücher kaufen, vielleicht kriegen wir sogar die Lizenz für einen Satellitenanschluß. In meinem erlernten Beruf als Lehrer würde ich zweitausend Kyat im Monat verdienen, lächerlich, wenn man bedenkt, daß ein Huhn vierhundert Kyat kostet. »The Lady« hat recht, Korruption und Vetternwirtschaft sind der Motor dieses Landes; solange sich das Militär nur bereichern will, kann es keine Marktwirtschaft geben. »The Lady« will nicht, daß Deutschland und die USA mit den Militärs Geschäfte machen und die Touristen ihre Dollars im Land lassen, aber ich frage Sie, was würde dann aus uns? Wir wären noch ärmer, deshalb halten wir lieber den Mund.

Er schaut auf seine gepflegten kleinen Hände, die eine Art Rosenkranz aus bunten Glasperlen durch die Finger gleiten lassen.

Sind Sie religiös, ich meine, glauben Sie an die Wiedergeburt?

Kyaw blickt überrascht auf, dann kichert er. Wissen Sie, sagt er schließlich, das ist schwer zu sagen. Ich glaube, daß Gott in der Natur vorhanden ist. Im Fluß, in einer Libelle. Gott kann in allem sein.

In der Stunde bis zur Landung auf dem Nyaung-Oo-Flughafen gibt Kyaw mir einen Überblick der Geschichte Pagans. Die Blütezeit des Reiches fiel in die Regierungsperiode von König Anawrahta in den Jahren 1044 bis 1077; er war von der Idee besessen, alle Formen des buddhistischen Glaubens unter einem Herrscher zu vereinigen. Nach dem Sieg über König Manuha von Thaton brachte er unzählige Reliquien, Heilige Schriften, Mönche und Baumeister nach Pagan. Anawrahta muß verrückt nach Reliquien gewesen sein, sagt Kyaw, um einen Backenzahn des Erleuchteten zu erwischen, reiste er zwei Jahre lang von Yünnan bis Ceylon; zur Aufbewahrung seiner Sammlung wurden in den folgenden hundert Jahren mehr als zweitausend Pagoden und Tempel gebaut. Aus dieser Zeit stammt das Sprichwort »die Pagode ist fertig und das Land ist ruiniert«. Im 12. Jahrhundert begann der Niedergang Pagans durch die Überfälle der Mongolen. König Marathihapati soll tausend Pagoden wieder niedergerissen haben, um mit den Steinen Bollwerke gegen die marodierenden Horden aus den Steppen des Nordens zu errichten.

Die Regenwolken über dem Busch haben sich verzogen, als wir zum Markt von Nyaung-Oo fahren. Graziöse Gestalten, überall das Geräusch von schlappenden Sandalen; die Stimmen der Menschen hier sind leise; Mädchen und Frauen haben eine crèmefarbene Paste aus Sandelholz kreisförmig auf den Wangen verteilt. Welchen Weg wir auch nehmen, uns folgt ein alter, fast haarloser Hund, den S. in Verdacht hat, die Reinkarnation eines bösartigen Wesens zu sein. Wir könnten hier Rattenfallen kaufen, lebende Enten oder burmesische Zigarren. Glaubt man, was Ernst Jünger über Märkte geschrieben hat, sie seien Barometer für die Lebensqualität eines Landes, muß man annehmen, daß es der Landbevölkerung gutgeht; das Angebot von Früchten und Gemüse ist erstaunlich. Während wir durch die bunten Gäßchen schlendern, fällt auf, wie freundlich die Menschen hier sind; sie blicken einem in die Augen und lächeln; sie lächeln sogar, wenn man nach minutenlangem Feilschen weitergeht, ohne etwas zu kaufen.

In der »Straße der Nähmaschinen« kommt uns Larry strahlend entgegen. Schaut, was ich gefunden habe, ruft er und wickelt einen ziemlich großen Gegenstand aus dem Zeitungspapier. Es ist eine hölzerne Fußprothese mit beweglichen Zehen aus Blech.

Man muß die Scharniere entrosten und ölen, sagt er, dann ist das Ding wie neu. Achtzehntes Jahrhundert, vermutlich aus Thailand. Was habt ihr erbeutet?

Ich zeige ihm einen Betelnußschneider.

Die Fahrt zur Shwezigon Pagode führt durch Buschland. Es ist heiß geworden, eine schwüle, drückende Hitze; die Sonne brennt auf die Staubstraße, die unser Fahrer wie ein Verrückter entlangrast, den Bus um Schlaglöcher schlingern läßt und Bodenwellen mit einer Todesverachtung hinter sich bringt, daß die vor uns sitzende Minnie mitsamt ihrer Videokamera an die Decke geschleudert wird. Als Mike ihm zu verstehen gibt, er möge langsamer fahren, stemmt er den Fuß abrupt aufs Bremspedal; der Bus hält, als wäre er gegen eine Mauer geprallt.

Als der Staub sich verzogen hat, stehe ich am Rand der Piste und schaue über das Buschland; Hunderte, vielleicht sind es immer noch Tausende von ziegelroten und lehmgelben Stupas recken ihre Häupter über das Grün; ich versuche, durch Gestrüpp mit lachsfarbenen Blüten auf einen Hügel zu klettern, um die Landschaft von oben besser überblicken zu können. Pflanzen beißen sich mit ihren gezähnten Häkchen an meinen Knöcheln fest; eine Wolke von schwarzen Fliegen steigt vom Kadaver eines kleinen Affen auf. Hinter mir schnauft Ben, ich höre ihn in drei verschiedenen Sprachen fluchen, weil er seine Hose zerrissen hat.

Dann schauen wir über das Pflanzenmeer, aus dem rote Pyramiden blühen, verwelkte und eben erst erblühte Zeugen eines Glaubens, um den ich jeden beneide, der ihn besitzt. Wind kommt auf, der die heiße Luft über die Ebene schleppt.

Für Ben sieht das Land der tausend Pagoden aus wie ein gigantischer Friedhof, auf dem Grabsteine an die Vergänglichkeit allen menschlichen Tuns erinnern.

Er betrachtet den Riß in seiner Khakihose. Shit, sagt er, ein bißchen weiter, und man sieht meine Schamlocken, ich trage nämlich im Sommer nie Unterhosen. Er wird wieder ernst. Vor zwanzig Jahren hat ein Erdbeben ein Drittel der Stupas zerstört, sagt er, obwohl die Kerle hier mausarm sind, haben sie fast alles wieder neu aufgebaut. Ich wüßte ein Thema, das die »Lost Cities« miteinander verbindet.

Warum Menschen ihren Göttern Monumente errichten?

Weißt du, warum sie das tun?

Aus Angst. Aus Angst vor dem Leben und aus Angst vor dem Tod.

Aus Angst vor dem Hunger. So beginnt jede Religion. Gott hat zu Abraham gesagt, wenn du mich anerkennst, werde ich es regnen lassen. Für Nahrung ist dem Menschen jedes Opfer recht. Life for life, mein Lieber.

Auf der Straße heult der Motor von unserem Bus. Gestalten tauchen hinter Büschen auf; mit der menschlichen Notdurft haben einige unserer Reisegefährten seit ein paar Tagen ihr liebes Kreuz. Als ich in den Bus steigen will, faßt Mike mich am Ärmel, warte einen Moment, sagt er. Hoffentlich klappt es, für den Nachmittag ist eine Überraschung geplant, eine Ballonfahrt über diese Gegend hier und den Ayeyarwaddy. Die Militärs haben zunächst Schwierigkeiten gemacht, sie hatten strategische Bedenken. Schau, daß du einen Platz in einer der Gondeln findest, es sind nur drei, ausrangierte Spionageballons der Chinesen.

Während wir vor der Shwezigon Pagode die Schuhe ausziehen, umringen uns kleine Bettelmönche. Sie dürften eigentlich nur um Essen betteln, sagt Kyaw, aber seit Touristen ins Land kommen, nehmen sie lieber Geld.

Auf dem Weg zum Haupttor betrachte ich die Füße meiner Mitreisenden; der Boden ist uneben, kleine Steine, Risse in den Fliesen, Hundekot; es ist ein zögerndes Vorwärtstasten der Senk-, Spreiz- und Knickfüße in verschiedenfarbigen Socken, die sich seltsam fremd ausnehmen neben den kleinen braunen Füßen der Mönche, die lautlos über das Pflaster gleiten.

Die Shwezigon Pagode wurde im 11. Jahrhundert von König Anawrahta erbaut, sie gilt als Vorbild für alle späteren Pagoden in Burma. Die Architektur läßt chinesische und indische Einflüsse erkennen; der von weitem sichtbare

Glockenturm ist sechzig Meter hoch. Irgendwie erscheint mir der Bau im Vergleich zu seinem Sockel zu schwer, etwas stimmt nicht mit der architektonischen Ordnung, so daß ich unwillkürlich länger und genauer hinschaue, als ich es normalerweise tun würde. Aber dann, nach ein paar Sekunden aufmerksamen Schauens, stimmen die Proportionen wieder, und ich gehe mit dem Gefühl weiter, daß jemand vor achthundert Jahren mein sekundenlanges Zögern und Hinschauen eingeplant hatte.

Wieder packt mich der Teufel des Vergleichs. Denkt man sich die umgestülpte Lotusform der Spitze weg, bleibt eine Pyramide übrig. Sie verschmilzt mit all den Pyramiden, die ich auf meinen Reisen gesehen habe. Unvergessen ein »low-level«-Flug über die Naukluft-Berge der Namib-Wüste; ich sah alle nur denkbaren Pyramiden beisammen, von Cheops bis zur Zikkurat des Mondgottes Nanna, vom Tempel des »Großen Jaguar« in Tikal bis zu dem der »Inschriften« in Palenque; sie waren den von Menschen errichteten so ähnlich, daß ich nochmal und nochmal hinschaute und schließlich die Pilotin bat, einen Kreis zu fliegen; ich wollte mich vergewissern, ob hier nicht vor Urzeiten Hände mit zehn Fingern am Werk waren. Vielleicht gibt es dieses weltumspannende Formenmodul, das von Anbeginn die sakrale Architektur bestimmt hat. Auch wenn das in keiner Weise zutreffend sein sollte, ich frage mich, während ich jetzt im Uhrzeigersinn um den Bau gehe, bringen uns gewisse Spiele der Einbildungskraft nicht einer Art Wahrheit näher, die wir durch noch so strenges Bemühen um Genauigkeit niemals erreichen würden?

Mich beeindruckt immer aufs neue die freundliche Gläubigkeit der Mönche; in ihren orangeroten Gewändern sitzen sie auf den Tempelstufen, schwatzen, schauen krähenähnlichen Vögeln zu, die zu ihren Füßen ein paar Brotkrumen aufpicken, oder ruhen, ins Gebet versunken, unter einem schattigen Baum, unbeweglich, für den Betrachter aus der westlichen Welt nicht mehr erreichbar.

Ich bin vor einer Nische stehengeblieben, in der mir Buddha in hundert Gestalten entgegentritt, bunt bemalt und ganz in Gold, der Welt entrückt, lachend, voller Abscheu, vorwurfsvoll, klein wie ein Apfel, so groß wie ein Gorilla. Zwei Buddhas von menschlichen Ausmaßen sitzen in der klassischen Haltung direkt vor mir auf ihren Sockeln; man hat Schärpen über ihre Körper gelegt, in die die verstreichende Zeit eine blasse Sandfarbe gewoben hat. Einer sitzt mit geschlossenen Augen, der andere hat sie offen, aber auch er schaut mich nicht an. Sein Blick ruht überall gleichzeitig und findet für mich keine Zeit, weil er nicht weiß, was Zeit ist.

In der Stimmung, in der ich mich befinde, möchte ich darin zwei Möglichkeiten sehen, das Leben zu begreifen: als einziges, abgeschlossenes oder als Vielzahl seiner selbst. Ich merke die Ironie, mit der ich das denke, und zugleich wird mir mein Aberglaube bewußt; es könnte ja sein, daß mein Denken in diesem Augenblick sich als Fehler erweist, der sich dann irgendwann einmal als mein Schicksal herausstellen wird.

Ich weiß nicht, wo die anderen geblieben sind; mein Rundgang führt mich an zwei mythischen Löwen vorbei zu einer Terrasse. Nats starren mich an, lebensgroße Figuren von Geistern, aber das Starren ihrer hervorquellenden Augen und das Herausstrecken ihrer Riesenzungen gilt nicht mir, lese ich in meinem Reiseführer, es gilt dem Mittelfußknochen und einer Rippe des Erleuchteten, die im Sockel der Pagode eingemauert sein sollen. Die Nats be-

wachen das heilige Gebein und wehren weltliche Stören-
friede ab. Noch immer wird das tägliche Leben der Burmesen von guten und bösen Geistern gelenkt, ihre Heimat ist sowohl die Welt der Toten wie die der Lebenden,
mitunter soll es sogar vorkommen, daß sie sich in irdische
Frauen verlieben und Kinder mit ihnen zeugen – Christen
dürfte diese Form der unbefleckten Empfängnis nicht
fremd sein.

Verstehen Sie das, sagt Piet Bradley; er hat mit seiner Frau
ebenfalls die Pagode umrundet und sitzt jetzt kopfschüttelnd vor zwei grauenvollen Nats auf einem Steinbrocken
im Schatten. Piet ist der einzige der Reisegesellschaft, der
keinen Fotoapparat mit sich herumschleppt. Er ist Gene-
ralvertreter von Budweiser im Südwesten Amerikas und
besitzt selber eine kleine Brauerei in der Nähe von Bel-
grave; der Beruf paßt zu seinem Äußeren, Piet sieht aus
wie kurz vor dem letzten Schlaganfall.

Verstehen Sie das, fragt er nochmal und gibt sich die
Antwort, Sie verstehen es nicht, das kann keiner verstehen. Er wischt sich mit einem riesigen Taschentuch über
die Stirn. Ich will Ihnen etwas erzählen, sagt er, ich hatte
einen Onkel, den älteren Bruder meiner Mutter. Er hat getan, was ich heute tue, Budweiser verkauft und die Brauerei
geführt und dazu noch eine Vertretung von französischen
Gartenmöbeln aufgebaut. Ein tüchtiger Geschäftsmann. Als
seine Frau zum dritten Mal schwanger war, verschwand
er. Später haben wir erfahren, daß er über Thailand nach
Burma gereist ist, dort Sanskrit lernte und als Mönch in
einem Kloster aufgenommen worden ist. Nach zehn Jahren wurde er verrückt. Er hat einem Klosterbruder mit
dem Küchenmesser fast die Gurgel durchgeschnitten. Wir

haben ihn zurück in die Staaten geholt und in eine geschlossene Anstalt gebracht. Später kam er nach Hause, hat aber fast nichts mehr geredet; nur wenn er etwas Orangerotes sah, ist er durchgedreht. Eines Tages, als meine Tante mit einem orangeroten Hut von einer Wohltätigkeitsparty nach Haus kam, ist es dann passiert: Er hat sie totgeschlagen. Einfach so, stellen Sie sich das vor.

Sein Gesicht ist jetzt noch dunkler verfärbt, feindselig schaut er zwei Mönchen nach, die mit einem Korb voller Früchte die Treppe herabkommen.

Seine Frau hat bisher kein Wort gesprochen. Sie ist groß und knochig, hat einen Damenbart und schütteres Haar, das sie mit einem Bindfaden zum Schwänzchen versammelt. Um ihren Mund kann ich sehen, wie die Haut sich mißbilligend spannt, gebläht von kalter Wut. Ich kann Onkel James begreifen, sagt sie, dieses Grinsen, dieses ewige Grinsen, pure Heuchelei. Ich kann auch begreifen, daß einen allein schon diese abscheuliche Farbe zur Raserei bringt.

Piet legt den Arm um ihre Schulter, beruhige dich, Martha, sagt er, sei ganz ruhig.

Eigentlich würde mir dieser eine Tempel für heute vollauf genügen. Ich habe Hunger und Sehnsucht nach meinen Schuhen; bei der Wanderung durch die numinosen Schichten menschlicher Vorstellungskraft bin ich auf einen spitzen Stein oder einen Nagel getreten.

Aber Zegrahm und meine Frau wollen es anders. S. meint, du kannst dich nicht die ganze Zeit absondern, die Leute schauen schon ganz komisch. Als nächstes also der Ananda Tempel, von dem der Reiseführer behauptet, er sei der schönste und werde noch benutzt.

Ich habe mich geirrt, der Besuch lohnt sich, und sei es nur wegen der Annäherung an IHN: Es geschieht im wahrsten Sinne stufenweise, ein architektonischer Kunstgriff, bis man Schritt für Schritt des Gesichts von Gautama ansichtig wird; durch ein Fenster in der Decke des Tempels fällt ein schmaler Sonnenstrahl auf Augen und Stirn. Während dieses Schreitens höre ich hinter mir Kyaws Stimme, wie er zu jemandem sagt, eine neue Kerze an einer alten zu entzünden, sei ein anschauliches Beispiel für die Reinkarnation – der Körper wechselt, die Flamme bleibt dennoch dieselbe.

Der Ananda Tempel wurde in den Jahren 1058 bis 1067 von König Kyanzittha im Mon-Stil erbaut. Er ist von einer Mauer mit vier Toren umgeben, sein Zentrum besteht aus einem kubischen Backsteinkomplex von siebzig Meter Seitenlänge. Über dem Mittelbau ragen sechs immer schmaler werdende Terrassen, deren oberste die Turmpyramide mit einem vergoldeten Schirm trägt. Ich sehe das nicht, weil ich mich im Inneren des Gebäudes befinde, der Guide erzählt mir davon, während ich vier Räume durchschreite, von denen jeder eine Kolossalstatue von IHM beherbergt; viermal Buddha, vier Erscheinungsformen in diesem Weltalter, was immer das bedeuten mag. Im Norden Gautama, im Osten Kousandha, im Süden Konagama und im Westen Kassapa; die Figuren sind aus verschiedenen Materialien hergestellt, Danza-Holz, Bronze, Jasminholz und einfache Fichte.

Als der Guide weitergeht und die Gruppe hinter sich herzieht, bin ich allein mit IHM aus Fichte; durch das Augenblickhafte entsteht die Illusion, die Figur wäre lebendig, sie atmete, könnte sich bewegen, trotz der völligen Ruhe, in der sie dasteht. Es entsteht einen Lidschlag lang das Gefühl, wir könnten miteinander kommunizieren, obwohl ER tot ist und ich noch nicht auf der Welt bin. Dieses Zwiegespräch bricht ab, als eine Gruppe von Japanern in den Raum eindringt und die Figur im Blitzlichtgewitter zu wanken beginnt.

Langsam gehe ich den dunklen Gang entlang, so langsam, als würde ich durch eine unsichtbare Kraft an einer schnelleren Gangart gehindert werden. Die lauten Stimmen der Guides sind jetzt nur noch aus der Ferne zu hören, ein Namenbrei von wieder und immer wieder in diese Welt zurückgekehrten heiligen Männern. Dann stehe ich plötzlich im Freien; ein weiter offener Platz, auf dessen knöchelhohem Gras Ziegen weiden. Dieses Aufatmen, das ich in all den Jahren nicht verloren habe, seit meine Mutter mich hartnäckig durch die Kirchen und Klöster Mittelitaliens schleppte, dieses befreite Aufatmen, wenn ich die düsteren heiligen Räume endlich verlassen durfte, die Welt der Priester, der Orgeln und Heiligen, wo die eigene Stimme so ganz anders klingt.

An einem unsichtbaren Ort wird ein Gong geschlagen, der Bronzeton schwebt eine Zeitlang über dem Platz, den ich jetzt auf der Suche nach einer Sitzgelegenheit überquere. Dünner Strandhafer unter meinen Füßen. Im letzten Augenblick entdecke ich eine silbrig schimmernde Schlange, die sich in gemessenen Windungen unter einem Stein in Sicherheit bringt. Eine einzelne Akazie schwebt wie ein dunkler Sonnenschirm über ihrem eigenen Schatten; darunter ein umgestülpter Holztrog. Kaum habe ich es mir bequem gemacht und angefangen, die Umgebung zu inspizieren, entdecke ich eine Tür in der Mauer; sie ist einen Spalt offen, leise Stimmen dahinter. Nach ein paar Minuten treibt mich die Neugier.

Ich sehe eine Werkstatt. Unter einem Bambusdach auf Holzsäulen, die hundert oder tausend Jahre alt sein mögen, stecken auf Pfählen ein Dutzend Köpfe; kein Zweifel, es sind Köpfe von IHM. An einem Kopf arbeiten zwei Mönche, ein sehr junger und ein sehr alter; der Alte bemalt das Gesicht des Erleuchteten mit crèmeweißer Farbe, die der Junge ihm in einem winzigen Glasgefäß reicht. Die orangeroten Gewänder der beiden sind mit weißer und schwarzer Farbe verschmiert. Als der alte Mönch sich umwendet, weil er meine Schritte gehört hat, sehe ich, daß auch sein Gesicht weiße Streifen hat, es sieht aus wie die Kriegsbemalung eines Khmer.

Ich bin ungebeten in die Werkstatt eingedrungen, will mich entschuldigen und schleunigst wieder zurückziehen, aber der Alte macht mit dem Pinsel eine einladende Geste. Er lächelt. So bleibe ich stehen und sehe den beiden bei ihrer Arbeit zu; nur selten unterbricht ein geflüstertes Wort die Stille. Es sind unendlich langsame Bewegungen, mit denen der Alte die Augenbrauen des Erleuchteten nachzieht, die Konturen ein wenig verändert, den Mund voller macht, die Wangen schmäler; das alles geschieht durch eine feine Nuancierung der Farbe. Wenn ich mich nicht täusche, besteht das Material, das er verwendet, aus einer Mischung aus Leim, Wasser und Farbsand.

Hinter den fertig bemalten Köpfen liegen auf einem Brett Hände; Hände von IHM. Von Abbildungen kenne ich die verschiedenen Positionen: Handfläche mir zugewandt, Schutz gewährend; Hände übereinandergelegt, meditierend; die Rechte herabhängend, das Böse bezwingend; die Linke geöffnet, predigend.

Are you English?

German. I am living in Switzerland.

Der Alte wendet sich um, legt den Pinsel behutsam zur Seite und fängt an, das Gesicht mit einem Lappen zu reinigen, der aussieht, als hätte er bereits hunderten von Malermönchen als Putzlappen gedient.

Die Schweiz, sagt er in gutem Englisch, die Berge haben Ähnlichkeit mit dem Himalaya?

Kleiner, bei uns ist alles sehr viel kleiner.

Dafür haben Sie sehr viel mehr Geld.

Er meckert leise vor sich hin, diese Replik freut ihn sichtlich. Die Unterhaltung stockt, erstens, weil ich nicht so recht weiß, was ich sagen soll, zweitens, weil mein Gesprächspartner die weiße Farbe jetzt so in seinem Gesicht verschmiert hat, daß er selber aussieht wie einer seiner Buddha-Köpfe.

Bleiben Sie länger in Pagan?

Zwei Tage.

Er schüttelt bedauernd den Kopf; endlich hat er das Gesicht fast ganz von der Farbe befreit, nur in der Tiefe seiner Falten sind weiße Farbreste zurückgeblieben. Für einen Moment stelle ich mir vor, es seien Zeichen von IHM, durch Wiedergeburt den Sterblichen unauslöschbar ins Antlitz geschrieben.

Wenn Sie Zeit hätten, sagte er, könnten Sie in ein paar Tagen eine der Figuren mit nach Hause nehmen, dann sind sie fertig. Fünfzig Dollar. Geschenkt, was?

Er meckert wieder und wirft den Lappen mit einer schwungvollen Geste auf den Boden. Woran glaubt man in Ihrem Land, fragt er.

Die meisten sind Christen. Ich bin katholisch.

Eine sehr schöne Religion. Sie glauben an einen Erlöser, nicht wahr?

Ein Déjà-vu; ich war vielleicht vierzehn, vor mir stand

102

Pater Ludger in seinem schwarzen Anzug, dessen Revers immer ein wenig mit Eigelb verschmiert war. Ich konnte und wollte nicht begreifen, warum ich von etwas erlöst werden sollte, das die Apostel und ihre Nachfolger sich so einfach ausgedacht hatten. Die Erbschuld war mir suspekt, der erhobene Zeigefinger, das Drohen mit der Hölle, das Locken mit dem Paradies. Wenn du dieses oder jenes nicht tust oder tust, wirst du oder wirst du nicht. Was würde ich nicht? Und überhaupt, wovon wollten sie mich denn so hartnäckig erlösen? Ich habe den verzweifelt liebevollen Blick des alten Jesuiten – damals war jeder über Dreißig für mich uralt – nicht mehr vergessen, mit dem er mich eingehüllt hatte, als wollte er mich vor dem schützen, was ich im Begriff war zu denken.

Ja, antworte ich, die meisten Christen glauben an einen Erlöser.

Die Buddhisten glauben an etwas Ähnliches, nur nennen wir es »Befreiung«. Die Christen müssen auch Opfer bringen, um den Zustand der Erlösung zu erlangen?

Fast alle Religionen verlangen das, sage ich. Dann reitet mich der Teufel. Ich glaube weder an eine Erlösung noch an ein Leben nach dem Tod, sage ich, und versuche, dabei ein möglichst freundliches Gesicht zu machen, ich glaube an das Glück, jetzt, hier, in diesem einzigen Leben, das ein Mensch hat.

Der Mönch hat dem Jungen durch einen Wink zu verstehen gegeben, er möge den Lappen aufheben. Er nimmt ihn entgegen, breitet ihn aus, faltet ihn wieder. Jetzt schaut er mich an, wie Pater Ludger mich damals angeschaut hatte.

Geburt, Alter und Tod, sagt er leise, so schließt sich der Kreislauf; die Glieder des Entstehens sind endlos in Raum und Zeit verbunden, bis zur Befreiung. Er meckert wieder ein bißchen, auch wenn Sie nicht daran glauben, sagt er, Sie werden wiederkommen.

Vielleicht begegnen wir uns.

Das glaube ich kaum.

Aus der Werkstatt des Ananda Tempels stammt einer der Gegenstände, die ich nach der Reise auf dem Fußboden meines Arbeitszimmers ausbreiten werde. Es ist eine unbemalte, roh verarbeitete Gipshand. Ihr fehlt der kleine Finger und die Kuppe des Daumens; beides ist beim Auspacken zerbrochen. An manchen Tagen werde ich mir einbilden, es sei tatsächlich eine Hand von IHM, an anderen wird es nur eine nach Europa gereiste Hand aus Gips sein, die sich nach Hause sehnt.

Lunch im »Riverside« Restaurant am Ufer des Ayeyarwaddy-Flusses. Man muß ein besonderes Interesse an dynastischen Zusammenhängen mitbringen, um dem mit ungeteilter Aufmerksamkeit zu folgen, was Kyaw während des Essens über die Herrscher Pagans erzählt. Völlig undurchsichtig wird die Geschichte bei dem Versuch, die verschiedenen Arten des Buddhismus zu erklären; Therawada, Mahayana und Tantrische Lehre – ich wüßte gerne, wer von den Zuhörern sich das alles merken kann und nach Beendigung der Reise zu den Schriften der Weisheit greifen wird, um sein Wissen zu vertiefen.

Das Essen ist so ausgezeichnet, und ich bin so hungrig, daß sich meine geistige Aufnahmebereitschaft in Grenzen hält; besser wird es, als Kyaw vom Raubbau in den Teakholzwäldern berichtet, den der Staat fördert, weil er Devisen benötigt. Nicht anders verhalte es sich mit dem Opium, das auf dem Shan Plateau in großen Mengen angebaut wird.

Die Lücke zwischen Fischgericht und Fleischgang füllt Kyaw mit delikaten Einzelheiten über das Totenritual bei den Mönchen des Ananda Tempels. Der Tote wird gewaschen, sagt er, die Eingeweide entnommen und der Magen mit heißer Asche gefüllt; durch den Mund gießt der Leichenbetreuer Quecksilber, dann wird die Haut wieder zugenäht.

Während Kyaw mit plastischer Ausführlichkeit die Beschaffenheit einer bereits im Zerfall befindlichen Mönchshaut und die Schwierigkeit schildert, eine korrekte Naht zu setzen, betrachten einige meiner Reisegefährten lustlos das rösch gebratene Lamm auf ihren Tellern. Eines entnehme ich Kyaws Ausführungen jedenfalls, es geht fröhlicher zu als bei uns, wenn der Tote sich in den Flammen verliert und als Rauch in einen Himmel hinaufsteigt, aus dem er in neuer Gestalt alsbald zurückkehrt.

Ben skizziert diesen Vorgang mit weniger hehren Worten, Kunststück, sagt er, für die Mönche sind Körper eine Art Koffer, die man in ein anderes Zimmer trägt und dort wieder auspackt.

Vier Kilometer flußabwärts warten auf einem Stück gerodetem Buschland die Ballons. Ich brauche mir keine Sorgen zu machen, ob ich in einem der geflochtenen Körbe Platz finden werde; die Zahl der Teilnehmer ist gering, was daran liegt, daß die Bakterien der Atemwege ihren Kollegen vom Darmtrakt das Feld überlassen haben. Im Vergleich zu den Gondeln empfinden die meisten der Gruppe die wenig appetitlichen Toiletten des »Riverside« als wahre Oasen der Erleichterung.

Am Rande des Feldes steht ein Militärfahrzeug mit schwenkbarem Maschinengewehraufsatz. Zwei Uniformierte beobachten die Startvorbereitungen; vor ihrer Brust hängen riesige Feldstecher. Außer S. und dem Piloten sind Sylvie und Harry noch in meinem Korb. Es ist eng, die Sandsäcke nehmen fast soviel Platz ein wie wir. Kurz bevor wir starten, kommt einer der Soldaten und sammelt Fotoapparate, Videokameras und Ferngläser ein; er tut dies wortlos, hält uns einen Zettel hin, den wir natürlich nicht lesen können und auf dem anstelle eines Militärparagraphen genausogut die Gebrauchsanweisung für einen Dampfkochtopf abgedruckt sein könnte.

Die himmelblaue Hülle unserer Ballons ist mit Helium gefüllt, wir werden also ohne das martialische Fauchen eines Gasbrenners, über das Land der Stupas schweben. Nach ein paar Minuten werden die Leinen losgeworfen, wir heben ab. Von einem leichten Südwind getrieben, fahren wir über das Mäanderband des Ayeyarwaddy. Der Pilot ist ein muskulöser Mann von sehr dunkler Hautfarbe; auch er trägt Uniform und steht anscheinend mit den beiden Beobachtern am Boden in Verbindung; alle paar Minuten schreit er in das Mikrophon eines Funkgeräts.

Wir fahren in einer Höhe von etwa fünfhundert Metern am Ufer des Flusses entlang; die Dreiecks-Segel der Sampans sind von hier oben nur als rote Punkte zu erkennen, die langsam nach Osten treiben. Dann ändert sich die Windrichtung, der Ballon treibt landeinwärts; unter uns liegt das Land der Tausend Pagoden. Wenn das Funkgerät und der Pilot schweigen, herrscht eine fast unwirkliche Stille; über den Rand des Korbs gebeugt, blicken wir auf das weite Grün, auf dem wie hingestreut Menschenspielzeug liegt.

Aber es war ja kein Spiel, das Sklaven und Kriegsgefangene dort unten zur Arbeit zwang; Tempel um Tempel, Pagode um Pagode, wieder niedergerissen, um Bollwerke daraus zu errichten, die von hier oben so klein und verletzlich aussehen, daß sie, hätte man um die Kunst des Fliegens gewußt, vermutlich nie gebaut worden wären.

Diese Ballonfahrt wird für mich wie später in Tibet der Aufstieg zum Gipfel des Berges Sera zu den »Rosenknospen« zählen, von denen Edward-Tonelli sprach. Während der Pilot Sand abwirft, Ballast, der uns hindert, höher zu steigen, blicke ich hinab auf die vergoldeten Pagoden und Tempel. Wir glauben in einer apokalyptischen Zeit zu leben, aber auch die Menschen, die diese Bauwerke schufen, lebten mit der Angst, alles, was sie besaßen und was sie glaubten zu sein, über Nacht verlieren zu können. Um dieser Angst greifbare Formen zu geben, bauten sie ihre Opfertempel, sie bauten sie in den Himmel hinein, dorthin, wo wir jetzt schweben – hoch über dem Gipfel des kosmischen Berges Meru.

Jetzt beschleicht mich wieder dieses Gefühl, das ich als junger Mensch hatte, wenn ich auf einem Berg stand und die Glockenschläge einer Kirche von weit zu mir heraufdrangen; ich hatte mir dann vorgestellt, es gäbe nur die Glocke ohne die Kirche, ohne den Turm, der die Glocke trägt, und die Glocke würde schlagen, ohne daß eine Hand an einem Glockenseil zieht.

Von hier oben sieht alles so einfach und klar aus, die Shwezigon Pagode ist nurmehr Grundriß, ein Mandala ohne jedes schmückende Beiwerk. Und selbst dieses Mandala verliert seine Konturen, je höher wir steigen, es verschmilzt mit der Landschaft, und mir bleibt nur das Empfinden, über etwas sehr Altem zu fliegen.

Dann kommt wie aus einer anderen Welt die Lautsprecherstimme. Der Daumen des Piloten deutet zur Erde.

Was habe ich an diesem heißen Nachmittag gemacht, während die anderen den Tempel mit dem schwer aussprechbaren Namen besuchten, sich unter den Bäumen eines kleinen Restaurants ausruhten, dort warmes Coca-Cola oder Mineralwasser tranken? Ich ging in ein hinter dem Tempel gelegenes Dörfchen, verließ es auf der anderen Seite wieder, kam in ein zweites und wußte plötzlich nicht mehr so recht, wo ich war. Ein alter Mann spaltete Holz, aufgeregte Hühner flatterten herum. Auf einem brütendheißen Platz war ein kleiner Markt aufgebaut, Früchte, Gemüse, ein paar Fische, von denen giftig schillernde Fliegen aufstoben.

Dazwischen ein Stand mit sogenannten Antiquitäten, bronzene Buddhastatuen, Marionetten aus Pappmaché, Glöckchen, ein hölzerner Ziegenkopf mit einem Glasauge.

Zwischen all diesen für mich wertlosen Dingen stand ein Einmachglas mit grobkörnigem Sand, gelbbraun, gemischt mit rötlichen Steinchen; dieser Sand sah aus wie jener, den der Pilot über Bord geworfen hatte, um den Ballon steigen zu lassen. Die junge schwangere Frau hinter dem Stand versuchte, mir mit ein paar Brocken Englisch zu erklären, daß es Sand vom Ufer des Ayeyarwaddy sei, Schwemmsand des Heiligen Flusses.

Mit dem Einmachglas in der Hand hatte ich auf dem Weg zurück zum Bus die vage Empfindung, durch mein wegeloses Streunen etwas entdeckt zu haben, das, so klein und unbedeutend es war, einen maßlosen Raum an Erinnerung barg.

Bis es Zeit wird fürs Diner, sitze ich an der Bar und ordne wieder einmal meine Notizen; seit Tagen versuche ich, Eindrücke in »imaginäre Räume« zu schließen, wie Edward-Tonelli es auf seiner Reise getan hat. Wir können uns am deutlichsten vorstellen, was sich dem Gehirn durch Wahrnehmung der Sinne eingeprägt hat; der schärfste von unseren Sinnen ist der Gesichtssinn. Was ich durch das Gehör oder durch Überlegungen aufnehme, versuche ich, in Erinnerung zu behalten, indem ich es mit Dingen verknüpfe; sie sollen mir, zurück am Schreibtisch, dabei helfen, Bilder aus der Vergangenheit zu holen, die meine Schrift nicht speichern konnte.

Die Bar, an der ich sitze, ist die Bar des berühmten »Strand Hotels«. Ich konnte es mir nicht verkneifen, wenigstens für eine Stunde mit dem Taxi hierherzufahren. Die Geschichte des »Strand« ist eine wechselvolle; Ende des letzten Jahrhunderts begann der englische Abenteurer John Dawood mit dessen Bau, mußte aber kurz nach der Eröffnung im Jahr 1901 das »edelste Hotel östlich von Suez« an die Gebrüder Sarkie verkaufen. Der Clan der Sarkies, die ersten Hotel-Tycoons überhaupt, waren um die Jahrhundertwende im Besitz einiger der besten Häuser im Fernen Osten, unter anderen das »Raffle's« in Singapur; sie machten aus »The Strand« ein Hotel für »Könige, Adlige und andere distinguierte Persönlichkeiten«, wie ich in »Murray's Handbook for Travellers« gelesen habe. Ein Rest dieser verwehten Tage begegnet mir auf der Toilette in Gestalt eines Bediensteten, der mir mit devoter Langsamkeit die Hände abtrocknet.

Der Barmann ist ein weißhaariger Burmese; er betrachtet den gemächlich kreisenden Deckenventilator, während er in tadellosem Englisch erzählt, einer seiner Vorgänger habe erlebt, wie sich Hemingway hier, an dieser Bar, mit einem Gentleman geprügelt hat, weil der ihn einen Schürzenjäger nannte. Er deutet auf ein Foto, das halb verdeckt von einem leeren Zeitungsständer an der Wand hängt; es zeigt den Schriftsteller mit Tropenhelm und geschultertem Gewehr. Daneben ist noch ein Bild, zwischen Stockflecken schwach erkennbar ein Mann mit Nickelbrille und Nietzsche-Schnauz; es ist Rudyard Kipling. Quer über dem Foto steht mit brauner Tinte: »Alles in allem gibt es nur zwei Arten von Menschen – solche, die zu Hause bleiben, und solche, die es nicht tun.«

Als ich meinen zweiten Whiskey bestelle, kommen Mike und Agnes. Wir reden über die Ballonfahrt; in einem Land, wo man weder einen PC noch ein Handy mitbringen darf und ein unbedachtes Wort zu peinlichen Nachfragen führen kann, ist es erstaunlich, daß die Regierung eine Ballonfahrt erlaubt hat.

Wir mußten natürlich nachhelfen, sagt Agnes lächelnd und macht die Bewegung des Geldzählens.

Ihr Lächeln wirkt nie aufgesetzt, es ist natürlich, gehört einfach zu ihr. Agnes ist so. Sie erblickt in allem, was das Leben bringt, das Positive, darin ist sie S. ähnlich, vielleicht haben die beiden Frauen sich deshalb in den letzten Tagen angefreundet. Agnes hat von ihrer Familie erzählt, ihrer dreijährigen Tochter, die durch eine mißglückte Operation nach der Geburt zu wenig Sauerstoff bekam und geistig behindert ist. Sie trägt dieses Schicksal nicht nur mit einer bewundernswürdigen Gelassenheit, Agnes sieht eine glückliche Fügung darin, für einen Menschen sorgen zu dürfen, der nie in seinem Leben einem anderen Menschen Schmerz zufügen wird. Nur manchmal, wenn sie sich unbeobachtet glaubt, sehe ich Schatten in ihren großen braunen Augen, dann nimmt sie eine Strähne ihres Haars und wickelt sie um den Finger, als möchte sie ihn stellvertretend für den ganzen Körper vor dieser Welt schützen.

Was ich gerne wüßte, sage ich, wie seid ihr eigentlich auf »Lost Cities« gekommen?

Jetzt lachen beide. Zufall, sagt Mike. Eines Abends sind wir in Seattle in einer Kneipe gesessen und haben Namen aufgeschrieben. Es mußte einfach gut klingen.

Kein Zusammenhang?

Zuerst nicht. Später, als wir anfingen, das Programm zusammenzustellen, wurde klar, daß es Zusammenhänge gab. Die wurden dann mit Geschichtsexperten und Kunsthistorikern besprochen. Einer davon war Ben.

Ich erfahre, daß die »Lost Cities«-Reise zweimal überbucht war; sogar alte Stammkunden mußten vertröstet werden. Es wurde ein echter »hit«, sagt Mike, die Leute wollen etwas Ausgefallenes, Geld spielte keine Rolle. Leider haben wir uns verkalkuliert, nächstes Mal müssen wir mehr verlangen, sonst legen wir drauf.

Er bestellt noch ein »Mandalay Lager«. Weißt du, sagt er, es ist verrückt, jetzt wo der Laden läuft, habe ich manchmal die Schnauze richtig voll. Wenn ich an Zegrahm nicht beteiligt wäre, könnte ich mir vorstellen, zu Hause zu bleiben.

Ich schaue ihm zu, wie er sein Bier trinkt; die braune Hand, die das Glas hält, ist von Narben gezeichnet. Mike ist der Idealtyp eines Abenteurers, und so verlief sein Leben; Expeditionen in die Antarktis und die Wüsten Afrikas und Australiens; sein Zuhause ist eine entlegene Lodge in Namibia, in der seine geschiedene Frau jetzt wohnt.

Glaub' ich dir nicht, sage ich, du würdest es nicht lange aushalten.

Er klopft mir auf die Schulter, okay, du auch nicht.

Aber es gibt sie, denke ich später, als wir zum »Traders« zurückfahren, diese leidenschaftlichen Stubenhocker. Pessoa fragt: »Reisen? Existieren ist Reisen genug.« Und irgendwo hat er auch einmal geschrieben: »Ich habe überall gesiegt, wo ich nicht gewesen bin.«

Dienstag, 9. November;
Rangoon via Vientiane, Laos

Auf dem Programmzettel steht:
»A. A. R. P. Bulletin Board –
I have gone out to find myself.
If I come back before I return
Please keep me here
Until I arrive.«
Ratschläge für Laos: keine Shorts; in Tempeln oder laotischen Häusern die Schuhe ausziehen; respektvolle Haltung in Klöstern.

Während ich dusche, Haare wasche, vorsichtshalber Daktarin zwischen die Zehen schmiere, versuche ich mich zu erinnern, was Edward-Tonelli in lakonischer Kürze über Buddha und seine Lehre in die Reiseaufzeichnungen einfließen ließ.

Bevor der indische Königssohn Siddharta zum Buddha mutierte, wird es südlich des Himalaya ähnlich zugegangen sein wie auf dem Olymp; ein chaotischer Götterhimmel, entstanden aus jahrtausendealtem Beischlaf eines jeden mit jedem, der skandalösen Vermischung von Göttern und Menschen, nicht einmal vor Schwänen machten sie halt, wenn Brunst sie ihrer göttlichen Einsicht beraubte. Das Gezänk der Götter war am Ganges offenbar nicht weniger heftig als in den Höhen über den griechischen Inseln.

Doch was als Wiederkehr des stets gleichen angelegt ist, hat im Erleuchteten sein Ziel. Siddharta beschließt mit neunundzwanzig, allem Irdischen zu entsagen; er verläßt Frau und Sohn begibt sich auf Wanderschaft. Nach langer Meditation unter dem »Baum der Erkenntnis« wird er der Erleuchtung teilhaftig, auf die seine Lehre gründet: Das Übel der Menschheit liegt im Menschen selbst. Den Rattenschwanz der Unannehmlichkeiten, den er hinter sich herschleppt, weil er immer mehr will, kann er loswerden, indem er immer weniger will und nichts unternimmt, worunter andere leiden.

Mit dieser Gewißheit zog Buddha durch Afghanistan bis nach Kaschmir, er wanderte den Ganges entlang, gefolgt von einer Schar Jünger, die seine Lehre zu verbreiten halfen. Was mir am Leben des Erleuchteten gefällt, er starb als ganz gewöhnlicher Mensch nach einem Austernessen im Kreis seiner Freunde.

Woher man das weiß? Vermutlich war es Ananda, ein spröder, vorsichtiger Mönch und Buddhas Schüler, der nach dem Tod des Meisters die Grundsätze der Lehre in die Welt hinaustrug. Er hat am Ende nur eines von Buddha überliefert, die letzten Worte, nicht mehr: »Handelt ohne Unachtsamkeit.« Ein Sätzlein, das auch Epikur gesagt haben könnte. Dieser bescheidene Grieche hinterließ ebenfalls keine Schriften und starb, nachdem er eine Flasche ungemischten Wein getrunken hatte, in einem lauwarmen Bad.

Nach dem Frühstück hält Ben einen Vortrag über Laos, »Cities of the God Kings«. Er erzählt vom langen Weg; den ersten Opferaltären, vor denen die Menschen beteten, die Götter möchten sie vor den Klauen wilder Tiere, den Lanzen der Feinde, dem Blitz schützen, sie möchten es regnen lassen, auf daß der Reis auf den Feldern gedeihe; vom Weg hin zur Allmacht gottähnlicher Priesterkönige, die den Untertanen den Bau von Tempeln verordneten, um den göttlichen Reichtum und ihre eigene Macht sichtbar werden zu lassen.

Sarkastische Worte, sie rühren am Kern der Wahrheit, wenn er am Schluß noch schmunzelnd hinzufügt, die Tempel des neuen Jahrtausends seien die Türme der Global Trusts und der Banken, die Weihrauchopfer der Zinssatz des Federal Reserve. Bei einigen Zuhörern sehe ich betretene Gesichter.

Bevor wir um die Mittagszeit nach Laos weiterfliegen, stehen eine Stadtrundfahrt und der Besuch der weltberühmten Shwedagon Pagode auf dem Programm.

Während der Fahrt erzählt Kyaw eine skurrile Geschichte über die Entwicklung der Menschheit aus buddhistischer Sicht; vor zweitausendfünfhundert Jahren betrug die Lebenszeit eines Menschen hundert Jahre, mit jedem Jahrhundert nahm sie um ein Jahr ab, jetzt beträgt sie nur noch fünfundsiebzig Jahre. Das wird so weitergehen, sagt Kyaw, bis kurz vor dem Weltuntergang durch Feuer und Wasser die Lebenserwartung nur noch zehn Jahre beträgt; die Menschen heiraten mit zehn, die Schwangerschaft beträgt nur noch vier Monate.

Eine offizielle Überlieferung, fragt Sylvie vorsichtig.

Kyaw zuckt die Achseln, manche glauben daran, sagt er. Und Sie?

Er kichert. Denken Sie, es ändert sich etwas daran, wenn ich es nicht glaube?

Das Stadtbild von Rangoon ist noch immer von der britischen Kolonialzeit geprägt; besonders im alten Teil um den Supreme Court fühlt man sich an eine englische Kleinstadt erinnert. Auch bei Tag ist, abgesehen von den Pulks der Fahrräder und Rikschas, nur wenig Verkehr auf den Straßen; vielleicht kommt mir das auch nur so vor; wir werden von Polizei eskortiert und überfahren Kreuzungen bei Rotlicht.

Die Stimmung im Bus ist bestens; die Darminfektion ist ausgestanden. Die noch immer unermüdlich strickende Dame aus Kapstadt führt das darauf zurück, daß sie den Geistern im Ananda Tempel sämtliche Kyat ihres Taschengeldes geopfert hat; damit die Kraft ihrer Schließmuskeln nicht erlahmen möge.

Plötzlich taucht aus dem Dunst die goldene Kuppel einer Pagode; sie muß annähernd hundert Meter hoch sein. Unzählige Legenden ranken sich um dieses Heiligtum; eine davon ist, daß sie in ihrer ursprünglichen Form bereits 585 vor Christus von den Brüdern Taphussa und Bhallika auf Geheiß des Erleuchteten erbaut worden sei, der ihnen auftrug, vier seiner Schläfenhaare im Turm zu verwahren.

Diese von Minnie strahlend vorgebrachte Version bringt den zweiten Guide derart durcheinander, daß er den Hemdknopf aufreißt und jede Silbe betonend ins Mikrophon haucht, acht Haare, es sind acht Haare gewesen. Larrys Kommentar: Ach was, wegen der paar Haare, die haben ja ohnehin alle Glatzen, wahrscheinlich hatte der Erleuchtete überhaupt keine Haare.

Selbst bei Attraktionen wie der Shwedagon Pagode fällt

auf, daß in Burma die kamerabewaffneten Touristenhorden fehlen. Im Bezirk des Heiligtums bewegen sich Burmesen, und es ist sicher ein Glück, dieses Land so zu erleben, wie andere Länder, Thailand zum Beispiel, früher einmal waren. Alles ist hier langsamer, ruhiger. Und es wird viel gelacht. Ich merke, wie ich mein Tempo, auch das meines Schauens, an das der Menschen um mich anpasse.

Der Marmorfußboden unter meinen Fußsohlen ist sonnenwarm, er strahlt ab, was sich hoch über mir im Gold an Licht fängt und eine Helligkeit erzeugt, die ohne Sonnenbrille nicht auszuhalten wäre. Gold überall, Duft von Blumen, leises Gebimmel von Schellen und das monotone Rauschen der Gebetsmühlen. Wohin ich schaue, Buddhas und kleine Kapellen, Menschen davor, die für ihre Umgebung verloren sind. Frauen fegen den schimmernden Stein mit Reisbesen, ein Geräusch, das ich gerne mit nach Hause nehmen und zu den anderen Dingen legen möchte.

Nur einen Reishaufen wollte Buddha auf seinem Grab. Eine Art Tumulus in Form eines Reishügels; und ich stehe hier vor einem himmelhoch ragenden Gebilde aus Gold. Unwillkürlich denkt man an Jesus und die Kuppel des Petersdoms, den Goldbrokat seiner Stellvertreter auf Erden. »Und die Gassen der Stadt waren lauter Gold«, steht in der »Offenbarung«; als hätte der Mensch nichts Besseres finden können, um den Glanz der Ewigkeit auszudrücken, als Gold und Geschmeide.

Während ich im Uhrzeigersinn um die Pagode gehe, habe ich den Eindruck, ich sei in Wirklichkeit nicht vorhanden. Alle um mich herum sind mit Ritualen und heiligen Handlungen beschäftigt, die mich ausschließen, weil ich in dieser Welt ein Fremdkörper bin. Für ein paar Atemzüge stellt sich Heimweh ein – ich möchte dazugehören, obwohl ich ganz genau weiß, daß ich das weder kann, noch daß es für mein Leben wichtig wäre.

Und dann sehe ich etwas, das ich mit meinem abendländischen Verstand fassen kann: Ein junger Mann in T-Shirt und Jeans wirft sich immer wieder auf den Steinboden, wobei seine Hände auf Holztäfelchen über die Fliesen rutschen. Plötzlich kniet er sich hin, greift nach einem Plastikbeutel und holt einen kleinen Vogel hervor. Ein paar Sekunden lang schaut er ihn an, dann wirft er das Tier in die Luft; er schaut ihm nach, wie der Schatten über eine vergoldete Kuppel huscht und im Sonnenlicht entschwindet. Wieder greift er in den Sack, wieder holt er einen Vogel hervor und läßt ihn fliegen.

Ich, der ich einfach dastehe und diesem Schauspiel staunend folge, habe selber das Gefühl zu fliegen oder, besser gesagt, über meinem europäischen Alltag zu schweben. Nur, das wird mir schlagartig bewußt, als der junge Mann den leeren Plastiksack zusammenknüllt, in die Tasche stopft und fortgeht, dieser Mann schwebte nicht. Was er tat, war für *ihn* etwas Alltägliches.

Ich beobachte einige Mitglieder »Lost Cities«-Gruppe, die dem lokalen Guide mit dem fast nicht aussprechbaren Namen Win Nyi Nyi zuhören. Er erklärt die Bedeutung der verschiedenen Schreine, für jeden Wochentag gibt es einen, den Tag der Ratte, den Tag des Maulwurfs, des Elefanten. In jedem dieser Tempelchen steht ein Brunnen; gießt man etwas Wasser daraus über IHN, wird man symbolisch gereinigt. Dann stehen wir vor einer mannshohen Glocke; eine orangerote Gestalt erhebt sich, greift nach dem Holzknüppel und läßt das Erz dröhnen.

Win Nyi Nyi erklärt diesen Vorgang: Wenn jemand eine gute Tat vollbracht hat, schlägt er die Glocke; so läßt er die Umstehenden von seinem segensreichen Tun wissen.

Albert Swartz, einer der Mitreisenden, löst sich aus dem Kreis der Zuhörer und macht es dem Mönch nach; ein schwerer Mann mit rötlich-blondem Vollbart, der mir aufgefallen ist, weil er mit Vorliebe schwarze T-Shirts trägt, auf die ein Totenkopf gedruckt ist. Von Agnes weiß ich, daß er sein Geld mit Christbaumplantagen in Kanada und Skandinavien verdient hat und ein leidenschaftlicher Segelflieger ist. Jetzt läßt er die Glocke dröhnen, daß es einem in den Ohren weh tut und blickt dabei ins Kameraauge seiner Gattin.

Den Kommentar gibt wenig später Win Nyi Nyi: Ich habe einmal einen Holländer gesehen, sagt er, der hat dasselbe gemacht; der Ton war noch nicht verklungen, als er mit dem Knüppel in der Hand tot umfiel.

Überall das Rauschen der Gebetsmühlen. Solch ein Kreislauf, das Vertrauen in die Wiederholbarkeit, ist dem Abendland durch das Erscheinen des Erlösers verlorengegangen. Es wurde ein Datum gesetzt. Irdische Zeit ist seither zählbar, das Leben ist eine Abweichung vom ewigen Sein, und es muß »genutzt« werden, um die Ewigkeit zu erreichen – Leben als Einbahnstraße in eine ungewisse Zukunft.

Darin sind sich schließlich alle einig, ob sie jetzt schwarze Kutten tragen und Kyrie singen, karmesinrote Stoffe um ihre Körper schlingen und Gebetsmühlen drehen oder als weißgewandete Mullahs in mäandernden Gebeten zu den Gläubigen sprechen: Du mußt dieses Leben für ein nächstes »nutzen«. Weil dieses ein Tal des Leides ist.

Wie entsteht eine Spezies, die so denkt?

Die anderen habe ich längst verloren, wieder einmal. Hier, über diese sonnenwarmen Marmorquader muß er vor zweihundert Jahren gegangen sein, Maria Antonio Edward-Tonelli. Ich habe gestern abend in seinen Aufzeichnungen gelesen, auf der Suche nach der Stelle, wo er die Stufen zur Shwedagon Pagode hinaufsteigt, um den Sonnenuntergang zu erleben. Barfuß wie ich, saß er auf den Stufen der »Halle der Anbetung«, bis Nachtvögel flüchtige Schriftzeichen auf das Gold der Pagode schrieben. Und er machte sich Gedanken über das erhabene und vulgäre Gesicht dessen, was wir Religion nennen. »So hoch, so golden«, schrieb er, »ich lobe mir die Mandalas aus flüchtigem Sand; weit im Norden soll es Menschen geben, die ihre Tempel aus Eis bauen, um zu sehen, wie das Unnötige schmilzt.« Wenn man, wie ich, im Lauf der Jahre die Fenster einer Religion nach und nach geschlossen hat, bleibt einem wahrscheinlich angesichts all dieser aus Angst entstandenen Herrlichkeiten nur die Vermutung: daß das, was angebetet wird, weniger wichtig sein könnte als der Zustand, der durch die Anbetung entsteht.

In diesem Zustand muß sich Edward-Tonelli an diesem Freitag Anfang Dezember 1819 befunden haben; es war einer dieser Augenblicke, die er als »Rosenknospen pflückte« und in sein Gedächtnis einschloß. Er sah die letzten Sonnenstrahlen in der Spitze der Pagode, hörte, als er bereits in der Dunkelheit saß, die spitzen Rufe der Fledermäuse, wartete, bis die ersten Gestirne am Nachthimmel sichtbar wurden. »Ich befand mich in der Urheimat der Seele, dem Einswerden aller Zeiten, wo Überall und Nirgends miteinander verschmelzen.«

Um diese Stimmung unvergeßlich zu machen, verknüpfte er sie mit einem anderen Bild: der Gestalt eines vor ihm knienden Mönchs, der ihm den Rücken zukehrte; er hatte keine Ohren, nur Löcher, aus denen Haarbüschel wuchsen. Sehr viel später, am Ende seiner Reise, notiert er dazu: »Um die Wahrnehmung eines Augenblicks unzerstörbar zu machen, muß sie mit einem Ort im strikten Wortsinn verknüpft sein oder, oft ist dies der bessere Weg, mit einer Person, deren Aussehen oder Bewegung nicht dem Gewöhnlichen entspricht.«

Als Edward-Tonelli auf den Stufen der »Halle der Anbetung« saß, trug er das karmesinrote Gewand der Mönche des Naupaya-Tempels; er trug es sieben Jahre, bis er über Kambodscha nach Katmandu kam und, noch immer als Mönch (fast möchte ich sagen: verkleidet) 1826 in Lhasa eintraf, wieder einmal todkrank, mit Erfrierungen an Armen und Beinen.

Während dieses Wanderleben an mir vorüberzieht, halte ich nach einem Ort Ausschau, der *meiner* Erinnerung ein Anker sein könnte. Ich finde ihn in einem bemoosten Stein am Fuß der von sechzehn Tonnen Gold umhüllten und von eintausendneunhundert Karat Edelsteinen gekrönten Pagode; er ist meine Wachstafel, in die ich den knienden jungen Mann einschreibe, der Vögel in Burmas Himmel steigen läßt.

Als ich später auf die Zahnradbahn verzichte, die Besucher zur Plattform der Pagode bringt, und die Stufen hinabgehe, die Edward-Tonelli hinaufging, fallen mir Sätze ein, die er am Ende seiner Aufzeichnungen schrieb; ich weiß nicht, ob ich mich recht erinnere (später werde ich meine Erinnerung korrigieren und doch bei meiner verzerrten Notiz bleiben): »Die Reise ist also dieser Gesang, dieser Raum, der unbewohnbar bleibt. Der Schlüssel, den wir immer wieder verlieren müssen, um neu zu sein.«

Um mich jetzt nur das eintönige Geräusch der Grillen. Aus einem Gebüsch winkt mir ein lächelnder Buddha zu. Nochmal kehren meine Gedanken zu Edward-Tonelli zurück. »Warte, bis mir Flügel wachsen, dann will ich dir aus der Hand fressen«, ein Satz, den er vor den Göttern seines Weges immer wieder gedacht oder gemurmelt und schließlich, nach Jahren, auch niedergeschrieben hat. Flügel sind ihm keine gewachsen, aber er wurde zu einem, dem es gelang, immer wieder irgendwo ein irdisches Paradies zu betreten.

Eigentlich möchte ich jetzt ganz gerne noch hierbleiben.

Rangoon via Vientiane

Flugzeit eine Stunde und zwanzig Minuten.

Allmählich wird es schwierig für die Passagiere der »Explorer«, das Mitgebrachte in den Schapps zu verstauen; die Souvenirs sind sperrig, Saiteninstrumente, Glocken, Lackkästchen, kunstvoll geflochtene Körbe aus Pagan, ER in Bronze und Akazienholz. Auch wir haben auf dem Scott Market (jetzt nach einem General Bogyoke Market benannt) eingekauft: zwei Lacktabletts und alte Buttermesser aus Perlmutt.

Der Abflug verzögert sich um eine Stunde, weil der Innenminister mit einer Militärmaschine landet. Ich habe für diesen Flug mit Betty Platz getauscht, so können S. und ich am Fenster sitzen. Larry schläft ohnehin, sagt Betty, und mir reicht es, wenn ich die Landkarte anschaue. Sie ist am Morgen siebenmal um die Shwedagon Pagode gerannt, hat aber ihr Streckenziel, die acht Kilometer, knapp verfehlt.

Die Südafrikanerin strickt; ihre Schwester hat sich umgezogen und trägt Lockenwickler; Guaretti sitzt zusammengesunken in seinem Stuhl und liest; die Swensons lösen immer noch das gleiche Kreuzworträtsel. Ad hält das rosa Lackfläschchen, während Mary anfängt, die Fingernägel zu streichen.

Mike erzählt, daß bei Halbzeit der Reise Fragebögen verteilt werden, auf denen wir festhalten sollen, was uns am besten gefallen hat und warum wir die »Lost Cities«-Reise gebucht haben. Du kannst sie später durchschauen, sagt er, vielleicht hilft dir das für dein Buch.

Albert Swartz hat unserer Unterhaltung zugehört, während er versuchte, einen riesigen Gong ins Schapp zu quetschen. Gute Idee, sagt er, das mit dem Fragebogen, bringt bestimmt was fürs Marketing. Wollen Sie wissen, warum ich die Reise mitmache?

Ich will es wissen und erfahre, daß Mr. Swartz sich an Bord der »Explorer« befindet, weil er Flieger ist, Segelflieger.

Was das mit der Reise zu tun hat? Allerhand. Ich suche Plätze, die schön sind und an denen die Thermik o. k. ist.

Er erzählt, daß er einen zerlegbaren Segelflieger von achtzehn Metern Spannweite besitzt, mit dem er von der Kalahari Wüste bis zu den Andenhochtälern unterwegs war.

Ich suche auf der ganzen Welt, sagt er, und wenn ich etwas Passendes gefunden habe, schick' ich Elisabeth hin.

Elisabeth?

So heißt das Ding. Wie meine Frau.

Wissen Sie, sagt er nach einer Weile, ich mag solche Reisen nicht. Zuviel Kultur. Und trotzdem kommt man dabei aus der Welt der Marken nicht raus. Coca-Cola, Toyota, Heineken, der ganze Dreck. Wenn Sie in einem Segelflieger sitzen und nur noch das Windgeräusch in den Ohren haben, über Ihnen der Himmel und drunten, ja, da wird alles, von dem wir meinen, daß wir ohne es nicht auskommen, ganz klein.

Ich würde ihn gerne fragen, warum er diese abscheulichen T-Shirts mit dem Totenkopf trägt, verkneife es mir aber. Später, vor der Toilettentür, nimmt Ben mir die Frage ab, und wir erfahren den Grund.

Swartz war im Norden der kanadischen Provinz Ontario mit seinem Segelflieger unterwegs, als an der Ruderanlage zwei Bolzen brachen; Materialermüdung und schlampige Wartung, sagt er. Ich mußte runter. Glück im Unglück, Elisabeth blieb am Mast einer Hochspannungsleitung hängen.

Glück?

Swartz nickt. Ja, Glück. Die SC-Corporation in Toronto hatte wegen Wartungsarbeiten den Strom für ein paar Stunden abgestellt. Mir ist nichts passiert, ich bin runtergeklettert, und als ich unten war, stand ich vor einer Tafel mit einem Totenkopf, der Idioten warnt, dort hinaufzuklettern, wo ich herkam. Ich hatte irgendwie das Gefühl, der Totenkopf hätte mir das Leben gerettet.

Er schaut an seinem schwarzen T-Shirt hinunter. Ich sagte Ihnen schon, fährt er fort, ich halte nicht viel von Weihrauch und Halleluja; im Grunde ist es ja doch überall dasselbe, ob einer auf seine Trommel haut oder vor seinen Götzen auf dem Fußboden rumkriecht. So verrückt es sich anhört, ich glaube, mir kann nichts passieren, solange ich diesen Kopf auf meinem verdammten Körper trage.

Seine Stimme wird vertraulich. Ich habe mir das Ding sogar auf meine Unterwäsche sticken lassen, und wenn ihr es nicht glauben wollt, ich zeig's euch.

Ein kurzer Flug durch graphitblaue Wolkenbänke; wegen ruppiger Turbulenzen bleiben wir angeschnallt. Der Kapitän teilt mit, daß hier vor fünf Tagen ein Jahrhundert-Taifun gewütet habe; große Teile der Ostküste Vietnams stünden unter Wasser; Hunderte von Toten, Tausende hätten ihr Heim verloren.

Zwischen rasch dahinziehenden Wolkenfetzen wird Land sichtbar. Überflutete Felder. Die rotbraune Schlange des Mekong.

Vientiane (laotisch Vieng Tjan), Laos

Laos straft den Widerspruch einer Koexistenz von Monarchie und marxistischer Lehre Lügen; zwar wird das Königreich seit 1975 von der laotischen revolutionären Volkspartei regiert, doch scheint sich bei den in die Jahre gekommenen Revolutionären die Einsicht durchgesetzt zu haben, daß royalistische Symbole nicht schaden können. Das laotische Staatswappen wurde 1991 geändert, nun zeigt es anstelle von Hammer und Sichel den That Luang, die heiligste Stupa des Landes.

Am Flughafen werden wir durch die VIP-Abfertigung für Diplomaten geschleust. Der Guide auf der Fahrt zum »Lao Plaza«-Hotel heißt Khamoun; er hat nur ein Auge, das auch nicht geradeaus schaut, was irritierend ist; man weiß nie, mit wem er gerade redet. Er war zur Zeit des Vietnamkrieges noch ein Kind; das Erlebnis sitzt tief, während der ganzen Fahrt spricht er von den fürchterlichen Sekunden, wenn die achtstrahligen B-52-Bomber an der laotischen Grenze entlang zum Anflug auf den Ho-Chi-Minh-Pfad ansetzten und in den Dörfern die Erde bebte.

Als wir schon fast beim Hotel sind, besinnt er sich auf seine Aufgabe und erzählt den laotischen Schöpfungsmythos; es ist eine Geschichte der Sintflut und der Strafe, die über eine störrische Menschheit hereinbricht, die Geschichte eines großherzigen Gottes namens Phya Thaeng, der den reumütigen Erdenbewohnern ein Pärchen Wasserbüffel schenkt und ein Rezept, wie man Lao Lao braut, göttlichen Reisschnaps, der jeden umhaut.

Fahrt am Mekong entlang; eine breite Uferpromenade mit kleinen Hotels und Bistros aus der Zeit französischer Herrschaft. Leider ist das »Lao Plaza« nicht am Fluß gelegen. Von unserem Zimmer im dritten Stock blickt man über die Wellblechdächer der Stadt; im Hof Bombentrichter. Über Laos wurden mehr Bomben abgeworfen als je zuvor auf irgendein anderes Land der Welt; die B-52-Piloten klinkten Lasten, die sie am 17. Breitengrad nicht losgeworden waren, auf dem Rückflug nach Thailand über dem Dschungel einfach aus.

Ich will sofort los. Wenn ich an einem unbekannten Ort bin, will ich so schnell wie möglich das Neue erkunden; Bus, Rikscha, Straßenbahn, altersschwache Taxis, mir ist alles recht. Am liebsten gehe ich zu Fuß, die Gassen abseits der Hauptstraßen, wo im Leitungsgewirr zwischen Hausmauern Vögel nisten und man bei aller Neugier immer das Gefühl hat, aus einem finsteren Hauseingang taucht jemand auf, vor dem man besser wegläuft.

Während der Fahrt zum Wat Sisaket Tempel fallen mir die enormen Gegensätze auf; vorsintflutliche Fahrrad-Rikschas neben Mercedes-Limousinen, die sauberen, blauweiß gestreiften Uniformen der Schulkinder, in schmutzige Lumpen gehüllte ausgemergelte Menschen, die am Straßenrand hocken und apathisch vor sich hin starren.

Der Wat Sisaket Tempel hatte 1827 als einziger Tempel die Verwüstung Vientianes durch die Siamesen überstanden; ursprünglich hieß das Heiligtum Wat Satasahatsaaahaam, ein Wortungetüm, das sogar den Laoten Schwierigkeiten bereitet.

Das Kloster wirkt auf den ersten Blick verfallen; Wandelgänge, Arkaden, Nischen mit Buddhafiguren, überall blättert die Goldfarbe ab, das Mauerwerk zeigt Sprünge, und an manchen Stellen sind Hanfseile gespannt, damit man in kein Loch fällt. In meinem Führer steht, daß sich in den Nischen mehr als neuntausend Figuren befanden; jetzt sind die meisten leer, aber auch vor den leeren stehen Schalen mit Blumenblüten und Orangen, Räucherkerzen brennen und beleuchten den brüchigen Stein; in dunklen Winkeln sehe ich kauernde zerlumpte Gestalten. An einer dieser Gestalten muß ich vorbei, um ins Freie zu gelangen. Das Häufchen Elend wird wie von Fieberschüben geschüttelt, es riecht nach Erbrochenem. Als ich näher komme, wendet die Frau den Kopf, ein Greisengesicht mit Schatten, die aussehen wie angenagt.

Ganz leise gehe ich weiter und betrete die Kieswege des Klostergartens; er wirkt gepflegt, die Holzhäuschen der Mönche sind von Blumenrabatten umgeben, Springbrunnen mit Seerosen und Fröschen auf großen Blättern. Vor mir überquert eine Schildkröte den Weg. Ein nichtiger Vorgang, aber ich weiß, er wird unvergessen bleiben.

Der hintere Teil des Gartens ist von Unkraut überwuchert; überall liegen Trümmer von zerschlagenen Buddhas; auf der Brustwarze einer geköpften Statue sitzt eine türkis schillernde Eidechse und frißt eine Grille. Auf dem Rückweg komme ich an einem Bretterverschlag vorbei; durch die Holzlatten kann ich einen Haufen von Buddhafiguren erkennen, Brocken von Buddhas. Köpfe vom Körper getrennt. Abgeschlagene Hände. Hunderte mögen es sein. Am Abend wird Khamoun erzählen, die Kommunisten hätten sie zu Tausenden aus den Klöstern geholt und in Gruben geworfen; durch Zufall hatte man sie 1997 beim Bau einer Gasleitung wiederentdeckt.

Und was geschieht jetzt damit?

Achselzucken. Man will sie restaurieren. Aber es fehlt an Geld, der Präsident braucht einen neuen Jet.

An leise debattierenden jungen Mönchen vorbei gehe ich zum Ausgang. Jetzt stehen zwei Kinder mit Holzkäfigen davor; für einen Dollar kann man einen der spatzenähnlichen Vögel kaufen und fliegen lassen. Ich kaufe alle Vögel, nehme den Käfig und öffne das Türchen; einer fliegt weg, dann noch einer, der dritte kommt zögernd heraus, setzt sich eine Weile auf mein Handgelenk, erleichtert sich und flattert zum Pagodendach hinauf. Eine amerikanische Touristin hat meine Befreiungsaktion beobachtet. Well, sagt sie, don't worry, das sind Brieftauben, die kommen wieder.

Der Weg zum Hotel ist weiter, als ich gedacht habe. Vor dem »Museum der Nationalen Kunstschätze« nehme ich eine Fahrradriksha und lasse mich an der Uferpromenade in der Nähe der »Mekong Sunset Bar« absetzen. Die Sonne steht nur noch flach über dem Fluß; das Wasser hat jetzt die Farbe von verwelktem Mohn. Aufs Geratewohl tauche ich in eine der schmalen Straßen, die vom Mekong zum

Zentrum führen, und stehe nach ein paar hundert Metern vor einem Antiquitäten-Geschäft.

Ein verwahrlostes Haus, die Läden hängen schief in den Angeln, Putzreste sind herabgefallen und liegen vor der Tür auf der Straße. Das einzige Schaufenster hat einen mit braunem Klebeband abgedichteten Sprung. Wie viele Straßen- und Geschäftsnamen in Vientiane steht auch hier in verblaßten Goldbuchstaben auf französisch »Fine Antiques«.

Ich versuche, durch die schmutzige Scheibe ins Innere des Ladens zu schauen; ein Trichtergrammophon, chinesische Vasen, zwei Jugendstil-Lampen. Dahinter ein Regel mit Opiumpfeifen. Ich weiß nicht, was mich dazu treibt, die Tür zu dieser Bruchbude zu öffnen. Im Inneren ist es dunkel; ein Holztisch mit einer altmodischen Schreibmaschine, zwei Hocker. Es riecht nach Schimmel und scharfem Essen.

Eine ältere Frau mit dicken Brillengläsern schlurft aus dem Hintergrund auf mich zu und richtet den Strahl einer Taschenlampe auf das Regal mit den Opiumpfeifen, als wüßte sie um den Grund meines Besuchs besser Bescheid als ich selbst.

Die sind alt, sagt sie in elegantem Französisch, aus China, neunzehntes Jahrhundert. Hoa, wenn Sie wissen, was das ist.

Ich weiß es nicht. Drei kleine Opiumpfeifen interessieren mich; die von Hitze und Rauch elfenbeinfarbene Keramik mit blauen Schriftzeichen ist mit Kupferbändern gefaßt, das Mundstück ist abnehmbar und aus Horn.

Was kostet eine?

Fünfzig Dollar, Monsieur.

Paeng Lai, zu teuer, zwei Worte Lao, die ich im Flugzeug

auswendig gelernt habe. Ich wende mich zur Tür und warte auf eine Reaktion. Die Frau schlurft zum Vorhang, fünfzig Dollar, Monsieur, wiederholt sie.

Irgend etwas hält mich in diesem Loch. Ich will die Pfeife, am liebsten hätte ich alle drei. Also kehre ich wieder um und gehe, ein äußerst ungeschickter Händler, zum Tisch zurück, ohne ein Wort zu sagen. Ebenso wortlos geht die Frau jetzt zum Schrank, nimmt die drei Pfeifen und stellt sie nebeneinander vor mich hin, als hätte sie abermals meine Gedanken erraten.

Die kleinen Augen hinter den starken Gläsern mustern mich, sie leuchtet mir mit ihrer Lampe ins Gesicht. Plötzlich zieht ein schwaches Lächeln über den faltigen Mund. Sie knipst die Taschenlampe aus und die einzige Glühbirne über dem Tisch an, dann verschwindet sie hinter dem Vorhang.

Warten. Ein paar Herzschläge lang entsteht das Gefühl, ich würde von diesem Raum aufgesogen, würde, rein körperlich, zu diesem Raum. Nach einer Ewigkeit kommt die Frau wieder, in einer Hand eine Rechenmaschine, in der anderen Stäbchen und eine Schale mit Eßbarem.

Setzen Sie sich, Monsieur, sagt sie und deutet auf einen der Hocker, lassen Sie uns über den Preis reden.

Eine offizielle Handlung ist eröffnet. Kein Zweifel, die Frau ist gebildet, ihre Sprache verrät es.

Ich werde Ihnen die Pfeifen für hundert Dollar anbieten, sagt sie, alle drei. Es sind sehr seltene Exemplare aus der Werkstadt von Hoa, er war ein großer Meister. Ich handle nicht, Monsieur.

Während sie das sagt, pickt sie Reiskörnchen aus der Schale und befördert sie elegant in den Mund. Dabei schließt sie manchmal die Augen.

Ich bedauere, Ihnen nichts anbieten zu können, fügt sie nach einer Weile hinzu, wenn ich gewußt hätte, daß Sie mich mit Ihrem Besuch beehren, hätte ich mehr gekocht.

Ein eigenartiges Gefühl, ich weiß, die Frau ist am Geld eigentlich gar nicht interessiert; trotz der ärmlichen Verhältnisse scheint sie es nicht zu brauchen. Zufrieden sitzt sie da, ißt ihren Reis und strahlt eine Ruhe aus und jene Fülle des Ursprungs, die ich bisher nur bei sehr wenigen Menschen gefunden habe.

Als ich Wochen später zurückkehre in ein anderes räumliches und zeitliches Jetzt, bin ich mir über meine Empfindungen damals in Vieng Tjan schon nicht mehr ganz sicher.

Auch diese drei Opiumpfeifen bevölkern den Boden meines Arbeitszimmers; sie stehen einen Meter entfernt von SEINER Hand, von der ich noch immer nicht weiß, ob sie beschwört oder abwehrt.

Auf dem Weg zurück zum Hotel begegne ich Henry Arnhold in der Avenue Lane Xang; ich hatte während der ganzen Reise mit ihm kaum ein Wort gewechselt, jetzt führt ein banales Ereignis zur Verbrüderung auf Kosten eines Dritten: Ein joggender Tourist rast die Straße herunter, wobei er wie ein Hase Haken um Rikschas und Fahrräder macht. Arnhold und ich lächeln uns an. Wir sind uns einig.

Mein neuer Wegbegleiter riecht nach Whiskey; er war auch alleine losgezogen und hatte sich anscheinend in den Gassen verlaufen.

Dem Herrn sei's gedankt, daß ich Sie treffe, sagt er, ich war in einer Spelunke, weil ich aufs Klo mußte, und da bin ich ein bißchen hängengeblieben. Sagen Sie's bloß nicht meiner Frau.

Henry Arnhold hat einen dieser Berufe, die es eigentlich gar nicht gibt. Er ist »Bestattungsingenieur«. Was das genau ist, erklärt er mir später an der Bar des »Lao Plaza«, wo er noch einen Schluck trinken will, bevor er seiner Frau unter die Augen kommt. Henry läßt sich am besten mit Klischees aus den zwanziger Jahren beschreiben, pomadisierte dunkle, wahrscheinlich gefärbte Haare mit Mittelscheitel; Valentino-Bärtchen, immer sehr korrekt gekleidet, sogar zu Shorts trägt er eine dunkelgrüne Fliege, passend zu grünen Kniestrümpfen und schwarzweißen Golfschuhen.

»Arnhold & Bloom« ist eines der größten Bestattungsunternehmen in Kalifornien, sagt er, meine Frau führt den Laden, ich kümmere mich um die Finanzen. Ein solides Geschäft, gestorben wird immer.

Mrs. Arnhold scheint eine einfallsreiche Dame zu sein; vor zwanzig Jahren hatte sie angefangen, das ererbte Geschäft zu modernisieren, indem sie ein extravagantes Angebot schuf: Urnenbestattungen im ewigen Eis der Antarktis, Verstreuen der Asche im Südpazifik oder über den Weiten der Serengeti.

Wir sind für Tote so exklusiv wie Zegrahm für die Lebendigen, sagt Henry, in fünf Jahren haben wir unseren Umsatz verdreifacht. Er nimmt einen kräftigen Schluck von seinem Lao Whiskey »Sing Thong«. Und wissen Sie, was wir jetzt machen?

Keine Ahnung.

Wir offerieren die letzte Ruhe im All.

Henry gerät ins Schwärmen; »Celestis«, erzählt er, ist eine Tochter von »Arnhold & Bloom«; die Gesellschaft bucht für unsere Bestattungen im Weltraum Ladeflächen auf Taurus- und Pegasus-Raketen; zweimal im Jahr werden sechsunddreißig lippenstiftgroße Urnen vom kalifornischen Militärstützpunkt Vandenberg ins All geschossen.

Großartig, nicht wahr, sagt Henry, wir veröffentlichen Namen, Fotos und Lebensläufe der Verstorbenen im Internet. Das Ganze ist natürlich nicht gerade billig.

Nach dem nächsten »Sing Thong« erfahre ich die traurige Geschichte der letzten Bestattung; eine sechzehnjährige Holländerin war bei einem Motorradunfall tödlich verunglückt; sie hatte Astronomie und Raumfahrttechnik studieren wollen, sagt Henry, da haben sich die Eltern gedacht, warum schicken wir sie nicht in eine Erdumlaufbahn, dann ist sie den Sternen nahe. Jetzt umrundet ihre Asche die Erde in einer elliptischen Bahn in ein paar hundert Meilen Entfernung.

Er blickt nachdenklich in sein Glas. Was, glauben Sie, steht auf der Urne, fragt er und schüttelt den Kopf, »Das Ende ist erst der Anfang«. Paßt haarscharf zu dem, was wir hier täglich erleben.

Mittwoch, 10. November;
Vientiane via Luang Prabang

Gestern abend noch in Betty Gosling's Buch »Old Luang Prabang« gelesen.

Die besichtigten Kulturdenkmäler vermischen sich allmählich zu einem Sammelsurium von Tempeln und Pagoden, zu Orgien von goldenen Statuen, Götterköpfen und skurrilen mythologischen Gestalten. Vieles, was ich in den letzten Tagen gesehen habe, hat sich auch als etwas gezeigt, das zurückweicht, sobald ich mich ihm nähere.

Nach ein paar Seiten fielen mir die Augen zu, ich sank mit meinem neuerworbenen Bilderschatz in einen acht Stunden dauernden Schlaf.

Zum Frühstück im »Chinese Restaurant« endlich einmal meine heißgeliebte chinesische Nudelsuppe mit Huhn. Ad und Mary sitzen mit uns am Tisch; sie trägt ein hellblaues T-Shirt mit dem Aufdruck »The way to enlightenment is long and difficult«. Ad hat Mühe mit seiner Nudelsuppe; die dehnbaren Glasnudeln rutschen immer wieder vom Löffel herunter, bis er entschlossen zum Messer greift und die widerspenstigen Teigwaren kurz und klein säbelt. That's the way we do it, sagt er, in dem Moment plumpst ein Stück Huhn in die Suppenschale und verspritzt sein frisches weißes Hemd.

Fahrt zum Flughafen; mit betagt wirkenden Propellermaschinen nach Luang Prabang. Kurz nach dem Start Aufregung unter den Passagieren: Aus den Schapps über unseren Köpfen quillt dichter weißer Rauch, der sich zum Glück als Kondensdampf der Klimaanlage herausstellt; der Innenraum der Maschine gleicht einem Dampfbad. Der lokale Guide hält einen Vortrag, der wegen des Fluglärms in den hinteren Reihen nicht zu verstehen ist; er hat die nervtötende Angewohnheit, jedes Wort am Ende eines Satzes zu wiederholen, river river, god god, temple temple, was Betty zu der lauten Bemerkung veranlaßt, it's okay, we are overtempled, my darling.

Zieht man die doppelt gesprochenen Worte ab, bleibt das übrig: Luang Prabang verkörpert Laos. Die Gebirgsprovinz am Mekong ist die Perle des Nordens. Das Tal des Nam

Khan herab kämpften sich 1353 die Truppen des legendä-
ren Reichsgründers Fa Ngoum; in Luang Prabang wurden
die laotischen Könige gekrönt und erbitterte Kriege geführt – nicht immer mit Erfolg, in vier Jahrhunderten wurde die Stadt von den Burmesen mehrmals erobert. Aber
durch all diese stürmischen Zeiten ist Luang Prabang etwas Besonderes geblieben, sagt der Guide und weist dezent
darauf hin, daß er von dort komme.

Die neuere Geschichte ist in seinen Augen ein Schand-
fleck; die Bedrohung durch südchinesische Räuberbanden
habe es dem Kolonisator Pavie leichtgemacht, den greisen
König Oun Kham von den Vorteilen eines Schutzbündnis-
ses mit Frankreich zu überzeugen; es endete mit dem ersten
Indochinakrieg, als die Franzosen den Fluß Nam Ou auf-
wärts ihren letzten Versuch unternahmen, die Dschungel-
festung Dien Bien Phou zu retten. Das Unternehmen geriet
zu einem der größten Desaster der Kolonialgeschichte.

Die Landepiste des kleinen Flughafens von Luang
Prabang liegt in einem von Hügeln umschlossenen Tal;
Dunstschleier eines nächtlichen Gewitters liegen über dem
Dschungel. Wir sitzen auf Bänken, die aus den Flügeln
verschrotteter oder abgeschossener Flugzeuge gebastelt
sind, und warten auf Busse, die uns in die Stadt bringen
werden. Das gemeine Sirren von Moskitos, die fast so
groß sind wie Maikäfer; mich erwischen sie trotz Anti-
Brumm und Socken an den Knöcheln.

Ad schaut zu, wie ich mich kratze. Das ganze Elend
kommt von den Weibern, sagt er, bei den Moskitos übertragen nur die Weibchen Malaria.

Seit wir gelandet sind, hat Ad einen ganzen Film ver-
knipst, immer das gleiche Motiv, die grüne Wildnis am
Rande des Flugfeldes.

Weil ein Mädchen ihn sitzenließ, ist mein Bruder nach Vietnam gegangen, sagt er, hundert Meilen von hier ist es passiert. Ich hatte es dir schon erzählt, eine Mine hat ihm beide Beine abgerissen. Am nächsten Tag wäre er nach Hause geflogen.

Was macht er jetzt?

Du wirst es nicht glauben, er arbeitet bei »Speckart & Sons«, einer Waffenfabrik. Die waren eine Zeitlang führend im Bau von Minen.

Die alte Königsstadt Luang Prabang ist ein kleinstädtisches Juwel mit dem Charme eines Dorfes. Vorbei an der Villa de la Princesse, dem heutigen Hotel »Villa Santi«, das den Nachfahren der Königsfamilie gehört, fährt unser Bus ins Zentrum; Silberschmiede, Fleischer, Korbflechterwerkstätten, winzige Häuser; Kinder, die über dem Pickplatz der Hühner in einem Korb schlafen, bunte Papierdrachen schweben mit großen Augen über den Dächern. Hier beginnt der Tag mit dem Hahnenruf, sagt unser Guide, wenn die Mönche durch die Straßen ziehen, um Reisspenden zu erbitten.

Luang Prabang ist von Frankreich geprägt, »Caffée des Arts«, Bistros, Bäckereien mit Baguettes und Croissants; auch eine »Skandinavian bakery« gibt es, in der blonde Mädchen bedienen. Ich schlendere mit S. durch die Thanon Sakkarine, die breite Hauptstraße der Stadt, und stelle mir vor, wie hier die Kolonialherren mit offenen Landauern und Citroëns entlangfuhren, Pétonque spielten und zur blauen Stunde ihren Pastis tranken; Fremde, selbst nach Jahrzehnten immer noch Fremde, wie wir Fremde in diesem Land sind; man dringt nicht ein in diese uralte leise Kultur.

In Luang Prabang lebten bereits leise Menschen, bevor Thai-Lao-Völker in die Gegend kamen; in der zweiten Hälfte des ersten Jahrtausends war die Stadt einer der nördlichsten Vorposten der großen Khmer-Reiche. Ich habe mein Wissen von Betty Goslings Buch und Peter Roots Aufsatz über die »Schrecken der kommunistischen Herrschaft«. Das Schicksal der letzten Adels-Dynastie verliert sich im Dunkel des Verbrechens. Ex-König Si Savang Vatthana und seine Familie verschwanden in den Umerziehungslagern der Kommunisten. »Er befindet sich auf seinen Gütern im Norden und pflegt seinen Garten«, lautete die immer gleiche Antwort von Minister Vongvichit auf die Frage von Journalisten nach dem Schicksal des Königs. Kenner der mörderischen Praxis der Revolutionäre legten diese Sätze als Bestätigung für den Tod der Familie aus.

In Europa unterwegs zu sein bedeutet für den halbwegs Gebildeten, der vielleicht Latein oder Griechisch gelernt hat, sich zwar in der Fremde zu fühlen, aber er kommt sich in Venedig oder Athen nie ganz fremd vor; er ist nicht verloren und zur Stummensprache verurteilt.

Aber in diesem Teil Asiens?

Ich habe das Gefühl des völlig Fremden bei den Iban in Borneo, in Neu Guinea, bei den Massai und in Indien kennengelernt. Deren Regungen waren vital, spontan, manchmal erschreckend, aber ich hatte stets den Eindruck einer gewissen Berechenbarkeit. Hier dagegen?

Der Archäologe Bernard-Philippe Groslier, einer der besten Kenner von Angkor, hatte 1965 geschrieben: »Unter der glatten Oberfläche schlummern wilde Kräfte und erschreckende Mordtriebe, die einmal zu einer leidenschaftlichen Brutalität ausbrechen können.« Pol Pot gab ihm recht.

Nach einer halben Stunde mag ich nicht mehr. Wir setzen uns im »Caffée des Arts« an einen Tisch auf der Terrasse; ich bestelle »Tiger Beer«, S. trinkt grünen Tee. Auf der Straße sind dampfende Wasserlachen, am Morgen hat es hier noch in Strömen gegossen, sagt die hübsche, sehr junge Bedienung in fließendem Französisch, ob wir vielleicht frische Croissants möchten?

Menschen beobachten, aufschreiben, was man sieht und hört, es kann auf einer Reise zur Manie werden; ich habe so etwas wie schlechtes Gewissen, hier einfach nur dazusitzen, ohne meine Eindrücke festzuhalten. Aber aus Höflichkeit S. gegenüber versuche ich, die Thanon Sakkarine als »Wachstafel« zu benutzen, auf der ich das Ungeschriebene festhalte; das führt nach einer Weile des Schweigens unweigerlich zur Frage: Ist dir nicht gut?

Lynn Attkinsson ist die zweite Reiseleiterin; ein mutiges, quicklebendiges Mädchen aus Johannesburg. Sie fährt auf Zegrahm-Expeditionen am Südpol die großen Zodiacs. ihr Freund Alex ist Russe, in Sibirien geboren; auch Alex arbeitet für Zegrahm, zu seinen Aufgaben zählen Jagdexpeditionen auf Kamtschatka und Reisen mit Schlittenhunden im Norden Alaskas.

Sie kommt mit Ben an unseren Tisch, und wir vier fangen an, über Reisegefährten zu lästern, die souvenirbepackt und unermüdlich fotografierend die Thanon Sakkarine auf und ab laufen, obwohl sich in der prallen Sonne sonst kein Hund blicken läßt.

Dicky Oldwyn, Fabrikant zahntechnischer Geräte in Chicago, ein großer Mann mit der Statur eines Sumo-Ringers; Dicky sammelt Orden, Knöpfe von Uniformen, Epauletten, kurz alles, was mit dem siegesbewußten Tamtam der letzten Jahrhunderte zu tun hat. Von ihm habe ich erfahren, daß es auf der ganzen Welt Clubs gibt, wo derartige Dinge gekauft, getauscht und mit ihnen geschachert wird und, wie er mir mit verschwörerischem Grinsen anvertraute, wo die Insignien der Schutzstaffel (SS) und Sturmabteilung (SA) Hitlers sich besonderer Wertschätzung erfreuen.

Lynn weiß von früheren Zegrahm-Reisen mit Dicky Oldwyn, daß er gerne ißt, und zwar mit Vorliebe Fettes; und gerne trinkt, mit Vorliebe Scharfes. Bei diesem Thema spaltet sich die Reisegesellschaft in zwei Lager; die gestandenen Esser und Trinker und die Freunde leicht verdaulicher Kost, die am Morgen ihren Fencheltee schlürfen, auf Grünzeug schwören und mit Todesverachtung ihre Körnerration hinunterwürgen; das sei gut, behaupten sie, für die Verdauung, und außerdem seien Spargelwasser und Bachblüten Garanten für reinen Atem und einen sauberen Teint. Ans Verbrecherische grenzt es für die Gesundheitsfanatiker, wenn der Esser und Trinker auch noch raucht.

Als Rose Butterfield unter ihrem rosa Sonnenschirm die Thanon Sakkarine überquert und in einem Andenkenladen verschwindet, erfahren wir von S. das Geheimnis ihres Gepäcks. Rose ist die Witwe eines Tiefbauunternehmers aus Auckland, sie reist mit einem mittleren und zwei sehr großen Koffern, erstaunlicherweise aber trägt sie immer denselben beigen Kordanzug. Rose ist auch gebürtige Schweizerin wie S.; als die beiden Frauen das entdeckten, lüftete sich das Rätsel um das voluminöse Gepäck, auf schweizerdeutsch, versteht sich: Stofftierli, sagte Rose, in mine Koffere han ich alle mine Stofftierli.

Rose hat keine Kinder, und sie hat nie aufgehört, ihr Spielzeug um sich zu versammeln. Warum? Weil sie sich dann nicht in der Fremde fühlt.

Warum reist sie denn überhaupt, fragt Ben.

S.s Antwort: Ein Wirbelsturm hat ihr Haus abgedeckt, jetzt reist sie so lange, bis das Dach repariert ist.

Eigentlich ist es ein Jammer, daß wir hier in Luang Prabang sitzen und uns über das mokieren, was wir zu Hause auch haben könnten, wenn wir es noch wahrnehmen würden. Ich zöge es vor, in Gassen und Hinterhöfen herumzustöbern, einem Handwerker zuzuschauen, der aus alten Autoreifen Sandalen bastelt oder Vogelkäfige schnitzt. Aber dazu reicht die von Zegrahm vorgegebene Zeit nicht aus.

So bleibt mir nichts anderes übrig, als zuzuhören, was Lynn von Mrs. Betty Barber zu berichten weiß, die gerade mit ihrem frisch erworbenen laotischen Strohhut auf das »Caffée des Arts« zugeht. Betty läßt niemanden an die Wäsche ihres Mannes, sagt Lynn, sie wäscht alles selber in der Badewanne, dann wird gefönt und gebügelt. Sie hat zwei Bügeleisen im Gepäck, ein kleines für Bündel und Krägen, das große für Flächiges. Was glauben Sie, was ich spare, hatte sie Lynn gesagt, fünfzig Dollar pro Woche. Die Barbers besitzen ein Dutzend Malls in Florida und einen eigenen Lear-Jet.

Die Fahrt geht über ein romantisches Sträßchen zur Tempelanlage Wat Xieng Thong am Mekong; dichtes Grün zu beiden Seiten, blaue, handtellergroße Schmetterlinge, in den Baumkronen über uns das Gezeter kleiner goldgelber Affen. Und überall, manchmal unter Moos und Gestrüpp nur zu ahnen, kleine Tempel und Pagoden, eine sich wiederholende Form, hundertmal jetzt schon in meinem Kopf, zusammengeknüpft zu einem gigantischen Rosenkranz, dessen Perlen durch die Hände gleiten, bis man nicht mehr weiß, wo der Anfang war und das Ende sein wird.

Wat Xieng Thong liegt an der Spitze einer von Mekong und Nam Khan gebildeten Halbinsel; moosbewachsene Löwen flankieren eine Treppe, die zum Fluß hinabführt. Ein Sampan mit Kindern treibt vorbei. Unsichtbare Vögel in uralten Baumriesen, ihre aufgeregten Stimmen melden das Kommen der Fremden. Noch bevor ich die Stufen zum heiligen Bezirk emporsteige, empfinde ich Xieng Thong als einen Ort der Ruhe.

Dicht vor meinen Füßen flitzt ein kleiner hellbrauner Affe die Treppe hinauf, hockt sich auf einen geborstenen Pfeiler und beobachtet mich. Der Tempel steht in einem blühenden Garten, kleine Teiche, umstanden von Banyon-Bäumen, von denen der Guide erzählt, sie seien vor dreihundert Jahren aus Ceylon hierhergebracht worden; jetzt wohnen Götter in ihnen und die Seelen der Toten.

Bevor ich aus dem schützenden Baumschatten heraus ins grelle Sonnenlicht trete, fällt mir ein mannshohes Tempelchen auf, in dem ein sehr kleiner Buddha sitzt. Er hat die Augen niedergeschlagen; vielleicht ist es der Mund, das kaum sichtbare Lächeln oder das Hinabfließen des rechten Arms über das Knie, die ausdrücken, was ich empfand, als ich aus dem Bus kletterte: Ich befinde mich an einem Ort der Ruhe. Eine Ruhe, die mich einen Herzschlag lang begreifen läßt, was Buddha gemeint haben könnte: Du bestehst aus dem Bestand dieser Welt.

Als ich mich schon abwenden will, fällt mein Blick nochmal auf die Buddha-Figur, jetzt sitzt der hellbraune Affe daneben, er hält ein winziges kohlschwarzes Baby an die Brust gedrückt und tut so, als würde er mich nicht mehr erkennen.

Erbaut wurde Wat Xieng Thong 1560 unter König Setthathirat; der Tempel blieb Ende des 19. Jahrhunderts als

einziges Heiligtum von den blutigen Plünderungen der Ho
verschont, weil deren Anführer Deo Van Tri als Mönch hier
gelebt hatte; Van Tri soll, so steht es in meinen Büchern,
ein besonders friedfertiger und besonnener Mensch gewesen sein. Die Architektur des Tempels ist typisch für
den laotischen Norden: geschweifte, fast bis zum Boden ge-
zogene Dächer und ein verblüffender Reichtum an Schnit-
zereien.

Ich will den Tempel betreten und muß die Schuhe ausziehen, kriege aber den Knopf am rechten Schnürsenkel
nicht auf; also quäle ich mich ohne ihn zu öffnen raus und
muß, als ich das Halbdunkel betrete, anstatt andächtig zu
sein, andauernd daran denken, wie schwierig es werden
wird, den Schuh wieder anzuziehen.

ER ist allgegenwärtig; sitzend, liegend, meditierend, als
Statue, Relief oder als Flachbild. Und überall, die Decke,
die Wände, überall Holz, das, vielleicht bilde ich mir das
nur ein, selbst nach Jahrhunderten noch seinen harzigen
Geruch verströmt.

Wat Xieng Thong ist die erste Tempelanlage auf unserer
Reise, in der ich mich wohl fühle; als ich später zwischen
Rabatten von Eisenkraut und Lilien herumspaziere, weißen und hellgrünen Schmetterlingen zuschaue, empfinde
ich eine seltene Zufriedenheit, die sich nicht beschreiben
läßt, weil man dabei an nichts bestimmtes denkt.

Wieder zuhaus, habe ich mich nach dem Grund dieses
Gefühls gefragt; vielleicht war es das Holz, der vertraute
Bezug zu einer Materie, die in meinem Leben eine we-
sentliche Bedeutung besitzt und mich fast überall umgibt.
Inmitten eines buddhistischen Heiligtums tauchen die verschiedenen Erscheinungsformen von Holz aus meiner Erinnerung auf. – Möbel daheim im wechselnden Licht des

141

Tages, ein altes Klinkerboot, das hölzerne Spielzeug der Kindheit. Ich hatte über den Umweg eines Balkens in einem Kloster meinen Fuß auf etwas sehr Altes, tief Hinabreichendes gesetzt.

Zwischen den Blumenrabatten entdecke ich S. Sie hat sich ebenfalls von der Gruppe getrennt und blickt auf den Fluß. Als ich näher komme, sehe ich, nicht das Wasser fesselt ihren Blick, sondern eine kleine auberginefarbene Blüte. Ich kenne wenige Menschen, die jene absichtslose Gabe des Staunens und Sichfreuenkönnens besitzen wie meine Frau. Bewegungslos steht sie vor der Blume, als möchte sie den Augenblick halten und in dem kleinen Wunder all das Wunderbare um sie herum erfahren und begreifen, weil das Große für den Verstand und fürs Auge einfach zuviel ist.

Auf meiner Wanderung durch den Klostergarten entdecke ich noch etwas Seltsames; in einem entlegenen Winkel nahe beim Fluß bestellt ein Mönch mit dicken Brillengläsern einen winzigen Garten; eigentlich ist es kein Garten, nur eine drei mal drei Meter große Fläche aus feinem hellgrauem Sand. Sie ist akkurat mit Kieseln gefaßt, die Oberfläche geharkt und vollständig eben wie in einem japanischen Minimalgärtlein. Etwas versetzt von der geometrischen Mitte ragt ein Büschel Grün, das aussieht wie Brunnenkresse.

Der Mönch hat meinen Schatten bemerkt, aber ich selbst bin für ihn nicht vorhanden. Er schneidet die Blätter der Pflanze an den Rändern mit einer winzigen Schere, geht dabei vor und zurück wie ein Künstler vor seiner Staffelei, der Maß nimmt, kniet vor dem Pflänzlein nieder und schneidet ein kaum sichtbares Blatt ab. Wir füllen unseren Garten mit Dingen, dieser Mönch dagegen macht ihn leer. Leere als geistige Fülle, wie Edward-Tonelli sie sich ge-

142

wünscht hatte. Aber vielleicht ist das alles nicht wahr und morgen ist aus dem sandigen Viereck ein Kräutergarten geworden.

Lunch im »Phouvau«-Hotel; ein schattiger Ort auf einem Hügel, von dem man in der Ferne den Fluß sieht; es scheint ein Treffpunkt von Affen zu sein, sie hocken auf den Dächern der geparkten Autos und sind so zutraulich, daß sie nach Mrs. Swensons Sonnenhut grapschen und einer sogar versucht, Betty den Fotoapparat zu klauen.

Das Buffet ist üppig; gebratenes Huhn und eine laotische Spezialität, die aussieht wie verbrannte Holzknüppel; im Inneren der Bambushülsen verbirgt sich Reis mit Kokosmilch vermischt; das Ganze ist so scharf, daß Mrs. Lexman von einem minutenlangen Hustenanfall derart durchgeschüttelt wird, daß Steve Straw seine knusprig gebratene Schweinehaut widerwillig auf den Teller wirft und der Hustenden trotz fettiger Finger ein paarmal heftig auf den Rücken klopft.

Vielleicht täusche ich mich, aber Mrs. Lexman scheint auf dem besten Weg, sich nicht nur geographisch, sondern auch seelisch von ihren Lieblingen zu entfernen, ich habe sie seit Tagen nicht mehr mit ihrem Fotoalbum gesehen; sie hat die Portraits von Butterfly und Mozart mit »Die Lehren Buddhas« vertauscht, ein schmales Büchlein von Jack Kornfield, das sie kaum noch aus der Hand legt.

Und dann, zwischen Huhn und Nam Khan Forelle, hat ein Gamelan-Orchester seinen Auftritt. Die Klänge dieser fernöstlichen Musik erinnern mich an die Geräusche bei einer Zahnwurzelbehandlung; in welche Hotelhalle man auch kommt, sitzt schon am frühen Morgen einer auf dem Boden und bearbeitet sein Instrument. Anscheinend reagiere nicht nur ich nervös auf diese sanften Weisen, Larry, dem ich mein Leid klagen will, schaut mich erst verständnislos an, dann nickt er abwesend, und deutet auf die rosa Ohrstöpsel unter seinen grauen Haarbüscheln.

Nach dem Lunch geht die Fahrt zu dem kleinen Dorf Ban Sang Hai am Ufer des Mekong. Die Orte, durch die wir kommen, sind sauber, manche der Häuser erinnern fast an einfache oberbayrische Holzhäuser, Balkone, schmiedeeiserne Verzierungen, Blumenkästen an den Fenstern; auf einigen Dächern funkeln Parabolantennen.

Einmal halten wir in einem Wäldchen; Henry Arnhold muß mal, wie es aussieht dringend. Die anderen steigen auch aus und verteilen sich mit ihren Fotoapparaten im Unterholz. Ich laufe unterdessen die Straße entlang und will erst wieder in den Bus einsteigen, wenn alle ihr Geschäft hinter sich haben.

Unter einem Affenbrotbaum spielen Kinder; sie haben aus getrockneten Früchten eine Art Lego gebastelt, dessen Teile sie mit Hölzchen zusammenstecken. Als sie den Bus hören, lassen sie alles liegen und rennen zur Straße; ich weiß nicht, warum ich es tue, ich stecke ein paar von den weggeworfenen Bauteilen in die Tasche; erst als ich zum Bus zurückgehe, fällt mir ein Zusammenhang ein, die Teilchen erinnern mich an eine ähnliche Situation, die ich auf Kuba erlebt habe; in einem Dorf bei Guardalavaca hatten Kinder dasselbe Spiel gespielt, und ich hatte ein paar der Hölzer mit nach Hause genommen.

Wochen später, bei der Durchsicht meiner Notizen, werde ich mich an diesen Nachmittag erinnern und die Teile miteinander vergleichen; die Bohrlöcher für die Hölzchen sind an denselben Stellen, wie mit einer Maschine gestanzt; die Teile aus Kuba lassen sich fugenlos in jene aus Laos fügen, als wären beide mit Hilfe einer Schablone gefertigt. Nach ein paar Minuten werde ich nicht mehr wissen, welches Teilchen von wo stammt.

Der Bus, ja, unser Bus, der fährt und fährt durch den Busch, der Fahrer macht ein ziemlich unglückliches Gesicht, er scheint nicht recht zu wissen, wo wir uns befinden; plötzlich ist das Sträßlein zu Ende, Schutthaufen und dornengespicktes Gebüsch, durch dessen Zweige man den Mekong sieht. Ein Wendemanöver an dieser Stelle scheint aussichtslos.

Der verzweifelte Mensch versucht es trotzdem, was dazu führt, daß das altersschwache Vehikel mit den Hinterrädern in einem Graben steckenbleibt; bis der über Funk angeforderte Ersatzwagen eintrifft, gehe ich mit S. und Ben die Straße zurück. Der Weg ist schattig, Kameldornakazien und Kokospalmen am Ufer, auf der andern Seite des Flusses die Dschungelwand, undurchdringlich und schwarz. An einer Gabelung wissen wir nicht, welchen Weg wir nehmen sollen; um den Bus nicht zu verpassen, suchen wir ein schattiges Plätzchen, um zu warten.

Ben war bereits viermal in Laos; einmal in Begleitung von kommunistischen Funktionären im Bergland des Nordens. Die laotischen Bergstämme haben immer den Rückzug gewählt, sagt er, sobald fremde Herrscher sie bedrängten, verkrochen sie sich noch tiefer in ihre Wälder.

Die Opiumvölker der Hmong und Yao scheren sich einen Dreck um Mao oder Buddha, sagt er, sie leben wie vor zweitausend Jahren mit ihren Schamanen; alles im Leben ist das Resultat des Kampfes zwischen guten und bösen Geistern. Bei den Ho steht in jeder Hütte ein offener Sarg, der dem Tod sagt, sein Besitzer sei zum Sterben bereit. Überall flattern Geister herum, ich habe einmal eine junge Frau gefragt, warum sie nachts halb nackt durch den Wald läuft; die Antwort war einfach, damit die Seele ihres toten Kindes an den Brustwarzen Halt finden kann.

Zwischen unseren Schuhen die Fährten von blauschillernden Ameisen. Ben zeichnet mit einem Stöckchen Körper in den Sand; während er spricht, folgt sein Arm der Linie eines Rückens, eines Beins. Man spürt, daß er für die Menschen in den Wäldern Sympathien empfindet.

Daß sie Opium anbauen, kann man den Hmong nicht verübeln, sagt er, damit verdienen sie Geld; wenn die Weißen sich mit dem Zeug kaputtmachen, ist das deren Sache, sagen sie. Gegen Ende der siebziger Jahre unternahm ein Dutzend Funktionäre eine Expedition, um ein Bergdorf von den Errungenschaften des maoistischen Fortschritts zu überzeugen. Schluß mit dem Mohn, befahlen sie, Schluß mit dem Hokuspokus von Göttern und Geistern. Die Yao lachten, verbrannten ein paar Büchsen Opium, tranken die halbe Nacht mit ihren fortschrittlichen Besuchern und schnitten ihnen anschließend die Gurgeln durch.

S. zerquetscht einen Moskito auf ihrem Knie; es gibt einen Blutfleck. Ist das heute noch so, fragt sie.

Denke schon, sagt Ben, vielleicht hat sich der Umfang geändert. Laos hatte eine zentrale Stelle im internationalen Drogenhandel; durch den Krieg in Südvietnam erschloß es einen neuen Markt. Frustrierte GIs, die den Sinn des Mordens nicht mehr sahen, verfielen bataillonsweise der Droge, die aus Laos nach Saigon geschleust wurde. Heute sitzen die Abnehmer in New York oder Zürich. Ich weiß von einem Freund in Hongkong, daß in Vientiane modernste Labors errichtet wurden, um das Rohopium aus den Bergen zu veredeln. Ein chinesischer Geschäftsmann, Mr. Huu Tim Heng, besaß den größten Anteil an dem Geschäft; er hatte am Stadtrand eine Pepsi-Cola-Abfüllanlage gebaut, deren Geschäftsführer Panya war, der Sohn des Ministerpräsidenten Souvannna Phouma. Das Unternehmen wurde mit Geldern der »US Agency for International Development« finanziert. Es hat Jahre gedauert, bis es den Drogenagenten der amerikanischen Botschaft auffiel, daß Pepsi-Cola dort nie in Flaschen gefüllt wurde.

Ein leerer Bus fährt flußaufwärts und hüllt uns in eine gelbe Staubwolke. Bis er zurück sein wird, erzählt Ben weiter von seinen Aufenthalten in diesem Land. 1966 war er zum ersten Mal in Vientiane, zwei Jahre nachdem die Amerikaner mit der intensiven Bombardierung des Ho-Chi-Minh-Pfades begonnen hatten. Ein Verwandter aus Israel, Izak Augsburger, der damals für das Magazin »Time« arbeitete, hatte ihm die Reise ermöglicht.

Von hier bis zu den Schauplätzen dieses Gemetzels sind es nur ein paar Meilen, sagt er. Die US-Luftwaffe hatte mit Chemikalien versucht, den Dschungel zu entlauben, damit die Kampfpiloten die Truppenbewegungen der Nordvietnamesen besser ausmachen konnten. Die Mitglieder der Crew fühlten sich als Spezialisten, die ihrer Arbeit nachgingen, ohne deren furchtbare Wirkung zu kennen; in der »Box«, so nannten die Mannschaften der B-52-Bomber ihr Ziel, war die Zerstörung total. Obwohl sieben- bis achthundert Einsätze pro Tag geflogen und sechsundfünfzigtausend Bomben über dem Pfad abgeworfen wurden, war das Ergebnis ernüchternd: Zwei Millionen Nordvietnamesen sind dennoch in den Süden gelangt.

Der Bus hält; diesmal ist es ein neueres Modell und ein anderer Fahrer, ein dünner Junge mit kugelrunden Augen, die beim kleinsten Luftzug tränen. Wasserbüffel am Wegrand, alte Frauen und Kinder tragen Holzbündel auf den Köpfen. Die Straße wird schlechter, Schlaglöcher mit Wasser zwingen den Fahrer, immer langsamer zu fahren, bis wir schließlich im Schrittempo einen Dschungelpfad entlangkriechen, der die Lebenserwartung unseres Gefährts erheblich herabsetzen dürfte. Nach einer Stunde sind wir in Ban Sang Hai.

Wenn es so etwas gibt wie ein Paradies auf Erden, hier könnte es auf den ersten Blick sein: Holzhäuschen unter Kokospalmen, spielende halbnackte Kinder am Flußufer, fette schwarze Schweine, Hühner, Enten, ein Schwarm weißer Tauben. Die Menschen strahlen uns an; lächelt man zurück, ohne sofort eine Kamera zu zücken, begleiten die vor der Brust gefalteten Hände den Sabaidi, den uralten laotischen Gruß. Ein alter Mann schneidet einem Knaben die Haare; er nimmt die Büschel zwischen Daumen und Zeigefinger, betrachtet sie lächelnd, wartet auf einen Windhauch und läßt sie wie kleine Drachen über dem Mekong in den Himmel steigen.

Vielleicht ist Ban Sang Hai das fünf Tagereisen westlich von Vieng Tjan am Fluß gelegene Dorf, wo Edward-Tonelli bei einem sintflutartigen Gewitterregen am Ufer saß, und »nach all den strahlenden Burgen der Götter« sich überwältigt fühlte vom »Glück der Einfachheit und der ungeteilten Wahrnehmung des Augenblicks«. Ich glaube nicht, daß Edward-Tonelli die Pracht und Erhabenheit der Gotteshäuser gestört haben, ihm war das Schielen auf Künftiges suspekt. Dennoch bleiben zwischen den Zeilen immer die Fragen: Sind die Burgen der Götter am Ende nichts anderes als ein Ausfluß des Göttlichen in uns selbst? Und: Könnten sie nichts weiter sein als Symbole des Dankes für empfangenes Glück? Aber wem danken? Wo wäre

148

der Gott, der weder vorschreibt noch fordert und der dem Menschen den Wunsch nach dem Jenseits erspart? Wenn ich jetzt, an diesem paradiesischen Ort, an Edward-Tonellis Aufzeichnungen denke, geschieht es aus dem Gefühl, in ihm einen gefunden zu haben, den seine Reisen zu einem Künstler des Augenblicks machten; trotz aller Strapazen und Leiden kultivierte er die Muße als seinen Rosengarten, in dem er Knospen pflückte, so oft und so lange es ging.

Am Ufer warten hölzerne Langboote, um uns zu den Höhlen von Pak Ou zu bringen. Das Ufer ist steil und rutschig, auf den Morast gelegte Bretter sollen den Reisenden das Einsteigen in die zerbrechlich wirkenden Boote erleichtern. Für Guaretti und zwei ältere Ehepaare ist die Kletterei zu beschwerlich, sie bleiben im Dorf.

Ich sitze auf dem Kabinendach zwischen Fischreusen und rotgestrichenen Ölfässern, die als Rettungsbojen dienen. Langsam dreht das Boot zur Mitte des Stroms und setzt sich flußaufwärts in Bewegung. Die Zeit auf dem Wasser ist eine Zeit der Langsamkeit, ein Stück ununterbrochener Zeit. Ich kann mich nach allen Seiten umschauen, Wohlbehagen hatte bei mir stets mit Wasser zu tun. Das Meer, die Seen, besonders die Flüsse. Als Kind waren die Vils, die Isar, später der gelbe Tiber in dem gelben Rom, die Seine, die sich im Frühjahr trübt, Sturzbäche der Alpen. Jetzt der ziegelfarbene Mekong. Seltsam nur, je älter ich werde, desto mehr lassen Flüsse mich an den Tod denken, daß auch der Dauer ein Ende gesetzt ist.

Fischerboote mit haifischflossenähnlichen Segeln treiben an uns vorbei, der rote Stoff ist Dutzende Male geflickt. Dann sieht man von weitem die hoch über den Fluß ragenden Kalksteinfelsen, in deren Flanken sich die Grotten befinden. Als wir am Steg anlegen, fängt es schlagartig an zu regnen. Der Himmel ist jetzt der Erde näher als sonst, rasche tiefliegende Wolken, an den Rändern gefiedert wie Rabenschwingen, ihr Schwarz ist durchwirkt von zuckenden Adern, hellviolett, von schwefligem Gelb, manchmal rot wie verglühendes Astwerk. Das Gewitter veranlaßt die meisten Passagiere, in der Kabine zu bleiben und die heiligen Höhlen von unten zu fotografieren, regenverhangene Löcher.

Die Höhle Tham Thing ist ein Wallfahrtsort der Laoten, das schon seit mehr als fünfhundert Jahren. Eine unüberschaubare Zahl von Buddhafiguren wurde von Mönchen und laotischen Königen samt ihrem Gefolge in diese Felsenkapelle mit ihren Spalten und Nischen gebracht, fünftausend sollen es insgesamt sein, eine abnehmende Zahl. Souvenirjäger lichten die Reihen. Während ich jetzt dem Guide zuhöre und ER tausendfältig und gleichgültig auf uns tropfnasse Touristen herabblickt, denke ich an den Schrank meiner Großmutter, in dem, wäre sie hier vorbeigekommen, mit großer Wahrscheinlichkeit eine heilige Erinnerung ihren Platz gefunden hätte.

Der Guide berichtet auch, daß es den Dieben mitunter schlecht erging, auf mysteriöse Weise seien sie ums Leben gekommen oder es sei ihnen sonst ein fürchterliches Unheil widerfahren. Mich erinnert diese Anhäufung von erhabenen Scherben an den Trümmerhaufen im Holzverschlag des Wat Sisaket Tempels. Aber hier, in dieser Höhle am Fluß, können die Zeugnisse der Vergänglichkeit die erhabene Ruhe nicht stören. Selbst eine zerfallende Hand ist hier immer noch eine Hand von IHM.

Zehn Minuten später sitze ich wieder auf dem Kajütdach zwischen Fischreusen; ich bin naß bis auf die Unterhosen, das Wasser läuft die Beine hinab in die Schuhe; die Folgen werde ich eine Woche lang sehen, das Leder färbt die Haut schmutzig graubraun, meine Füße sehen aus wie die seines alten Schimpansen. S. ist zu mir aufs Dach geklettert; stumm sitzen wir nebeneinander, das gemeinsame Erleben beginnt einmal mehr, seinen Kokon um uns zu spinnen.

Flußabwärts wird die Fahrt jetzt schneller, die Sonne scheint, im Nu sind die Kleider trocken, und die Reisegefährten stöhnen in der Kabine wegen der Hitze. Wir schauen über den Fluß, ich denke, daß zu Hause jetzt Schnee fällt, und spüre den Wind im Gesicht, die Sonne, diese unwirkliche Wirklichkeit, diese Kraft, die mich selbstvergessen atmen läßt.

Am Abend sind im »Kualao«-Restaurant Tische reserviert; vom Hotel zu dem kürzlich renovierten Gebäude im französischen Kolonialstil sind es zehn Minuten; die Samsenthai Road ist hell erleuchtet, die »Grande Nation« hat hier wieder Fuß gefaßt, man hat fast das Gefühl, durch eine provençalische Kleinstadt zu gehen; eine Weinbar mit dem vertrauten Namen »La Cave«, daneben das Bistro »Le Veau d'or«, und ein paar Schritte weiter wirbt ein Reisebüro für günstige Flüge von Air France nach Sidney oder Paris.

Wieder sitze ich an einem Tisch für zehn Personen. Laotische Küche, die Speisenfolge beginnt mit Meeresfrüchten, Kop Kapuu und Paa Faa, was, inzwischen kenne ich die Gesichter, bei einigen der genüßlich Tafelnden ein schmerzhaftes Lächeln hervorruft, als sie später erfahren, daß sie sich gedünsteten Lurch und Wasserschlange schmecken ließen.

Die Stimmung wird ungemütlich, als Ad anfängt, über

den Krieg in Vietnam zu reden. Der, mit dem er ins Gespräch zu kommen versucht, Ken Roberts, war in der Nixon Ära als Berater im Stab des Sicherheitsbeauftragten Henry Kissinger tätig.

Ad redet von der Invasion der Amerikaner in Laos. Das Feld der Ehre ist ein Feld der Lüge, sagt er, die Politiker belügen die Bürger, indem sie die Opfer verschweigen; die Militärs belügen die Journalisten, indem sie von Erfolgen erzählen; die Offiziere belügen die Soldaten, indem sie sagen, alles verlaufe nach Plan, und die Soldaten lügen in ihren Briefen an die Angehörigen, indem sie schreiben, es gehe ihnen gut.

Ad schaut in die Runde. Schweigen. Sechs der zehn Personen am Tisch sind Amerikaner. Von diesem Kapitel der Geschichte will keiner mehr etwas hören, und, ich muß es gestehen, ich bin auch froh, als das Gespräch sich wieder dem Essen zuwendet, diesmal dem Hauptgericht: Entenfüßen süß-sauer.

Donnerstag, 11. November;
Vientiane via Phnom Penh und Siem Riep,
Kambodscha

Die Flugdauer wird eine Stunde und dreißig Minuten betragen; anschließend Weiterflug mit »Royal Air Cambodge« nach Siem Riep.

Im Transitraum der »Royal Air Cambodge« ist es heiß; das Thermometer zeigt 38 Grad Celsius. Eine deutsche Reisegruppe flucht über die langwierigen und komplizierten Einreiseformalitäten. Es ist mir ein Rätsel, wie Zegrahm das geschafft hat. Wir reisen praktisch ohne Paß; die im »Explorer« verteilten Formulare sind ausgefüllt, aus den Lautsprechern rieselt Agnes' sanfte Stimme, die uns Anweisungen gibt, an welcher Stelle wir zu unterschreiben haben, welche Wertsachen angegeben werden müssen und was nicht. Trotzdem schafft es immer wieder einer von uns, den Nachnamen dort hinzuschreiben, wo die Marke des Fotoapparats oder die Anzahl der Koffer hingehört.

Um die Wartezeit zu verkürzen, kaufe ich am Kiosk ein Buch, das mich während des ganzen Aufenthalts in Kambodscha nicht loslassen wird: »Rendevouz with Death, 1975–1978«, herausgegeben von Karl Jackson; auf dem Umschlag sind Totenschädel abgebildet, wie Mr. Swartz sie auf seinen T-Shirts hat. Nur handelt es sich hier um Schädel von Menschen. Opfer der Roten Khmer.

Grand Hotel d'Angkor

Das Hotel dürfte eines der schönsten der Welt sein, jedenfalls fällt mir nichts Vergleichbares ein; seit dem Umbau vor vier Jahren gehört es zur »Raffles Group«.

Bei der Übergabe des anheimelnd altmodischen Schlüssels kommt eine gewichtige Dame mit dem allerschönsten Lächeln und dem romantischen Namen »Beverley Rose« an mir vorbei und schwärmt, »oh, isn't it wonderful«; schmollend fügt sie hinzu, es sei jammerschade, daß man hier noch immer Französisch spreche. Obwohl über uns ein riesiger Deckenventilator kreist, hat Beverley ihren batteriegetriebenen »Handy-Fan« laufen, mit dem sie parfümiertes Wasser auf ihre jeweiligen Gesprächsopfer sprüht.

Unser Zimmer hat große gefelderte Fenster mit Blick

auf den Pool; eigentlich ist es kein Pool, sondern ein kleiner, in grünem Marmor gefaßter See. Palmen, weiße Häuser im Kolonialstil, Teakholzliegen davor, livrierte Bedienstete tragen Tabletts mit Getränken. Das Zimmer ist das geschmackvollste auf unserer bisherigen Reise; die Einrichtung könnte aus der Suite des letzten französischen Statthalters stammen. Es fehlt an nichts, weiße flauschige Bademäntel, Frotteepantoffel; auf dem Schreibtisch und im Marmorbad riesige Sträuße einer zartvioletten Lilienart, deren Duft ein Deckenventilator aus Messing und Teak langsam durch den Raum schaufelt.

Es gibt sicher eine Menge Leute, die solches Ambiente als antiquiert und schwülstig empfinden, ich liebe es; es sind dieselben, die sich genieren, das Wort Muße in den Mund zu nehmen, weil sie es für ein Synonym für verlorene Zeit halten. Während wir auf unser Gepäck warten, sitze ich am Fenster, esse eine reife Mango, trinke einen »Bi and Bi«, halb Cointreau, halb Cognac, und blättere im Magazin der »Raffles Group«. Auf der ersten Seite ist eine Liste des Weltkulturerbes abgedruckt; die Namen der aufgeführten Monumente lesen sich wie ein Baedeker der Sakral-Architektur, alles errichtet zur aktiven Bestechung von einem oder mehreren Göttern, um sich im nächsten Leben ein angenehmes Plätzchen zu sichern.

Während ich auf die Palmwipfel vor meinem Fenster schaue, frage ich mich, welche von unseren Bauwerken die Nachfahren als wert befinden werden, ins Weltkulturerbe aufzunehmen? Larrys Wolkenkratzer in Hongkong oder Kuala Lumpur? Atomkraftwerke? Mondraketen? Vielleicht die mit dreißig Tonnen TMT gesprengten Reste von Hitlers »Wolfsschanze«, die, moosüberwuchert wie sie inzwischen sind, Betty an die Ruinen von Angkor erinnern?

154

Eine halbe Stunde nach diesen ergebnislos verlaufenden Überlegungen kaufe ich mir eine neue Badehose; meine alte habe ich im »Al Bustan« vergessen, was S. aufatmen läßt. Endlich, sagt sie, mit diesem Ding konntest du wirklich nicht mehr unter die Leute.

Das Wasser des Pools hat bestimmt mehr als dreißig Grad; außer mir ist nur ein junges indisches Paar hier, das sich am Beckenrand festhält und ab und zu an farbigen Getränken in hohen taubeschlagenen Gläsern nippt.

Ben sitzt auf einer Liege und schaut zu. Er ist für diese Umgebung winterlich angezogen, lange Hosen, Socken, langärmliges Hemd und, ich traue meinen Augen kaum, eine grobgestrickte Wollweste. Ben schwimmt nicht. Diese Art der Fortbewegung hält er für menschenunwürdig und lächerlich, genauso wie Fahrradfahren.

Während wir jetzt, ich im Wasser, er auf seiner Liege, das im Bus begonnene Gespräch über Frauen wieder aufnehmen, erfahre ich, wie er sich Ärger vom Leib hält. Regel eins: Du mußt alles abstreiten, selbst wenn du von deiner Frau in flagranti erwischt wirst. Regel zwei: Wenn alles nicht hilft, fang an zu weinen wie ein kaukasischer Bergschakal. Entweder hält sie dich für einen unverbesserlichen Waschlappen und läßt dich künftig in Ruhe, oder sie wird mütterlich und verzeiht dir. Aber vergiß eines nie: Frauen vergessen nichts, was du ihnen einmal gebeichtet hast.

Er trinkt seinen Spezial-Cocktail, Kokosmilch mit Wodka und grünen Pfefferkörnern. Bei jeder Frau kommt irgendwann der Moment, wo sie anfängt, mit der Gebärmutter zu denken, sagt er, da hört bei mir der Spaß auf.

Er hat drei Freundinnen, eine in Oklahoma, eine in Ohio, die dritte in South Carolina. Frauen bringen die Gedanken in Unordnung, sagt er, meine sind so verschieden und so weit weg, daß ich sie nicht durcheinander bringe. Eine ist Russin, Sarah ist Jüdin aus Haifa und die jüngste, Mara, stammt von rumänischen Einwanderern ab. Ich rede russisch, hebräisch und rumänisch mit ihnen.

Wie träumst du?

Lettisch.

Als S. die Treppe herabkommt, wechselt Ben das Thema. Sein spitzbübisches Grinsen verschwindet, er schlüpft in die Rolle des seriösen Dozenten.

Angkor ist das größte religiöse Monument der Erde; die Fläche der Anlage ist dreimal so groß wie Manhattan. Zwischen 1113 und 1150 schufteten auf Geheiß von König Suryavarman dem Zweiten mehr als zwanzigtausend Sklaven, um die Tempel von Angkor Wat und Angkor Tom zu errichten. Noch vor dreißig Jahren ging man von einer wesentlich höheren Zahl aus, Jean Tillier schätzte sie in seinem Bericht von 1932 auf achtzig- bis hunderttausend.

Interessant ist, was Ben zu diesen Zahlen weiß; in neuerer Zeit hat man zur Berechnung des ungeheuren Bauvolumens von Angkor die Ergebnisse einer Forschungsgruppe aus Cambridge, die sich mit der Cheops-Pyramide beschäftigt hatte, zum Vergleich herangezogen. Nimmt man, grob gerechnet, für die gesamte Bauzeit 16 800 Arbeitstage, um das gigantische Werk zu vollenden, und geht man davon aus, daß ein Mann pro Tag Arbeit im Ausmaß von $2,4 \times 10^5$ Joule leisten kann, ergibt sich ein theoretischer Bedarf von zwanzig Millionen Mann-Tagen, die von 2500 Menschen in einer Bauzeit von sechsundvierzig Jahren geleistet werden können.

Die Anlage von Angkor wurde aus Steinblöcken errichtet, die mit Hilfe von menschlicher Muskelkraft gewonnen, behauen und eingebaut wurden; für den Transport standen schätzungsweise sechzigtausend Arbeitselefanten im Einsatz, die den Sandstein aus den Hügeln von Phnom Kulen heranschafften. Es gab nur einfache Maschinen wie Hebel und Flaschenzüge; der horizontale Transport erfolgte mittels hölzerner Schlitten, für den vertikalen Transport wurden bis zu einem Kilometer lange Rampen errichtet. Bei realistischer Betrachtung kommt man auf eine Belegschaft von achtzehn- bis zwanzigtausend Sklaven und Zwangsarbeitern zu Beginn des Unternehmens, acht- bis zehntausend während des mittleren Bauabschnitts und fünfhundert bis tausend Mann in den letzten Jahren.

Ben zeichnet mit dem Finger den Grundriß von Angkor in den Kies. Den Bauplan des Heiligtums hat die indische Kosmologie diktiert, sagt er, es stellt ein Modell des Universums dar; die idealisierten Landschaften der Anlage umfassen den Mittelpunkt der Welt, Meru, den heiligen Berg; er ist die Achse, um die die Erde sich dreht, seine fünf Türme sind die Heimat der Götter.

Den Abend verbringen wir mit Huttons und Harry Wang; Sylvie hat Migräne und bleibt auf ihrem Zimmer. Das Restaurant »La Grande« kann sich mit den ersten Häusern in Paris messen, sowohl was die Qualität des Essens, als auch was den Service betrifft; die unaufdringliche Beflissenheit des asiatischen Personals hüllt uns für ein paar unvergeßliche Stunden derart ein, daß man das Fernweh der Kolonialbeamten versteht, wenn sie nach Jahren wieder zu Hause im frostigen Europa ans ferne Indochina dachten.

Freitag, 12. November; Angkor Wat

Obwohl der Wecker versagt, bin ich um fünf hellwach; ein fakultativer Besuch von Angkor bei Sonnenaufgang steht auf dem Programm. S. schafft es nicht, in fünf Minuten fertig angezogen zu sein.

Du kannst mir ja später alles erzählen, ich gönne mir erst ein gutes Frühstück. Vergiß den Mückenspray nicht.

Sie ist nicht die einzige, der Toyota ist halb leer, als wir in stockfinsterer Nacht durch den Tropenwald fahren. Wachtposten, die das Gelände vor Antiquitätendieben schützen sollen, kontrollieren unsere Eintrittsdokumente sehr genau im Schein ihrer Taschenlampen. Neben mir sitzt einer der schweigsamsten Reiseteilnehmer, Jaque Paryan; er hält eine Duduk auf den Knien, sein armenisches Windinstrument. Ich hatte mich mit ihm in Burma über Kommunismus und Militärdiktaturen unterhalten; als Kind hatte er vor Stalin seine Duduk gespielt, und der Schlächter soll dabei Tränen in den Augen gehabt haben. Paryan ist in Armenien geboren, lebt seit Jahrzehnten in Amerika und ist ein erfolgreicher Solist, um den die Musikkonzerne sich reißen. Er reist allein, sondert sich ab, wo er kann, ohne unhöflich zu sein. Ich habe ihn beobachtet, wie er auf jedem Markt sofort auf die Stände mit frischem Knoblauch zusteuert und ein paar Knollen in seinen Taschen verschwinden läßt; auch jetzt riecht er nach Knoblauch, aber nicht unangenehm, sein Enzymhaushalt scheint so zu funktionieren, daß bei der Verbrennung kein unangenehmer Geruch aus den Poren kommt.

Ich möchte hören, wie das Instrument in den Ruinen klingt, sagt er, so früh am Morgen werden noch nicht viele Menschen unterwegs sein.

Jaque hat eine leise melodische Stimme, er spricht Englisch mit einem merkwürdigen Akzent, bei dem die Endsilben wie Zischlaute klingen.

Unser Guide, er nennt sich Sam, sieht müde aus; immer wieder versucht er, ein Gähnen zu unterdrücken, und legt dabei beide Hände auf den Mund; seine Fingernägel sind zersplittert wie bei einem Schwerarbeiter.

Gestern hatte er uns aus der Geschichte seines Landes erzählt; um Angkor wurde immer gekämpft, hatte er gesagt, nie herrschte für längere Zeit Frieden zwischen den Hügeln von Kulen und dem See Tonle Sap. Im 10. Jahrhundert kämpften die Khmer gegen ihre Nachbarn, die Cham, im 12. und 15. kämpften sie gegen die Siamesen, im 20. gegen die Amerikaner und schließlich gegen sich selbst. Sam hat durch die Roten Khmer seine Familie verloren, auch die kleinen Geschwister von drei und sieben Jahren. Er stand leicht gekrümmt im flackernden Licht der Parkbeleuchtung, während er sprach. Eine Haltung wie ein unterdrückter Schrei.

Dann stehen wir in der ersten Dämmerung vor einer steinernen Brücke; die schwarze Masse der Tempelanlage ist vor dem Grau nur erahnbar. Ich gehe als letzter über die Brücke, langsam, mit den Fußspitzen den Untergrund abtastend; in der Eile habe ich meine Taschenlampe im Hotel vergessen. Die großen Steinquader sind unregelmäßig behauen, Spalten dazwischen. Im Wasser des Baray spiegelt sich Mondlicht.

Ich habe gestern abend einen Bericht von Restauratoren der »École Française d'Extrème Orient« gelesen. Ungefähr an der Stelle, wo ich mich jetzt befinde, hatten französische Archäologen 1936 im Schlamm eine lebensgroße Bronzefigur aus dem 11. Jahrhundert entdeckt; sie stellt Vishnu dar, den Bewahrer. Ein Reisbauer hatte vom Fundort geträumt. Der Gott liegt ausgestreckt auf Ananta, der mythischen Schlange. Ich habe die Abbildung gesehen, wie der Ruhende auf dem Wasser des Urmeeres dahintreibt, ein Meister des Wartenkönnens. In diesen frühen Morgenstunden, während ich auf das Tor des Heiligtums zutappe, habe ich die liegende Figur noch vor Augen; ein paar Herzschläge lang streift mich die Ahnung einer Weisheit, die nicht im Anhäufen von Wissen besteht, sondern in jenem seltsamen Zustand der Seele, in dem Heiterkeit, Vision, Wunder und Begeisterung alles richten können.

Der Strahl der Taschenlampe eines weit vor mir Gehenden beleuchtet das Kapitell, senkt sich auf das Gesicht und die Arme Vishnus; die Figur ist mit bunten Stoffetzen geschmückt und jetzt, während ich langsam näher komme, sehe ich auch die Kerzen in einer Mulde zu Füßen des Gottes; sie sind fast am Erlöschen und beleuchten nur noch schwach die Blüten, Früchte und Geldscheine zwischen den heiligen Zehen.

Die Khmer konvertierten erst im 13. Jahrhundert zum Buddhismus; es geschah ohne Kampf; aus dem hinduistischen Heiligtum wurde ein »Wat«, ein Haus des Erleuchteten. Die neuen und die alten Götter lebten fortan in Eintracht nebeneinander. Ich bin nicht religiös, aber manchmal, wie jetzt am Tor zum Universum der Götter von Angkor Wat, während ich auf das erste Tageslicht warte, glaube ich einen schwachen Nachhall zu verspüren, einen Nachglanz des Göttlichen, den selbst der kleinste Versuch, ihn mit Worten beschreiben zu wollen, verunreinigen würde.

Die erste Vogelstimme, Schackern wie von einer Amsel; dann, mit einem Schlag, fallen Zikaden ein. Es ist jetzt so

hell, daß ich den Tempel sehen kann, ein dunkles Riesen-
gebilde, das zartes Rosa vom oberen Rand her einzufärben
beginnt. Ich steige Stufen hinab, laufe über taunasses Gras
auf ein Wäldchen zu; Ziegen weiden zwischen Steinbrok-
ken, die ich bei Tageslicht als Reliefteile der Umfassungs-
mauer ausmachen werde. Mir wird bewußt, wie leise ich
mich bewege, als wäre jemand in meiner Nähe, der nicht
gestört werden darf.

Dann stehe ich im Wald; ein anderer, schwererer Geruch
von verwesendem Laub und vergorenen Früchten schlägt
mir entgegen. Angkor mit seinen Türmen ist hinter Bäumen verschwunden; der Himmel hat sich in den letzten
Sekunden blutrot verfärbt, kreisrunde Wölkchen hängen
in ihm. Eine Rotte Krähen fliegt in unruhigen Wellen über
die Gipfel; ich kann ihre Stimmen nicht hören, weil die
Zikaden einen so unglaublichen Lärm machen, daß es in
den Ohren schmerzt; es ist ein Geräusch, als würden Tausende kleiner Glöckchen in rascher Reihenfolge geschlagen, und so plötzlich sie angefangen haben, verstummen
die Tiere auch wieder.

Auf der anderen Seite des Wäldchens komme ich auf
eine Wiese, ein Weiher liegt zwischen mir und dem Heiligtum, Frösche quaken, ein angepflocktes Pferd steht bis
zum Bauch im Wasser und trinkt. Angkor Wat jetzt im
Licht, ein zerklüftetes Steingebirge, von dem ich mir in diesen Augenblicken durchaus vorstellen kann, daß dort oben
einst Götter wohnten, verspielte, manchmal heimtückische
Riesen, die sich die Menschen zu ihren Füßen als Haus-
tiere hielten. Ich will nicht näher heran, bin dankbar für
die Entfernung zwischen mir und dem Götterberg, und
habe auch keine Lust, wie in Petra den Kopf in den Nacken
zu legen, um hinaufschauen zu können.

Später sitze ich auf einem der herausgebrochenen Steine, warte, bis die Sonne hinter den Bäumen aufsteigt und die letzten Dunstschwaden vertreibt. Aber dann will ich rasch fort, will mich auch nicht mehr umdrehen und zurückschauen, Angkor Wat soll als Silhouette im Morgengrauen auf meiner Wachstafel eingeritzt bleiben, wie der Taj Mahal als Nebelsilhouette für immer in meiner Erinnerung bleibt, obwohl ich ihn nie betreten habe.

Einmal bleibe ich stehen, unter den weit herabhängenden Ästen eines riesigen Würgefeigen-Baums steckt ein Pfahl mit einem Brettchen im Erdreich; auf dem Holz liegen frisch gepflückte Blumen, Wiesenblumen, und von Steinen beschwert ein paar schmutzige Riel-Scheine; aus einer Blechbüchse kräuseln sich Wölkchen von Weihrauch. Hier muß vor kurzem jemand gewesen sein und dem Baumgott sein Morgenopfer dargebracht haben.

Aus dem Dunkel der Ruinen in meinem Rücken fließt plötzlich ein anschwellender Klagelaut über die Tempelgärten, verdichtet sich und zerstiebt in tremolierende Töne, bevor er leiser wird und erlischt. Vielleicht war es Jaque Paryan, der irgendwo zwischen den Mauern von Angkor sein Heimweh per Luftpost nach Armenien schickte.

Auf dem Weg zurück zum Toyota bin ich diesmal der erste; Bettler kommen mir entgegen, sie schauen einen aber nur an. Männer ohne Beine, die sich auf den Händen über die Steine schleppen; eine junge Frau, auch nur ein Torso, wird auf einem stoffbespannten Brett zum Tempel gezogen; der den kleinen Körper hinter sich herzieht, hat keine Arme; das Seil ist um seine Hüften geschlungen. Was mir hier an diesem strahlenden Morgen an Unfaßbarem entgegenkommt, ist das Erbe von Mördern des eigenen Volkes.

Zwei Stunden später, im gleißenden Tageslicht, hat sich die Szenerie verändert; jetzt stehen Busse mit laufenden Motoren vor der Brücke, die über das Urmeer führt; nicht mehr die heilige Schlange Ananta kriecht auf das Tor des Heiligtums zu, jetzt sind es wir, die Touristen.

Wir müssen warten, eine Hochzeitsgesellschaft posiert vor der dunklen Wasserfläche des Baray für die Fotografen. Ein Rudel Affen stürzt sich aus den Baumkronen auf das Brautpaar, sie klauen der Braut den Blumenstrauß und dem Bräutigam den Hut und farbige Bänder, die er seiner Zukünftigen gerade um die Schultern legen wollte. Das Stativ mitsamt der Kamera fällt um, die Frauen kreischen, die Affen, wieder oben in den Bäumen, kreischen ebenfalls, die Busse hupen, und ich gehe langsam weiter, während Kinder mit kleinen Fächern neben mir herlaufen und als Lohn für die Kühlung geduldig auf ein paar Riel warten. Es wird ein heißer Tag werden, der Betty zu späterer Stunde an der Bar des »La Grande« die Wortschöpfung entlockt: We are angkorwashed.

Die Rettung kommt von Ben, er eilt uns auf der Brücke entgegen, schnaufend, schwitzend, was mich bei seiner Winterkleidung nicht wundert, er hat eine riesige grüne Sonnenblende auf der Stirn, die ihm bei jedem Schritt weiter ins Gesicht rutscht. Zuviel, keucht er, zuviel neugieriges Fleisch. Kommt, wir fahren zum Bayon, dort ist um diese Zeit noch nicht viel los.

Wir erwischen einen Hotel-Bus und lassen uns zu dem zwei Kilometer entfernten Angkor Thom fahren. Ben hatte recht, hier sind um diese Stunde kaum Touristen, wir stehen allein vor der dreihundertfünfzig Meter langen »Elefanten-Terrasse«, eine Parade lebensgroß in den Kalkstein gemeißelter Kampf- und Prunkelefanten, deren Konturen sich in Wogen heißer Luft langsam aufzulösen beginnen.

Kein Tempel, denkt etwas in meinem Kopf erleichtert, du kannst die Schuhe anlassen; wir gehen in die gleiche Richtung, in der die Elefanten seit achthundert Jahren gehen; S. fotografiert, ich mache Notizen, und Ben erzählt von den Problemen der Restauratoren, die gegen das Absacken der Terrasse kämpfen, von der die Gottkönige Paraden abnahmen und Feuerwerke abgebrannt wurden.

Viele der Mauern drohen einzustürzen, sagt Ben, die Baumeister von Angkor haben keinen Mörtel verwendet, die Steine waren durch eine Art Nut- und Federsystem miteinander verbunden oder einfach nur bündig geschichtet.

Monolithische Strukturen, an denen wir bei fast vierzig Grad im Schatten vorbeispazieren, verziert mit fünfköpfigen Pferden und Akanthusblättern und, wo die Sonne einen Schatten wirft, auch mit ihrem eigenen Untergang. Ben hat seine Wollweste ausgezogen und die Ärmel hochgekrempelt; die Haut ist weiß mit vielen Sommersprossen. Mein Angebot, sich mit unserem Sonnenschutz einzureiben, lehnt er ab. Die halbflüssige Konsistenz der Crème auf seiner Haut würde ein Ekelgefühl auslösen, das im schlimmsten Fall tagelang anhalte, meint er, es sei ein Trauma aus frühester Jugend, als er mit anschauen mußte, wie seine Mutter Nierenfett auf ihre Krampfadern schmierte.

Wir kommen zur »Terrasse des Leprakönigs« (über die Entstehung des Namens weiß man nichts Genaues) und staunen über die zum Fossil gewordene Götterwelt; in schattigen Nischen sitzen Könige und Diener und erzählen uns Geschichten vom Leben bei Hof, und es scheint, als wäre an diesen feingeschnittenen Gesichtern die Zeit spurlos vorübergezogen.

In meiner Erinnerung treiben Wissensfetzen richtungslos durcheinander, Geschichten, die ich irgendwann einmal in den Veden oder Upanishaden gelesen habe und die von Shiva, Vishnu, Krishna und zahllosen anderen Göttern erzählen. Ich weiß, daß diesen Göttern stets schöne Frauen zur Seite standen, Nymphen, die als Gespielinnen, Dienerinnen, Gattinnen, Huren ihren Teil zum göttlichen Vergnügen beitrugen; entweder waren sie Opfer oder hatten selbst Anteil an den Opfern, die den Göttern gebracht wurden, je nachdem, wie deren Laune es wollte. In meiner Vorstellung haftet dieser Welt noch immer das Blutdunkel an, aus dem die Götterhelle des Olymp und später die Aufklärung uns zu befreien suchten.

Kaum sichtbar lehnen hinter den Monumenten Bambusgerüste; die königlichen Terrassen sind, wie alle anderen Tempel von Angkor auch, eine endlose Baustelle. Im Schatten der Reliefs hocken Maurer und Steinmetze am Boden, rauchen grüne Stumpen, lachen und plaudern miteinander. Ihr leises Reden, das Schaben von Spachteln und die Geräusche der Steinmeißel beschwören das namenlose Heer von Maurern und Steinmetzen herauf, die vor fast tausend Jahren das alles hier schufen, auch miteinander redend und vielleicht Hanfblätter kauend; ob sie damals etwas zu lachen hatten, darüber bin ich mir nicht sicher. Sicher ist, die göttlichen Wesen, deren Beistand sie suchten, sind lebendig wie zu der Zeit, als man hier den ersten Stein im Erdreich versenkte.

Ben kennt sich auf dem fast zweihundert Quadratkilometer großen Terrain aus; seit 1991 war er achtmal in Angkor, im letzten Jahr dreimal; danach lag er wegen der Folgen eines Zeckenbisses zwei Monate in der Universitätsklinik von Oregon. Er rät, wir sollten einen vom Dschun-

gel gefangenen Tempel aufsuchen, dort seien wir vor den
anderen sicher. Also tauchen wir auf einem schmalen Pfad
ins Unterholz, die Kragen hochgeschlagen, damit die Chancen der Blutegel und Zecken nicht gar so groß sind. Ich
habe alle die Namen der Ruinen vergessen, an denen wir
vorbeikommen, wir müssen uns eine Zeitlang ganz auf
den Weg konzentrieren, er ist vom letzten Gewitterregen
glitschig; wir klettern über umgestürzte Baumriesen, schüt-
teln große rote Ameisen ab und schlagen mit unseren
Holzstöcken auf Steine, um die Hanuman-Schlange wissen zu lassen, daß wir kommen.

Wieder überall Affen, sie schwingen sich kreischend und
bellend über uns in den Bäumen. S. erschrickt vor einer
riesigen Kröte, die mitten auf dem Weg im Morast hockt
und uns aus bernsteinfarbenen Quellaugen anglotzt. Nach
einer halben Stunde erreichen wir einen von Entengrütze
überwucherten Kanal, der an einer Mauer vorbeiführt;
dahinter die in Netzen von Schlingpflanzen gefangenen
Reste eines pyramidenförmigen Tempels.

Hier bleiben wir, wehren Moskitos ab und schauen auf
dieses Heiligtum, das die Natur irgendwann einmal ganz
erwürgt haben wird. Treppen nirgendwohin; die Stufen
im Schatten riesiger Farnwedel sind Treffpunkt von kleinen langschwänzigen Affen, die bei unserem Nahen im
Inneren eines Türmchens verschwinden.

Der Anblick der mächtigen Wurzeln, die Tonnen von
Gestein lautlos und sanft aus den Zyklopenmauern bre-
chen, ist derart beeindruckend, daß ich zunächst gar nicht
weiß, wo ich mit Schauen anfangen soll; und plötzlich ist
mir, als hätte ich das hier alles schon einmal gesehen, erlebt,
bewundert, als ich auf Tikal zustolperte, eine im Dschungel Guatemalas versunkene Stadt der Mayas. Auch dort

mußte ich mich vor Schlangen hüten, bestaunte die Wurzelkräfte der fünfzig Meter hohen Ceibas und saß sprachlos vor den Ruinen des ›Vergänglichen Tempels‹. Würde man mich heute, jetzt, an diesem elften November, mit einem Fallschirm aus dem Flugzeug werfen, ohne mir zu sagen, wo ich mich befinde, ich wüßte nicht, ob ich in Tikal gelandet bin oder in Angkor Thoms Wäldern.

Ich weiß nicht, von welchen Tempeln Edward-Tonelli spricht, wenn er die in Wogen eines Blättermeers ertrinkenden Ruinen aus seiner Erinnerung holt; als er hier war, muß ein großer Teil des Dschungels unter Wasser gewesen sein, er watet in seinen Aufzeichnungen bis zu den Knien im »sumpfigen Morast«, um zu den Tempeln zu gelangen, deren »Gott das Wasser« war.

Das erzähle ich Ben, der gerade damit beschäftigt ist, einen winzigen Blutegel von der Innenseite des Handgelenks zu zupfen und die Wunde mit einem Spray zu desinfizieren.

Wasser ist die Plazenta der Göttersehnsucht, sagt er, dein Tonelli hatte ganz recht. In diesen Heiligtümern hielten die Priesterkönige Zwiesprache mit den Himmlischen und baten um das Wertvollste, was sie ihnen geben konnten: Wasser.

Während wir auf einem abgebrochenen Fries sitzen, lauwarmes Mineralwasser trinken und uns von den Knopfaugen fuchsroter Äffchen anstarren lassen, erzählt Ben vom Lebensgesetz dieser Landschaft. Im Oktober ist die Regenzeit zu Ende, der »Große See« am Rande Angkors hat seine größte Ausdehnung erreicht; in manchen Jahren ist er viermal so groß wie in der regenfreien Zeit, das Wasser steht zehn Meter über dem Pegel; es überflutet die Reisfelder, zieht Tausende von Wasseradern durchs ausgedörrte Land und verwandelt den Dschungel in ein Paradies für Moskitos. Dann liegt acht Monate mörderische Hitze über Angkor, das Wasser zieht sich zurück. Durch ein Bewässerungssystem, das zu den genialsten gehört, die in der Menschheitsgeschichte gebaut wurden, gelang es den Khmer, ihr wichtigstes Gut zu speichern und übers Jahr auf die Felder zu verteilen. Vierzig Millionen Kubikmeter Wasser können zwischen den Dämmen des »Westlichen Baray« gestaut werden, über neunhundert Jahre hielten sie jeder Naturkatastrophe stand, bis die Minen der Roten Khmer einen Teil des Schleusensystems zerstörten.

Als ich später im Hotel versuche, auf dem französischen Ausgrabungsplan die Namen der im Dschungel verborgenen Ruinen zu finden, sehe ich nur Zahlen und Kürzel: DA 3/7; in Klammern steht dabei ein Name: Louis de Montville.

Die in Wurzeln gefangenen (sollte ich besser sagen: von Wurzeln beschützten?) Mauern, wo wir den Vormittag verbrachten, sind ein entlegener Teil der Tempelanlage von Ta Prohm; sie wurde Ende des 12. Jahrhunderts von König Jayavarman VII. für seine zur Göttin erhobene Mutter erbaut. Die Zahlen sind beeindruckend: Zum Haushalt gehörten 2740 Mönche, 615 Tänzer und 6000 Leibeigene und Sklaven aus den umliegenden Dörfern. Eine Inschrift erzählt, bei Jahrwendfeiern sei die Götterstadt von hunderttausend Bienenwachskerzen erhellt gewesen.

Auf dem Weg zurück entdecke ich eine verwitterte Bronzetafel am Rand des Dschungels (daneben eine zweite, neuere Tafel auf Holz: »Achtung! Landminen«). »Jean Commaille, 1916 im Alter von 48 Jahren gestorben«. Commaille war der erste Konservator von Angkor Wat. Ich

vermisse auf der Tafel den Namen von Louis de Montville.

Im Frühjahr 1901 verläßt der neunzehnjährige, als drit-
tes von fünf Kindern geborene Louis Benois de Montville
das Elternhaus und begibt sich auf die lange Reise von
Marseille in die ferne Kolonie Indochina. Ausbildung hat
er keine, außer einem humanistischen Abschluß bei den
Dominikanern von St. Valois. Er gilt als guter Schachspie-
ler und hervorragender Pistolenschütze. Drei Jahre lebt
Montville in Saigon als Agent einer niederländischen Han-
delsgesellschaft und Trophäenjäger, bis er die Stadt über
Nacht verläßt. Der Grund: Die Tochter des österreichischen
Gesandten Baron Siederburg erwartet ein Kind.

1909 trifft Montville in Phnom Penh auf eine Grup-
pe von Archäologen, die sich in den Kopf gesetzt haben,
Angkor Wat nicht nur neu zu entdecken, sondern für die
Nachwelt zu retten. Der Leiter der Wissenschaftler, Jean
Commaille, und der um zwölf Jahre jüngere Montville werden Freunde; das, obwohl Louis in den Augen des aske-
tisch lebenden Commaille ein unseriöses, ja höchst laster-
haftes Dasein führt; in fünf Jahren schwängert er siebzehn
Frauen aus den nahe gelegenen Dörfern um den »Großen
See«. Aber er arbeitet hart, spricht die Sprache der Khmer
und gilt inzwischen als einer der erfahrensten Archäologen von Angkor. Nach dem Tod von Commaille führt er
die Ausgrabungen alleine weiter, bis die Malaria ihn 1919
zwingt, nach Frankreich zurückzukehren.

Was er in seinem Gepäck nach Paris bringt: einen mannshohen »Naga-Buddha« aus dem grünlichen Stein des
Huon-Gebirges; er wurde geschaffen für das Hauptheilig-
tum des Bayon-Tempels in Angkor Thom. Die Figur stellt
den Erleuchteten meditierend dar, ER ruht auf dem Kör-

per einer Kobra, die Schlange spreizt ihre Haube schützend über IHN.

Nach dem Tod des Grafen erbt Louis Wälder südlich von Paris und das Schloß »Le Puy« bei Grasse. Dort wird er wohnen. Dort steht auf einem Granitsockel der Buddha aus Angkor. Während einer Geschäftsreise nach Belgien wird die Figur gestohlen; aus einem Brief an die Schwester Jacqueline d'Epès erfährt man, daß der Verlust Louis mehr schmerzt als der Tod seiner jungen Frau, die ein Jahr zuvor an Tuberkulose gestorben ist.

Mit van Meeren, einem holländischen Detektiv und ehemaligen Fremdenlegionär, macht Montville sich auf die Suche nach den Dieben. Er findet sie nach zwei Jahren in Italien; es ist das Brüderpaar Angelo und Tino Giavarelli, in der Mailänder Gesellschaft angesehene Händler von Asiatika und etruskischem Schmuck. Montville erschießt beide aus kurzer Entfernung und schneidet ihnen die Köpfe ab. Er muß fliehen, ohne Buddha. Auf dem Landweg reist er zurück nach Indochina, wo er 1929 in den Armen seiner letzten Geliebten Long Yon an einer Blutvergiftung stirbt.

Diese Geschichte hat Guaretti mir gestern erzählt; leise, fast flüsternd, seit wir in Kambodscha sind, verbringt er die meiste Zeit im Rollstuhl auf seinem Zimmer. Er atmet schwer; obwohl er in kurzen Abständen inhalieren muß, raucht er seine Montechristo.

Ich vertrage die feuchte heiße Luft nicht mehr, sagte er, deshalb ziehe ich es vor, in klimatisierten Räumen zu bleiben.

Als er seine Erzählung beendet hat, blickt er mich mit einem verschmitzten Lächeln an. Wissen Sie, wo Montvilles Buddha jetzt ist, fragte er.

Nehme an, in einem Museum, sagte ich aufs Geratewohl, oder haben Sie ihn?

Er saugte an seiner Zigarre und blickte auf die Palmwedel vor dem Fenster. Er befindet sich an seinem alten Platz im Zentralheiligtum des Bayon, er ist dort, wo er hingehört. Ich habe ihn zurückbringen lassen.

Umgeben vom Ozean, symbolisiert durch Wasserbecken, erhebt sich der Götterberg »Meru« in Gestalt des Bayon. Wer sich dem Heiligtum nähert, muß durch eines der vier Tore, die von »Antlitz-Türmen« gekrönt sind; drei Meter hoch sind die verwitterten Gesichter des Königs, der sich als Inkarnation des Bodhisattva Avalokiteshvara wähnte; er blickt in vier Himmelsrichtungen, auch in die südliche, welche S. und mich jetzt zum Bayon führt. Wir gehen über die Straße der »Riesen«; fast jeder zweiten Figur fehlt der Kopf oder sonst irgendein Körperteil. Sam hat uns erzählt, die Roten Khmer hätten mit organisiertem Kunstraub ihre Waffenkäufe finanziert, aber nicht nur sie, auch die korrupte Regierung habe sich an den Diebstählen bereichert. Die dreitausend Kunstobjekte seien in den Lagern des »Conservation d'Angkor« keineswegs sicher, vor kurzem hätten Diebe das Tor mit Handgranaten gesprengt, die Wächter mit Maschinenpistolen in Schach gehalten und seien mit den wertvollsten Stücken verschwunden.

Es ist unerträglich heiß, die Sonne steht fast im Zenit, kein Lüftchen regt sich; wir bleiben, so gut es geht, im Schatten von Bäumen und Mauerresten. Ich versuche mir vorzustellen, daß hier einmal hunderttausend Menschen lebten, strohgedeckte Häuser standen, zwischen denen schmale Reisfelder lagen und zu jeder Jahreszeit Brunnen sprudelten. »Es herrscht ein unvorstellbarer Überfluß an streunenden Hunden und Katzen«, schreibt Ende des 13. Jahrhunderts der Seidenhändler Ng Hong und rühmt ein paar Sätze weiter den erlesenen Geschmack eines Reisgerichts auf Sojasprossen und den Hinterläufen eines jungen, nicht allzu großen Hundes.

Wir steigen mit Stahlseilen gesicherte Treppen zu den Terrassen des Tempels hinauf; die Wände und Pfeiler sind verziert, Lotusblüten, Rankenwerk, steinerne Gesichter. Überall diese Gesichter, die einen aus dem Schatten heraus mit ihrem alten Wissen seltsam bedrängen. Der Bayon scheint eine Zwiesprache der Khmer mit ihrem toten König zu sein. Wir, die allgegenwärtigen Touristen, stören dieses Gespräch, stören die Ruhe der Toten; mir wird dies bewußt, als ein Schwarm von großen gelben Wespen, vielleicht sind es auch Hornissen, uns den Zugang zu einer Seitenkapelle verwehrt; es ist ein bösartiges feindliches Summen an diesem windstillen Mittag, das klingt wie das Zischen von Wächtern: Fort mit euch.

Aber wir gehen nicht fort, wir schleppen uns an Steinwällen entlang, von denen die Erosion unmerklich Schicht um Schicht abgetragen hat, gelangen endlich in den Schatten einer Quergalerie, über der sich die Pyramide des Bayon erhebt. In einem fensterlosen Raum brennen Räucherstäbchen und Kerzen, ein alter, in orangerote Lumpen gehüllter Mönch ordnet welke Blüten zu Füßen des mit Blumengirlanden geschmückten Einzigen, Friedenstiftenden. Als der Mönch uns kommen hört, steht er auf und hält S. eine mit Geldscheinen gefüllte Blechbüchse hin. Ich stopfe alle Riel, die ich in meinen Taschen finde, in das rostige Ding; es ist mein Ablaß für das Gefühl, nicht hierher zu gehören. Der Mönch verbeugt sich freundlich lächelnd, öffnet seinen zahnlosen Mund und spricht ein paar unverständliche Worte, die in mir das Gefühl von Fremdsein noch verstärken.

Ich versuche es mit Englisch, der Mann nickt, was wahrscheinlich Nichtverstehen ausdrücken soll; mein Versuch in Französisch hat mehr Erfolg, er antwortet mit oui oui, dann pfeift er ein bißchen und deutet auf ein schmutziges, offensichtlich sehr altes Buch, bei dessen Anblick mir Sams Worte einfallen, manche Mönche würden Ratsuchenden aus heiligen Orakelbüchern ihre Zukunft enthüllen. Das wäre das letzte, was ich möchte, also nicke ich in der Hoffnung, daß es ein Zeichen des Nichtverstehens ist. Der Mönch schüttelt seinen Kopf, lächelnd läßt er sich wieder zu Füßen des Erleuchteten nieder.

Der im Halbdunkel liegende Raum, den wir danach betreten, muß das Allerheiligste sein. Auch hier überall Gesichter, ich kann nicht unterscheiden, ob es das Antlitz von IHM ist oder das des allgegenwärtigen Königs. In einem schmalen Nebenraum sitzen zwei sehr zufriedene Buddhas, die sinnlichen Lippen sind von einem Schleier aus Spinnweben verdeckt; mir fallen die extrem in die Länge gezogenen Ohren auf, an Lebenden habe ich das bei den Dajak in Borneo gesehen, die Ohrläppchen der Frauen hingen bis auf die Schultern herab.

Ich suche Guarettis Naga-Buddha. In dem Gewirr von Säulen, Statuen, Nischen ist es schwer, sich zu orientieren; während ich den finsteren Raum langsam durchquere, frage ich mich, ob der Herrscher, der diesen Ort schuf, sich bewußt war, daß Dogma und gläubiger Eifer ein Reich eher sprengen als einigen, Tempel und Paläste eher verfinstern als erhellen.

Und dann, in einer Nische, entdecke ich IHN, Montvilles und Guarettis weitgereisten Buddha, er steht ohne

Sockel auf dem Boden; der aufgerollte Schlangenkörper trennt ihn von den Steinfliesen. Alles an dieser Figur strahlt Gleichmut und Ruhe aus; ER denkt nicht an die Übel dieser Welt, das Schlangenhaupt schwebt schützend über ihm.

Gewitterregen; Sturmböen peitschen das Wasser von den Blättern der Riesenaraukarien gegen das Fenster des »Café d'Angkor«. Agnes unterhält sich mit dem Food & Beverage-Manager über Vorbereitungen für das Abschiedsdiner heute abend im Park des »Grand Hotels«. Als die beiden sich über den Jahrgang des Rotweins geeinigt haben, frage ich Monsieur Thoreau, wie lange er schon für die »Raffles Group« tätig sei.

Das ist fast nicht mehr wahr, sagt er lächelnd, ich bin schon über zwanzig Jahre dabei, erst bei Raffles in Singapur, dann, während des Umbaus, zwei Jahre im »Vier Jahreszeiten« in Hamburg. Darf ich Ihnen einen Drink offerieren?

Thoreau sieht aus wie der in die Jahre gekommene Jean Gabin. Er erzählt, sein Bruder sei Journalist beim französischen Fernsehen und habe einen Film über den Umbau und die Wiedereröffnung des »Grand Hotels« gedreht. Die Redaktion hatte verlangt, daß ein Drittel der Bilder herausgeschnitten wurde, sagt er, sie waren einfach zu brutal.

Er steht auf und geht in die Mitte des Raums, seine Hände beschreiben einen Kreis; dort unten, bis zur Bar und hinaus in die Halle, liegen die alten Caves, sagt er. Sie waren vermauert. Als die Renovierungsarbeiten anfingen, wurden die Platten entfernt; und was glauben Sie, hat man anstelle von Weinflaschen gefunden? Lauter Schädel und Knochen. Kein Einheimischer wollte hier arbeiten, wir mußten die

Handwerker aus Thailand importieren. Pol Pot hat dieses Gebäude eine Zeitlang als Kommando-Zentrale benutzt. Gefangene wurden von Tuol Sleng hierhergebracht und zu Tode gefoltert. Möchten Sie noch einen Drink?

Immer wieder gibt es diese Situationen, in denen man sich in einem Traum gefangen glaubt. Man meint, das Schreckliche, von dem die Rede ist, kann gar nicht wahr sein. Ich halte das Glas mit Calvados in der Hand, schaue auf den dezent gemusterten lindgrünen Spannteppich, unter dem jetzt wieder Weinflaschen lagern, von denen wir heute abend einige bei Musik und Tanz leeren werden. Ich sehe mich plötzlich im gleißenden Licht der jordanischen Berge, schaue zu, wie Gamal das rostige Wellblech auf die Grube mit Knochen legt und sein Fuß Schotter darüber scharrt; ich höre das Geräusch vermischt mit der Melodie »Fly me to the moon«, die aus dem Lautsprecher hinter der Bar kommt.

Am Nachmittag fahre ich zum dritten Mal an diesem Freitag zum Tempel aller Tempel. Die Sonne scheint auf hellgrüne raschelnde Bambuswäldchen und pistazienfarbene Felder. Die Regenzeit ist zu Ende, bald wird das Land seine Farbe ändern, Strohgelb und Braun tritt an die Stelle des Grüns.

Das Münchner Oktoberfest kann nicht mehr Menschen auf die Beine bringen als diese achthundert Jahre alten Mauern. Ich scheue mich, von dem Menschenstrom in das Steinlabyrinth gesogen zu werden, und umrunde erst einmal den Komplex, um seine Ausdehnung im Schreiten zu erfahren. Von vier Himmelsrichtungen ließ König Suryavarman die Arbeiten beginnen, schnell sollte das Werk vollendet sein, schnell, damit dieser sein Gottkönigtum

175

krönende Bau noch zu seinen Lebzeiten fertig werden würde.

Die Gelehrten streiten, ob Angkor Wat ein Tempel ist oder ein gigantisches Mausoleum; für die letzte Version spricht, daß im Gegensatz zu den meisten Heiligtümern, deren Tore dem Licht der aufgehenden Sonne zugewandt sind, Angkor sich nach Westen hin öffnet, dem Reich der Toten entgegen.

Im Gras liegt ein Fries, das die siebenköpfige Schlangengöttin zeigt; ich entdecke mehrere Einschußlöcher, die aus den Kalaschnikows der Roten Khmer stammen dürften. Der Regen hat Schußlöcher und gemeißelte Buchstaben aus dem 12. Jahrhundert mit Wasser gefüllt; jetzt sind sie durch Kanäle zu einer Schrift miteinander verbunden.

Wieder gehe ich über dieselbe Wiese, über die ich heute morgen in der ersten Dämmerung ging, um den Tempelberg aus der Entfernung zu sehen. Jetzt, am Spätnachmittag, scheinen seine Mauern die letzten Sonnenstrahlen in sich aufzusaugen, sie glühen in einem tiefen Goldgelb, in das wie Schriftzeichen die Schattenmuster von Galerien und Terrassen gesenkt sind. Der unbekannte Baumeister hatte sich mit der Rückversetzung des Tempels eines Tricks bedient, den bereits die Griechen kannten: Ein Bauwerk kommt erst dann voll zur Geltung, wenn die Entfernung des Betrachters die doppelte Breite des Objekts beträgt.

Um die Spitze des Hauptturms kreist eine Rotte großer dunkler Vögel. Später werde ich lesen, daß die Höhe des Turms fünfundsechzig Meter beträgt, was der Höhe des Turms von Notre Dame entspricht, der um dieselbe Zeit gebaut worden ist.

Dann nähere ich mich dem Tempel erneut, betrachte die steinernen Bilder von himmlischen Tänzerinnen, die zu

Tausenden die Wände schmücken; es sind »apsaras«, dem kosmischen Milchmeer entstiegene Wesen; sie entstanden, als Dämonen und Götter das Flüssige zu Butter schlugen. Das Elixier des Lebens wollten sie schaffen, so erzählt ein hinduistischer Mythos, und sie schufen zur Freude der irdischen Herrscher die wundersamen Nymphen.

Ich wandere weiter, finde eine Galerie, in der soeben die Stimmen einer Reisegruppe verhallt sind. Ich bin allein mit einem steinernen Bilderbuch. Ein Mann kocht Reis, Schweine werden geröstet, lächelnde Feldherren unter Sonnenschirmen sind auf dem Stein zu sehen und martialisch ausstaffierte Kampfelefanten und Soldaten, die von Kampfwagen überrollt werden. Folterknechte schlagen Nägel in die Körper von kopfüber hängenden Gefangenen, Glieder werden abgetrennt, Brenneisen geschwungen. Die Mordgesellen Pol Pots sind bei ihren Vorvätern in die Lehre gegangen.

Dann stehe ich irgendwann ganz oben im Turm in einem schmalen Raum, den zu betreten mir eine Tafel eigentlich verbietet, Einsturzgefahr würde bestehen. Durch hohe Fensteröffnungen fallen die letzten Sonnenstrahlen auf Wände, in die wie von Kinderhand Umrisse von Schildkröten geritzt sind. Jetzt höre ich auch die kehligen Schreie der Vögel, die noch immer den Turm umkreisen. In der Ferne ragen aus dem Meer der Bäume Reste von Pyramiden, vielleicht sind es die, vor denen ich am Morgen stand und dabei an Tikal dachte.

Andrew Dennis ist Mitarbeiter des »World Monument's Fund« und arbeitet seit zwei Jahren in Angkor. Wir haben unser Gespräch unterbrochen und schauen den Tänzerinnen zu, die sich in ihren schimmernden Regenbogengewändern zu den Klängen des Glockenspiels und der Flöten wiegen, einer Musik, die keinen Anfang und kein Ende zu haben scheint und auch kein bestimmtes Ziel. Mit langsamen, beherrschten Bewegungen setzen die jungen Frauen ihre winzigen Füße auf den Rasen, Gesten verharren in der Luft, lidschlaglang schweben sie rätselhaft und schön wie Buchstaben in einer fremden Schrift.

Mehr als vierhundert Zeichen kennt die Körpersprache des klassischen Khmer-Balletts, für den Europäer nur selten zu entschlüsselnde Bilder; die vor der Brust aneinander gelegten Spitzen der Finger bedeuten die Knospe einer Lotosblüte, eine Hand, die sich langsam öffnet, zeigt die erblühte Blume. Diese »apsaras« aus Fleisch und Blut atmen flach, das Geheimnis ihrer schwebenden Grazie ist eine ungeheure Anstrengung, dennoch zeigen die Gesichter ein unbewegtes Lächeln, das niemandem speziell gilt und das den Eindruck verdichtet, jene himmlischen Tänzerinnen, deren Bilder die Steine von Angkor tausendfach schmükken, würden sich vom Erdboden lösen und hinaufschweben in die tropische Nacht.

Als die Musik verklungen ist, hebt Dennis sein Glas und blickt verträumt in den Rotwein aus den Kellern des »Grand Hotels«. Kambodscha ist ein herrliches Land, sagt er, die Frauen sind wundervoll.

Er gibt sich einen Ruck und fährt in nüchternem Ton fort, stellen Sie sich vor, was dieser Krieg in Vietnam an einem einzigen Tag verschlungen hat, mit dem Geld hätte man die ganze Anlage von Angkor wieder so herrichten können, wie sie vor siebenhundert Jahren einmal aussah. Stellen Sie sich das bloß einmal vor!

Während ich an unseren Tisch im »Poolside Pavillon« zurückgehe, stelle ich mir das tatsächlich vor. Ich bin nicht

sicher, ob eine herausgeputzte Tempelwelt mich mehr ver-
zaubert hätte als die von titanischen Bäumen gefangenen
Steine.

Samstag, 13. November;
Siem Riep/Phnom Penh via Kathmandu, Nepal

Der Flug von Siem Riep nach Phnom Penh wird
fünfundvierzig Minuten dauern; die Weiterreise an Bord
der »Explorer« nach Kathmandu knapp vier Stunden. Die
Zegrahm »News« lassen uns wissen, daß wir die heißen
Regionen verlassen und andere Kleidung benötigen werden; die Ratschläge reichen von warmen Socken bis zur
Kopfbedeckung und besonderen Sonnenbrillen mit Schutz-
gläsern gegen die starke UV-Strahlung in hohen Regionen.

Die Reisegesellschaft wird in zwei Gruppen geteilt; die
eine fliegt am nächsten Tag weiter zur »Tiger Tops Lodge«
im Royal Chitwan National Park, die andere, dazu gehören S. und ich, bleibt zwei Tage in Kathmandu.

Die Wartezeit auf dem Flughafen von Phnom Penh dehnt
sich länger als eingeplant; zum ersten Mal seit Beginn der
Reise scheint ein übergenauer Zollbeamter den Zegrahm-
Organisatoren Schwierigkeiten zu bereiten. Abgesehen
davon, daß drei von den vier Toiletten verstopft sind und
den Raum mit ihrem Gestank verpesten, verläuft die Wartezeit so heiter und selbstverständlich, als sei alles zwischen uns abgesprochen und ein Teil des Programms.

Ich habe mich in eine zugige und deshalb ziemlich ge-
ruchsfreie Ecke in der Nähe des Gangs zurückgezogen und

höre zu, was meine Reisegefährten so alles reden, während sie Fragebögen lesen, die Mike am Morgen verteilt hat.

Warum reisen wir? Und was gefällt uns an dieser Reise am besten?

Was auffällt: Keiner ist da, wo er ist. Alle reden, während sie hier in Kambodscha auf dem Flughafen sitzen, von vergangenen Reisen oder erzählen davon, was sie tun werden, wenn sie wieder zu Hause oder auf einer nächsten, schon geplanten Reise sind.

Es gibt Bilder, die schleppt man ein Leben lang mit sich herum; der Koloß von Rhodos, eines der Sieben Weltwunder, ist solch ein Bild. Seit der Schulzeit steht diese Gestalt vor mir, sie steht mit gespreizten Beinen über der Hafeneinfahrt, einen Fuß in der Antike, den anderen schon in der heraufdämmernden Neuzeit, während unter ihr das pralle Leben auf und davon segelt. Und so sehe ich jetzt die Neuzeitigen, uns, die Reisegefährten, deren Denken und Handeln, wo immer wir sind, mit dem beschäftigt zu sein scheint, was gestern war und morgen sein wird, während die Wahrnehmung unseres gegenwärtigen Tuns, Schauens, Riechens, Schmeckens, im Transitraum der Nebensachen verkommt.

Bei einigen Reisenden, Betty zählt zu ihnen, hält das ständige Unterwegssein alles auf Abstand, was feststeht. Sie werden von allem »Ziehenden« angezogen und dem, was unser Geist im Zuge seiner Bewegung mitnimmt. Ich konnte immer wieder feststellen, daß einer unserer hartnäckigsten Wünsche darin besteht, das Leben nicht als willkürliches Verstreichen von Zeit zu betrachten, sondern als Kontinuum, das andauernd mit Zeremonien ausstaffiert werden muß, damit das Gefühl von Notwendigkeiten entsteht.

Welche Notwendigkeiten sind dies? Einmal ist es der Wunsch, die Schattenseiten dieses Daseins für eine Weile zu vergessen. Oder sich in irgendeiner Religion, die ein »erweitertes« Leben verspricht, mit ihnen abzufinden. Ich bin erstaunt, wie viele der »Lost Cities«-Reisenden sich mit dem Buddhismus beschäftigt haben und, ich nehme das einmal an, sich von dieser Religion insgeheim eine künftige Heimat erhoffen.

Eine andere Gruppe, Royal Wilford zum Beispiel oder das holländische Ehepaar van Dongen sind unterwegs, weil sie Menschen kennenlernen und mit den Daheimgebliebenen Fotos anschauen möchten. Eingefrorene Eindrücke, die man anderswo wieder auftaut, »we did it, did you?«.

Es gibt unter uns auch die ewig Enttäuschten. Ihnen kommt an jedem Ort ein anderer, vergleichsweise noch schönerer Ort in den Sinn, auf dem Mekong die Galapagos Inseln, im »Al Bustan« der »Lake City« Palast auf einem künstlichen See in Radjastan. In ihrer Vorstellung ist die Wahrnehmung des Fremden immer schon mit Eigenem verseucht, die schwärmerische Vorfreude auf den Anblick weise lächelnder Lamas und Ochsen, die urweltliche Wasserräder bewegen, wurde von Kultursendungen und Werbefilmen längst vordiktiert.

Dann gibt es solche, Bernard Crawley gehört zu ihnen, ein Ophtalmologe aus Denver, die bereits in London angefangen haben, die Daheimgebliebenen zu beneiden. Sie sind zwar abgereist, aber gegen ihren Willen, weil die Tochter ihnen die Reise geschenkt hat oder die Ehefrau es so wollte. Solche Aussagen erinnern mich an Iwan Gontscharow, den Verfasser des Romans »Oblomow«, der als Sekretär des Generals Putjatin Mitte letzten Jahrhunderts eine

Weltreise erdulden mußte, die ihn nie aus dem Unwohlsein und der Langeweile entließ.

Der Direktor einer Privatbank in Montreal, von dem ich die ganze Zeit annahm, er sei ein Künstler, genießt die Vorteile des Unsichtbarseins. Warum sollen wir nicht einmal die Maske wechseln, hat er mir erzählt, die Maske des Berufs, der Klasse, der Weltanschauung? Mons. Bardot hat sich die Haare wachsen lassen, trägt ein Mozartschwänzchen, laubfroschgrüne Shorts und lila Seidenhemden und hört in buddhistischen Klöstern aus seinem Walkman eine Lesung von Prousts »Auf der Suche nach der verlorenen Zeit«.

Während ich auf meine Mitreisenden schaue, die jetzt aufstehen, weil die Türen zum Rollfeld geöffnet werden, überlege ich, was ich auf den Fragebogen schreiben werde. Als erstes wahrscheinlich »Neugier«. Eine Neugier, die stärker ist als alle Bedenken, sich auszusetzen und preiszugeben. Auf Reisen bezogen bedeutet das: Unterwegssein ist alles, ein nie abgeschlossenes, immer bewegtes, neues, offenes Sein. Wenn die Entfernung, die ich dabei zurücklege, groß genug ist, führt sie in eine fremde Welt, die mit einer anderen, geistigen Fremdheit übereinstimmt, die seit meiner Jugend in mir herumspukt. Es sind die Augenblicke, in denen ich mich frage, ob ich noch weiter will, weil ich ja da bin und an jedem anderen Ort auch nur »da« sein würde.

Wochen später, als ich zu Hause mit der zweiten Fassung der Reiseaufzeichnungen anfing, habe ich meine Überlegungen auf dem Flughafen von Phnom Penh noch ergänzt. Ich hatte damals bereits das »link«, von dem Ben sprach, mein Thema, im Kopf; nur wußte ich es noch nicht. Es wurde mir erst später klar, als ich bei Durchsicht der

Notizen auf Stichworte eines Gesprächs mit Guaretti stieß. Das Gespräch hatte mit Louis de Montvilles Buddha zu tun; Guaretti war von meiner Frage nach den Gründen des Reisens abgewichen und zu seinem Thema gekommen: dem Sammeln. Wir sind Sammler von Lebensstücken, hatte Guaretti gesagt, wir halten die Bilder eines bestimmten, außergewöhnlichen Vorgangs erinnernd fest. Zudem sammeln wir Dinge. Sie sollen, faßbare Realität, die Stellvertretung übernehmen; ihre Präsenz überlistet das Vorüberwehen der Zeit.

Auf meine Frage, was denn das »Sehenswerte« eigentlich sei, hatte Guaretti geantwortet, es ist das Ding, das aus der Norm herausfällt, worüber du staunst. Und warum sammeln wir, was als Insel der Bedeutsamkeit aus dem Meer der Zeit auftaucht? Weil dieser bestimmte Gegenstand eine Dauer abstrahlt, die der Kürze unseres Lebens nicht gegönnt ist. Im Ding ist die Zeit geronnen, auch wenn es, wie alle Materie, irgendwann verfault oder zerfällt.

Sammeln gegen die Zerstreutheit der Welt und das Verrinnen der Zeit. Edward-Tonelli sammelte keine Dinge, er pflückte Rosenknospen des Staunens und verwahrte sie auf den Wachstafeln seiner Erinnerung. Was Edward-Tonelli auf seiner Reise suchte, war zuallererst Gott und das von IHM versprochene Paradies; er war als Priester, Mönch, Schamane unterwegs, und als er Gott nirgendwo fand, wurde er zu dem, der er immer schon war, ein Epikureer, der sich dem Glück des Augenblicks verschrieb.

An Bord der »Explorer« erwarten mich die zu kalt geschaltete Klimaanlage und ein schaumgekröntes Bier. Ich schaue über die Köpfe meiner Reisegefährten: Jetzt, nach zehn Tagen, sind sie keine Fremden mehr, ich weiß, daß die strickende Dame aus Kapstadt die Reise gebucht hat, weil ihr Sohn vor zwei Monaten beim Tauchen auf den Seychellen verunglückt ist, und der schweigsame Duduk-Spieler aus Armenien reist, weil er eine künstliche Herzklappe hat und nicht weiß, wieviel Zeit ihm noch bleiben wird, sich die Welt anzuschauen.

Klare Sicht. Die Landschaft unter uns ist zum Greifen nah, Abhänge, Krümmungen, Bewegungen, die in die reglose Erde eingekratzt sind. Dann die Stätten des Steins, der Kälte und des Windes, durch die schimmernde Gewässer eilen, aber das ist wohl falsch, von hier oben sieht es aus, als wären sie in den Fels hineingefroren.

Wir fliegen über einem Gewölk aus Fels. Mit einemmal sehe ich sie: weiße Quellwölkchen am Flughorizont; ein paar Minuten später sagt der Kapitän, es handele sich um ein Himalaya-Massiv, an dem wir in einer Entfernung von dreihundert Meilen entlangfliegen.

Eine Reise in zehntausend Metern Höhe, noch ist sehr viel Weite, sehr viel Luft zwischen uns und den Bergtitanen, deren Gipfel fast bis herauf zu uns reichen. Als ich später auf dem Gang meinen Verdauungsspaziergang absolviere, komme ich vor den unvermeidlichen Toiletten mit dem Co-Piloten ins Gespräch, einem kahlköpfigen Iren mit buschigen Augenbrauen und einem nikotinverfärbten Schnauz. Klev McDuff erzählt von kleinen Objekten, die in dieser Höhe manchmal über dem Himalaya auftauchen und die Triebwerke empfindlich stören können: Streifengänse, die bei minus sechsundfünfzig Grad Celsius in zehntausend Metern Höhe und mit einer Geschwindigkeit von zweihundertfünfzig Kilometern pro Stunde nach Süden fliegen. Sie atmen einmal pro Minute, während ihr Herz vierhundert Mal schlägt.

McDuff hatte mir auf dem Flug von Laos nach Nepal die Geschichte von einem verrückten Großonkel erzählt, der am Mount Everest umkam. Maurice Wilson war überzeugt, daß die Welt schlecht und nur durch Askese und einen festen Glauben an Gott zu retten sei. Die Besteigung des Mount Everest durch einen normalen Menschen, wie er einer war, klein, schmächtig, untrainiert, stark kurzsichtig und vom Rheuma geplagt, war nach seiner Auffassung der ideale Weg, die Menschheit von den Wunderkräften seines Gottes zu überzeugen. Ahnungslos plante er mit einem winzigen Flugzeug die Bruchlandung an der Südflanke des Berges; von dort wollte er dann zum Gipfel aufsteigen. Wilson brachte sich die Grundkenntnisse des Fliegens bei, kaufte eine gebrauchte Gypsy Mooth mit tuchbespannten Flügeln und nahm 1933 von England Kurs auf den höchsten Berg der Erde. Mit dem fragilen Fluggerät gelangte er tatsächlich über Kairo und Teheran bis nach Purtabpur in Indien. Weil er keine Erlaubnis bekam, Nepal zu überfliegen, verkaufte er die Gypsy, reiste auf dem Landweg nach Darjeeling und wanderte ein Jahr später, als buddhistischer Mönch verkleidet, durch die Wälder von Sikkim zum tibetischen Hochplateau; in Begleitung von drei Sherpas stieg er über das mit Felsbrocken übersäte Eis des East-Rongbuk-Gletschers und kam dank göttlicher Fürsprache tatsächlich bis zu den senkrechten Eishängen des Nordsattels auf fast siebentausend Metern Höhe. Ja, sagte Klev, dann hatte der liebe Gott wohl doch den Spaß an dem Experiment verloren, ein Jahr später schlug eine andere Expedition den gefrorenen Maurice aus dem Eis. Vorbei war es mit dem Traum von einer besseren Menschheit.

Diese Gespräche während des Flugs führen zu Bekanntschaften, die in Hotels oder auf Exkursionen niemals möglich wären. Zu Klev und mir haben sich Harry Wang und ein farbloser junger Mann gesellt, von dem ich nur weiß, daß er Wendel Kennedy heißt.

Harry kommt auf die Fragebögen zu sprechen. Seltsam, sagt er, ich habe mich zum ersten Mal gefragt, warum Menschen, die genug zum Leben besitzen, an die entlegensten Stellen der Welt fahren müssen und dafür auch noch viel Geld bezahlen.

Zerstreuung, sagt Klev, Besitz ermüdet auf die Dauer, ein warmes, gemütliches Zimmer kann leicht zum Gefängnis werden; und wenn Sie die ganze Zeit einen englischen Rasen anschauen, hängt Ihnen das Grün eines Tages zum Hals raus. Ich liebe die Wüste.

Breitbeinig stapft er dann in Richtung Cockpit davon. Wendel Kennedy schaut ihm nach, da mag was dran sein, sagt er, könnte doch sein, daß unsere Sucht nach Zerstreuung von einem Wandertrieb kommt, der in uns sitzt wie der Trieb der Streifengänse, die ihren Wahnsinnstrip einfach machen müssen; sie könnten sich ihre Ausflüge zum Eierlegen doch Weißgott gemütlicher einrichten, was meinen Sie?

Er bückt sich und schaut zum Fenster hinaus auf die Berge. Verrückt, sagt er, vor acht Jahren hätte ich noch jeden ausgelacht, der gesagt hätte, ich würde einmal diese Reise machen. Damals wohnten Barbara und ich in einer kleinen Wohnung in Chicago und konnten uns nicht mal ein Taxi leisten, wenn es zu regnen anfing.

Dann erfahren wir eine Erfolgsstory, wie sie erst in den letzten Jahren dieses Jahrtausends möglich wurde. Wendel ist neunundzwanzig, von Beruf Computerspezialist auf dem Gebiet der Telekommunikation. Ich verstehe nichts von dem, was er uns erzählt; er besitzt eine Firma in Silicon-

Valley und beschäftigt achthundert Mitarbeiter. Mit natürlicher Bescheidenheit redet er über seine ersten fünfhundert Millionen und darüber, daß er mit spätestens fünfunddreißig aufhören will, um nur noch zu reisen. Dann habe ich eine Milliarde beisammen, sagt er lächelnd, das ist nicht ganz so viel, wie Bill Gates hat, aber für Babs und mich reicht's.

Kathmandu

Bhai scheint gute Beziehungen zum Zoll zu haben, er erwartet uns bereits auf dem Rollfeld. Willkommen in Nepal, sagt er; mit Nepal meint er nicht etwa das Land am Fuße des Himalaya, sondern das Tal von Kathmandu. Bhai wird für vierundzwanzig Stunden unser Guide sein; er gehört zum Volk der Newar.

Was es in Kathmandu für Touristen zu sehen gibt, sagt er, haben die Newar für ihre Götter errichtet. Alles, was wertvoll ist, alles, ohne Ausnahme.

Bhai deutet auf eine Propeller-Maschine der Lumbini Airways; unter den Tragflächen machen sich ein paar Männer zu schaffen. Die Behörden sehen es nicht gerne, sagt er, wegen der Fremden, aber alte Bräuche kann man nicht so schnell ausrotten. Er erzählt, daß noch heute manchmal vor einer Maschine der Königlich-Nepalesischen Fluggesellschaft oder der Lumbini Air ein Ziegenbock geopfert wird, um den Blutdurst der Dämonen zu stillen. Während wir zur Abfertigungshalle gehen, erfahren wir, daß die Newar als Mehrheit im Abseits leben, seit Nepal im 18. Jahrhundert von den Gurkha erobert wurde; eine Zeitlang durften sie nicht einmal ihre eigene Sprache sprechen.

Unser Führer ist ein ernster junger Mann; ein Jahr hat er in Londoner Hotels als Gepäckträger gearbeitet und legt Wert auf eine korrekte englische Aussprache. Im Bus erzählt er uns, daß das Durchschnittseinkommen in Kathmandu zweihundert US-Dollar beträgt, auf fünfunddreißigtausend Menschen ein Arzt kommt und die Kriminalität beängstigend ansteigt. In einem Atemzug fügt er hinzu, das Kathmandu-Tal sei jeden Morgen von allen Sünden befreit, weil mit dem Morgennebel alle schlimmen Gedanken und Taten zu den Gipfeln des Himalaya hinaufsteigen.

Betty fotografiert einen fernen Bergrücken. My god, sagt sie kopfschüttelnd, ein Wunder, daß alles so weiß ist dort oben.

Jahrmarktrummel auf dem Berg des goldenen Swayambhunath Stupa. Wir drängen uns an einer japanischen Gruppe vorbei die Stufen hinauf; es sind lauter Frauen, die andauernd stehenbleiben, um zu fotografieren. Alles wird fotografiert, wirklich alles; ich staune immer wieder, nichts ist zu klein und zu schäbig, um nicht auf einer Filmrolle festgehalten zu werden. Eine junge Frau mit Beinen wie korinthische Säulen ist mit todernstem Gesicht dabei, eine himmelblaue Zahnbürste zu Füßen des Erleuchteten aus verschiedenen Blickwinkeln abzulichten, wobei sie Verrenkungen macht, daß einem beim bloßen Zuschauen das Kreuz weh tut. Heikel wird die Situation, als ein Äffchen versucht, der in den Anblick der Bürste versunkenen Dame die Thermosflasche zu klauen; in letzter Sekunde erwischt sie die Flasche, der Affe zieht, die Frau zieht, der Affe fletscht seine Zähne, die Frau fängt an, ebenfalls die Zähne zu fletschen, worauf das Tier den Mund zuklappt und das Feld räumt. In solchen Augenblicken hätte ich gern eine Kamera dabei.

Der Große Stupa ist mit fröhlichen Fähnchen geschmückt, die einen krassen Gegensatz zu den vorwurfsvollen Augen von IHM bilden, die mich von allen Seiten des Pyramidensockels verfolgen. Ich werde von einer fotografierenden Menschenmenge um das Heiligtum geschubst, ob ich will oder nicht. In Laos hatte ich mir geschworen, nie wieder einen Tempel oder sonst irgendein Heiligtum auch nur von weitem zu betrachten, geschweige denn zu betreten. Götterhimmel, Erleuchtung und das vielversprechendste Karma können mir selbst angesichts dieser vergoldeten Herrlichkeiten gestohlen bleiben. Ich lasse mich an den Rand der Prozession drängen, bleibe an einem verkehrstechnisch günstigen Ort der Terrasse stehen und schaue einem Adlerpärchen zu, das über dem Tal kreist. Ich weiß, außer mit S. oder mit Ben kann ich mit niemandem über meine barbarischen Gelüste reden, ich habe Hunger und Durst und sehne mich nach einem schattigen Lokal, wo ich ungestört von erhabenen Ansprüchen einfach nur ganz vulgär dasein darf.

Dieser unfromme Wunsch bleibt mein tragisches Geheimnis; irgendwann folge ich dann doch den Reisegefährten, betrachte die Schreine der fünf transzendenten Buddhas, die als Herren der Himmelsrichtungen gelten, staune über das Rad der Lehre und darüber, was die Angst vor dem, was über unser kurzes Dasein hinausreichen könnte, so alles zustande bringt; im Schatten der Stupa steht Shiva in einer seiner fürchterlichsten Gestalten, er trägt Ketten aus Menschenschädeln, die Köpfe getöteter Dämonen und die Kartika, seine alles bezwingende Waffe.

Es wird in Kathmandu gewesen sein, wo Edward-Tonelli sich eine Nacht lang mit einem Pilger-Mönch aus Sinharaja über die Angst vor dem Tod unterhalten hatte. Seine Antwort auf die Frage, ob er diese Angst niemals verspüre, hielt er in seinen Aufzeichnungen fest. Der Tod geht mich nichts an. Solange ich bin, ist der Tod nicht. Und wenn der Tod ist, werde ich nicht mehr sein.

Irgendwann habe ich endgültig genug. Ich setze mich auf ein sonnenwarmes Mäuerchen im Vorhof des Tempels mit seinen zahlreichen Votiv-Stupas, die zu den geschäftigen Souvenir-Läden nicht so recht passen, und vertraue meine Ignoranz einem Fetzen Papier an, auf den ich Wochen später als Anmerkung schreiben werde: Auch für das, was scheinbar nicht da ist, muß man sich Zeit nehmen.

Auf der Fahrt in die Stadt sitze ich neben dem Ophtalmologen; er versichert mir mehrmals in eindringlichem Tonfall, diese Reise sei für ihn zum Fenster hinausgeworfenes Geld, er wäre jetzt viel lieber in Irland beim Fischen. Kathmandu ist dreckig, sagt er, es gibt zu viele Menschen und zu viele Hunde, ich war vor dreißig Jahren schon mal hier, zu Studienzwecken. Damals war die Stadt sauber.

Crawley findet die Tempel kitschig, das Essen lausig, die Leute sehen alle gleich aus und verströmen alle den gleichen üblen Geruch. Außerdem fürchtet er, von einer Wanze gebissen zu werden; Studien am Hillfort College hätten ergeben, daß asiatische Wanzen eine Augenkrankheit übertragen. Das einzige, was ihn interessiert, sind Versuche mit Strudelwürmern und Affen. Entdeckt er irgendwo in den Gipfeln einen Primaten, unterbricht er sein Klagelied und beginnt zu dozieren: Eigentlich sei der Mensch, verglichen mit dem Affen, eine total mißglückte Konstruktion, sagt er, das ließe sich schon am Beispiel der Geburt nachweisen. Der Mensch ist der einzige Primat, der mit dem Kopf nach unten zur Welt kommt, eine totale Fehlkonstruktion.

Ich erfahre, während der Fahrer verzweifelt einen Parkplatz sucht, daß der Geburtskanal von Affen breit und der Kopf im Vergleich zu dem von uns Menschen klein sei, das Junge mit erhobenem Haupt das Licht der Welt erblickt. Ich bitte Sie, sagt er triumphierend, sagt das nicht alles?

Ich widerspreche nicht, die Anatomie von Geburtskanälen gehört nicht unbedingt zu meinen bevorzugten Interessengebieten. In einem muß ich Crawley recht geben: Kathmandu wirkt heruntergekommen und schmutzig.

Vor einer Baugrube in der Nähe des Durbar Square bleibt der Bus endlich stehen. Der ehemalige Palastbezirk der Malla-Herrscher ist Mittelpunkt der Metropole. In Grüppchen schlendern wir über den Platz zum Hanuman Dhoka; seinen Namen verdankt der Palast dem Affengott Hanuman, der neben dem Eingang auf seinem Sockel thront; durch unzählige Schichten von Senföl und Zinnober hat die Figur ihre Konturen längst eingebüßt; und wieder gebe ich Crawley im stillen recht, es stinkt. Ein süßlicher Fäulnisgeruch hängt in der Luft, der durch giftig schillernde Schmeißfliegen seine Würze erhält. Ich erinnere mich an den Vorsatz, keinen Tempel mehr zu betreten, meine Schuhe nicht mehr auszuziehen und mein Hirn nicht mehr mit den Namen von den nächsten fünftausend Göttern und Göttinnen zu beschweren, die ich vergessen habe, wenn ich in zwei Wochen im Londoner Nebel zu Bentley's spazieren werde.

Wenn das so einfach wäre. Man hat doch andauernd das Gefühl, etwas Einmaliges zu versäumen. Ist es nicht ein Armutszeugnis, wenn man einfach Abstand nimmt von einer Kultur, die einem als Trümmer von Geschautem und Angelesenem durch den Kopf geistert? Jagannatha Shveta Bhairava, Krishna Mandir, Kala Bhairava, Narasimha, Panchamukhi – alleine diese Worte, aneinandergereiht und leise vor sich hin gesprochen, klingen wie ein schönes fremdes Gedicht.

Während ich mit S. von Monument zu Schrein, von Tempel zu Palast wandere, begleitet mich eine seltsame Trauer darüber, daß diese ohnehin verdorbene Welt durch uns und alle, die nach uns kommen werden, noch schneller und noch gründlicher verdorben wird.

Abscheuliche Backsteinhäuser und Betonklötze wie überall in den armen Ländern der Welt; dazwischen wundervolle Holzarchitektur. Kommt man näher heran – die anderen habe ich wieder einmal verloren und laufe allein durch die Gäßchen der Altstadt – entdeckt man die reichgeschnitzten Fenster der Klöster und Adelssitze; selbst einfache Alkovenfenster bestehen mitunter aus tausend Einzelteilen, sie sind ohne Schrauben und Nägel zusammengesetzt; Eisen könnte den bösen Blick der Dämonen ins Haus locken. Götter schauen den Fremden aus wurmzerfressenen Holzaugen an, der langsam weitergeht und anfängt, sich zu fragen, wie er wohl je wieder zum Durbar Square zurückfinden wird.

Aber eigentlich ist es mir gleichgültig, wohin mich meine Neugier jetzt treibt, ich blicke in die Gesichter alter Frauen, ihre Haut ist dunkel und gefurcht wie die Schale einer getrockneten Passionsfrucht, ich sehe, wie bunt gekleidete Gestalten in schmutzige Löcher ein paar Blütenblätter stecken, ein paar Reiskörner, ein bißchen rote Farbe auf rissige Steine schmieren; es ist eine Verbeugung vor der Großen Göttin, wie Bhai mir später erklären wird. Aus einem finsteren Hauseingang dringen Geräusche von Tschinellen, eine Trommel fällt ein; ich stelle mir vor, wie in einem dunklen Raum Hanfrauch aufsteigt und zerfurchte Männer in Wickelhemden erstaunliche Mengen Reisbier vertilgen.

Die Hauswände rücken näher zusammen, Pyramiden von zerbrochenem Hausrat und stinkendem Abfall; immer mehr Kinder tauchen aus dunklen Höfen und immer noch schmäleren Gassen auf. Eine heilige Kuh versperrt den Weg, sie glotzt mich aus trüben, blauschimmernden Augen an, sie ist blind. An einer Ecke stolpere ich über einen Tontopf, den schwarze Schweine auslecken; auch das wird Bhai mir später erzählen: In dem Topf ist für die Dämonen ein Mahl angerichtet, Knoblauch, Zwiebeln, der Mageninhalt eines erwürgten Huhns, in Blut gekochte Schafslunge und angesengte Haare vom Bart eines jungen Geißbocks; das extravagante Ragout wird an einer vielbegangenen Kreuzung serviert, in der Hoffnung, die Verdauung der launischen Geister sei damit ein Jahr lang beschäftigt.

In diesem Teil von Kathmandu scheint die Existenz von Toiletten noch nicht ins Bewußtsein der Bewohner gedrungen zu sein; auf meinem Weg durchs asiatische Mittelalter sehe ich Gestalten mit still und andächtig zur Wand gerichtetem Gesicht ihre Notdurft verrichten, was mich dekadenten Europäer jedes Mal veranlaßt, schamhaft die Richtung zu ändern, bis ich schließlich im Gewirr der Gassen völlig verloren bin.

Vor Jahren bin ich einmal verzweifelt in Tokyo herumgeirrt, weil ich so unvorsichtig war, ohne einen Zettel mit dem Namen des Hotels die Stadt erkunden zu wollen; ich konnte niemanden fragen, wie ich zu meinem Koffer zurückfinde, alle schenkten mir ein flüchtiges Lächeln und liefen mit einer angedeuteten Verbeugung rasch weiter. Ähnlich geht es mir jetzt, wenn ich mich bei abenteuerlich aussehenden Gestalten nach dem Weg zum Durbar Square erkundigen will. Das Lächeln ist hier nicht so unverbindlich, allerdings verbeugt sich niemand, sie ziehen die Schultern hoch und gehen gemütlich weiter. Irgendwie gelange ich dann doch zurück zu einer breiteren Straße mit Souvenirläden, vor denen europäisch aussehende Menschen Bettler abwimmeln. Mein Reiseführer sagt, daß ich mich in der Nähe von Kala Bhairaya befinde, der schreckenerregenden Manifestation von Shiva in Gestalt eines Rächers; dann stehe ich vor dem Scheusal, schwarz, rot und gelb ist es angemalt, hat sechs Arme und streckt mir die Zunge heraus. Wer hier lügt, wird Blut erbrechen und eines fürchterlichen Todes sterben, steht in meinem Buch; bis vor kurzem mußten angesichts der gebleckten Zunge Staatsangestellte ihren Beamteneid leisten.

Der Strom der Reisenden hat mich wieder; ich spaziere an ständig die Gestalt wechselnden Vishnu-Darstellungen vorbei zum Durbar Square und denke dabei an den Heiligen Geist meiner heimischen Kirche; auch ihn kann man sich vorstellen, wie man gerade Lust hat. Bei Shiva reagiert meine Vorstellung ähnlich, als unfaßbares Wesen (weder Mensch noch Tier) zerfleischt es in der Dämmerung (weder Tag noch Nacht) die Dämonen mit seinen Klauen (keine Waffe) auf der Schwelle des Tempels (weder draußen noch drinnen). Dagegen kommt einem die Gestalt der weißen Taube, die der Großinquisitor Diego Almeida auf seinem Banner trug, direkt friedlich vor.

Über das krumme Steinpflaster, auf dem ich jetzt gehe, ging im Frühsommer des Jahres 1809 Edward-Tonelli. Er kam über die gefährlichen Engtäler und Pässe des Himalaya, vermutlich kam er aus Sikkim. Er war ohne Gepäck unterwegs; Waschzeug, Fußlappen, ein Rosenkranz (den wird er bis ans Lebensende behalten) und ein Stück rot bemaltes Holz von einem Feigenbaum waren sein ganzer Besitz.

Aus Edward-Tonellis Aufzeichnungen weiß ich einiges über die Newar, unter ihnen hatte er ein Jahr lang gelebt. Sie sind ein Volk mit eigener Sprache und eigener Schrift, sie haben drei Religionen auf einmal, und dazu noch mehrere Sekten, die alle grundverschieden sind und bei genauem Hinschauen doch wieder so ähnlich, daß sogar die Mönche nicht ganz genau wissen, wo genau die Grenzen zwischen den einzelnen Glaubensrichtungen verlaufen.

Beeindruckt war Edward-Tonelli von der erstaunlichen Trinkfestigkeit dieses Bergvolkes. Einmal im Jahr muß jeder Newar nach Sonnenuntergang sämtliche in seiner Reichweite liegenden Tempel aufsuchen und in jedem zur Ehre der Gottheit einen Reisschnaps kippen; wer aufgibt oder wer aufgeben muß, wird im kommenden Jahr keinen Sohn zeugen. Die Götter sind hart. Schnaps gehört im Tal von Kathmandu zur Frömmigkeit, schreibt Edward-Tonelli. Um das Jahr 1200 nutzte ein hinduistischer Kriegerklan aus Rajasthan, die Mallas, eine solche Gelegenheit; sie eroberten den Königsthron, als die Newar infolge hochprozentiger religiöser Verpflichtungen die Angreiferschar doppelt sahen und vor Schreck aufgaben.

Damit begann das goldene Zeitalter, politisch ein Kuriosum: die kleine hinduistische Oberschicht mit einer von

Buddhisten kommandierten Armee an der Macht. Dieser Umstand veranlaßte Edward-Tonelli Monate später im nicht minder wehrhaften Tibet zur Frage, wie die Lehre des über allen Gemeinheiten des Daseins Schwebenden sich mit dem Handwerk des Tötens verträgt.

Ich frage mich, warum ich die Geschichte dieser Gegend so viel lieber aus einem altertümlich anmutenden, mitunter umständlich geschriebenen Buch erfahre als aus den glatten und gescheiten Essays eines Richard Brighton oder einer hochgebildeten Mary Simpson; vielleicht kommt es daher, daß Edward-Tonelli am Rand unserer gewohnten Erfahrungswelt sitzt und staunt und wartet. Bei ihm kann ich physisch erfahren, wie die Zeit vergeht und Geschichte wird und wie das Leben vergeht und in der Geschichte verschwindet.

Als Edward-Tonelli in Kathmandu lebte, war das Land der Newar bereits von den kriegerischen Gurkha erobert worden, die Fremden besaßen englische Gewehre und die Eigenschaft, alles, was sie unter ihre Herrschaft brachten, gründlich zu unterdrücken. Die Zeit des großen Handels war vorüber, in der Götterstatuen gegossen und nach Tibet verkauft worden waren und chinesisches Porzellan nach Indien und Persien gelangte, weil die newarischen Händler die kürzesten und sichersten Wege wußten.

Die Aufzeichnungen Edward-Tonellis vermitteln den Eindruck, daß er in Nepal oft Gelegenheit hatte, seine »Rosenknospen« zu pflücken. Ich habe auf meinen Reisen kein Volk kennengelernt, schreibt er über Kathmandu, das so häufig und ausgelassen zu feiern versteht wie die Newar; sie sind auf eine angenehme Art fromm, die Männer verneigen sich am Morgen vor den Bergen, selbst wenn man die Gipfel hinter Wolken nicht sieht, sie sind gegenwärtig als Gottheit – Om namo Shivaji, du Herr der Zeit. Und an keinem anderen Ort habe ich Frauen so lachen gehört wie in diesem Tal; auch wenn ihre Brüste zu Schläuchen und die Gesichter zu Landschaften geworden sind, ihr Lachen ist das von jungen Mädchen.

Basar-Ramsch. Auf dem Weg zum Bus kaufe ich für zwei Dollar einen gebleichten Ziegenschädel; als ich ihn genauer untersuche, entdecke ich, daß zwischen den Kieferknochen ein kleiner rot bemalter Holzklöppel befestigt ist. Bhai erklärt den Fund: Der Schädel war Fetisch eines verstorbenen Zauberers; er wurde weggegeben, um von den Erben böse Geister fernzuhalten.

Kommen die jetzt zu mir?

Bhai zuckt die Achseln. Ich glaube nicht, sagt er, die Geister werden Ihnen nicht nach Europa nachreisen, es sind Geister unserer Berge. Aber wenn Sie denken, der Schädel könnte Ihnen schaden, lassen Sie ihn einfach liegen.

Dieser Rat geht mir in Sekundenschnelle durch den Kopf, während ich sehe, wie hinter Bhai eine magere Katze die Straße überquert; das Tier ist nicht schwarz und kommt zum Glück nicht von links. Ich werde also den Schädel behalten. Mit solchen Widersprüchen müssen wir leben, egal, ob wir an Götter glauben oder nicht.

Diese Sekunden, die ich vor einer Garuda Statue stehend damit verbrachte, auf den Schädel einer toten Ziege zu schauen, wurden für mich zu einem Erlebnis, das Kathmandu heißt. Wenn ich Wochen nach diesem Tag an Nepal zurückdenke, sehe ich mich immer noch stehen, ich sehe das holprige Pflaster der alten Karawanenstraße zwischen meinen Schuhen, höre Tschinellen, sehe die faltigen Gesichter der alten Frauen und die bunten Blütenblätter in Hunderten von Nischen; ich rieche Kathmandu, ohne daß der

Geruch mich stören würde. Der Ziegenschädel hat einen unzerstörbaren Raum um sich errichtet, ähnlich wie die Puppe in Petra oder, ich kann mir das gut vorstellen, der Naga-Buddha Montvilles, der in »Le Puy« die ferne Ruinenwelt Angkors nach Südfrankreich holte.

Während wir zur »Lebenden Göttin« gehen, erzähle ich Ron von dem Ziegenschädel und meinen Anwandlungen. Er bleibt stehen, schaut auf die blinde Scheibe eines Trödlerladens, hinter der auf safrangelben Kissen Gebetsmühlen ausgestellt sind.

Om mani padme hum, sagt er, Herr, sei in meinem Herzen und befreie mich aus dem Kreislauf des Wiedergeborenwerdens. Wir erdenken uns die Welt, mein Lieber, was über unsere elektrochemischen Hirnvorgänge und dem damit verknüpften Bewußtsein gesagt werden kann, ist nur von diesem Bewußtsein aus gedacht.

Hast du mit deinem Rabbi darüber geredet?

Natürlich. Mein Rabbi war ein kluger Mann. Nachdem er alle heiligen Schriften und alle Philosophen gelesen hatte, kehrte er der Klagemauer den Rücken und schrie mit seinem Freund Nietzsche »Wir Furchtlosen«.

Lebt er noch?

Und ob. Er ist zum Künstler geworden. Er besitzt ein fabelhaftes Restaurant auf Long Island und kocht provençalische Küche. Wenn er Heimweh hat, kocht er armenisch. Letztes Jahr ist er siebzig geworden und hat eine österreichische Eistänzerin geheiratet.

Wir sind bei der »Lebenden Göttin« angekommen; sie wohnt in einem der restaurierten alten Häuser mit Innenhof und wundervollen Holzschnitzereien. Bhai deutet auf ein Fenster, hinter dem die Vorhänge zugezogen sind. Wenn wir Glück haben, sagt er, guckt sie raus.

Während wir auf dieses Glück warten, erzählt Bhai von der Kumari, der kleinen Göttin; mindestens vier Jahre alt muß sie sein, sagt er, und sie darf nicht den kleinsten körperlichen Makel aufweisen. Auch frei von Angst muß das Kind sein.

Ich erfahre, daß die Prüfung des kleinen Mädchens durch Priester erfolgt, noch bis vor wenigen Jahren wurde das Kind in einen unterirdischen Tempel im alten Palast gebracht, wo vor seinen Augen Tieropfer dargebracht wurden.

Mein Vater behauptet, in dem Tempel hätte vor dreißig Jahren das letzte Menschenopfer stattgefunden, sagt Bhai, zu einer Zeit also, als gerade die Bauarbeiten für eine elektrische Buslinie und die Erweiterung des Flughafens begannen. Noch heute muß eine Kumari an Blut gewöhnt sein, in der »schwarzen« Nacht werden einhundertacht Stiere getötet, die Göttin sitzt auf ihrem Thron und schaut der Schlächterei zu.

Bhai blickt zum Fenster hinauf. Ich glaube nicht, daß sie sich heute zeigt, sagt er, man munkelt in der Stadt, daß ihre Tage gezählt sind. Sie müssen wissen, sobald eine Kumari einen Milchzahn verliert oder sonst auch nur einen Tropfen Blut, wird ein anderes Kind sie ersetzen.

Martha Bradleys Gesichtshaut hat sich während Bhais Vortrag gefährlich gespannt. Jetzt platzt sie los, die Polizei, sagt sie, man muß sofort die Polizei holen, in den USA ...

Piet unterbricht sie, er legt den Arm beruhigend um ihre Schultern. Widerstandslos läßt Mrs. Bradley sich auf die Straße hinausführen, ihr dünnes Schwänzchen wippt auf und ab, ich glaube, sie weint. Bhai blickt ihr mit einem schwachen Grinsen nach. Ich könnte Ihnen andere Geschichten erzählen, sagt er, aber dann würde die amerikanische Lady unser Land sofort verlassen.

S. möchte wissen, was mit einer entthronten Kumari passiert.

Früher bekam sie eine Staatspension, sagt Bhai, jetzt spart die Regierung. Es ist schwierig für so ein Mädchen, einen Mann zu finden, es heißt, der Ehemann einer Göttin müsse früh sterben.

Das »Soaltee Crown Plaza« ist ein komfortables Hotel in einem Park am Rand von Kathmandu. Von unserem Zimmer blickt man auf ein Azaleen-Wäldchen und einen großen Pool. Trotz der zweiten Grippewelle, die seit ein paar Tagen über unsere Reisegesellschaft hinwegschwappt, beschließe ich zu schwimmen, was wenige Sekunden nach einem Kopfsprung ins zwölf Grad kalte Wasser schockartig endet. Ich hatte mich verleiten lassen, weil eine Dame mit goldfarbener Badekappe im Becken ungerührt ihre Kreise zieht, seit ich den Pool vom Fenster aus entdeckt hatte. Während ich mich abtrockne, klettert sie die Leiter hoch. Ich kann mir die Frage nicht verkneifen, ob ihr nach einer halben Stunde im Eiswasser nicht kalt sei?

Sie strahlt mich an. Oh no, I am from Norway, sagt sie. Jetzt, da sie in ihrer ganzen rosigen Pracht von hundert Kilo vor mir steht, wundere ich mich nicht mehr.

Im Hotel-Areal gibt es vier verschiedene Restaurants. Agnes empfiehlt das »Bukhara«, es sei bekannt für sein »assortment of Sheekh Kebab and Murga Malai«. Ich habe für den Abend etwas ganz anderes vor. S. Rosemary und Betty kaufen ein; die lokale Reiseleiterin, eine geschäftstüchtige Inderin, weiß eine streng geheime Quelle für Pashmina-Schals, die nur ein Drittel von dem kosten sollen, was man in Zürich oder London dafür bezahlt. Während die Damen sich in einem Zimmer des Hotels verschanzen, um ihr Geld für Flauschiges loszuweden, werde ich nochmal in die Stadt fahren, um mein Geld im »Chimney Room« in Scharfes und Flüssiges zu verwandeln.

Das Restaurant hat eine interessante Geschichte; ein Freund, der seit Jahren nach Nepal kommt, um zu wandern, und den Heiligen Berg Keilash schon dreimal umkreist hat, erzählte sie mir vor der Abreise.

1952 kam der ehemalige russische Tänzer und Freund des Königs, Boris Lissanevitch, nach Kathmandu; ein Jahr später eröffnete er im alten Rana-Palast Bahadur Bhavan das erste Hotel der Stadt. Die Bar »Yak and Yeti« wurde berühmt; vor dem kupfernen Kamin trafen sich Nepal-Reisende von Rang und Namen, hier nahm manche der großen Himalaya-Expeditionen ihren fröhlichen Ausklang und manch trauriges Schicksal in der Eiswildnis der Götterberge seinen Anfang.

Den Namen der Bar übertrug Lissanevitch auf sein neues Hotel, der Teile des Palastes einbezieht und wo wir, zu meinem Bedauern, nicht wohnen, weil wir einfach zu viele sind. Obwohl ich reserviert habe, muß ich an der Bar warten, bis ein Tisch im »Chimney Room« frei wird. Aber was heißt »muß«, ich liebe Bars. S. hat schon manchmal den Verdacht geäußert, ich könnte zugunsten einer Bar sogar aufs Wohnzimmer verzichten; eine gemütliche Bar ist ein Ort, wo es durchaus vorkommen kann, daß man den lieben Gott mit einem Protonenbeschleuniger verwechselt und Engel für eine phosphoreszierende Mottenart hält.

Lissanevitch starb 1985, die Atmosphäre ist geblieben, die Fotos an den Wänden, der Kamin, der Geruch von Holz und Leder, der hagere Inder, der sich mit sehr leiser, sehr tiefer Stimme nach meinen Wünschen erkundigt. Ich bestelle einen Chivas Regal und frage, ob es ein Gästebuch gibt.

Er lächelt, ein Gästebuch, sagt er, es gibt ein halbes Dutzend. Möchten Sie reinschauen?

Natürlich will ich. Meine Neigung zum Leiden ist gering; extreme Selbstüberwindung und, in anderer Form, Asketentum faszinieren mich, aber ich bewundere sie nicht. Von diesem Ort sind Männer und Frauen ausgezogen die unter den wahnwitzigsten Anstrengungen, die unser Organismus aushalten kann, versuchten, den höchsten Berg der Welt zu bezwingen. Warum wollten sie das?

Ruhm? Die Erkundung äußerster Leistungsgrenzen? Den Aufstieg in einen neuen geistigen Zustand? Ist das nicht wieder eine Art Jagd nach jenem Augenblick, wo man in tödlicher Gefahr den Tod nicht nur vergißt, sondern vielleicht sogar überwindet? Oder läßt es sich so einfach beantworten, wie einer der allerersten Everest-Besteiger, der Engländer George Mallory, es auf die Frage eines lästigen Zeitungsmannes tat: Ich will rauf, weil es ihn gibt.

Mein Nachbar holt mich aus diesen Gedanken. Er fragt, ob ich zu einer Gruppe von dänischen Wissenschaftlern gehöre, die sich mit dem Phänomen der Höhenkrankheit befassen und nebenbei dem Geheimnis des Yeti auf die Spur kommen wollen.

Er ist sichtlich enttäuscht, als ich verneine, setzt das Gespräch aber fort; anscheinend ist er schon ein bißchen betrunken. Er ist ein riesiger Mensch, mit dunkler Haut, einem schwarzen Schnurrbart und den schwärzesten Haaren, die ich je gesehen habe. Ob ich will oder nicht, erfahre ich, daß er Pakistani ist, in Amerika lebt und mit einer Deutschen aus Bochum verheiratet ist. Ich bin beruflich in

Nepal, sagt er, ich bin Wartungsingenieur bei Cessna. Kennen Sie doch?

Ich bestätige, daß ich schon öfter mit Cessnas geflogen bin, und schaue zu, wie er seinen doppelten Scotch mit bewundernswerter Geschwindigkeit unter seinem Schnauz verschwinden läßt.

Was machen Sie?

Ich überlege einen Augenblick, was ich sagen soll, aber er kommt mir zuvor. Lassen Sie mich raten, sagt er, Sie arbeiten für ein Reisebüro?

Jetzt bin ich gekränkt. Ich schreibe, sage ich.

Journalist?

Schriftsteller.

Das war ein grober Fehler; bei dem Wort haken manche Leute erst recht nach und fragen nach ein paar Sätzen, woher man seine Ideen bezieht, ob man einen PC besitzt oder immer noch mit einem altmodischen Bleistift seine Arbeit verrichtet.

Auch bei meinem Nachbarn ist das Interesse prompt gestiegen. Schriftsteller? Dann sind Sie in diesem Teil der Welt am falschen Ort, sagt er in entschiedenem Ton.

Wie meinen Sie das?

Die Landschaft, die Tempel, das mag ja alles ganz schön sein, aber intellektuell werden Sie nicht auf Ihre Kosten kommen.

Nun bin ich doch neugierig geworden. Der stramme Trinker stammt aus einer hinduistischen Minderheit seines Landes und wurde in Agra erzogen. Ich heiße Nirad, sagt er und bestellt noch einen Scotch, diesmal ohne Eis. Sie können mir glauben, es ist ein westlicher Irrtum, daß die Hindus den Philosophen große Liebe entgegenbringen. Wir respektieren die Saddhus, weil sie über okkulte Macht verfügen, aber glauben Sie mir, Sie brauchen sich hier nur einmal umzuschauen, es gibt bei den Hindus nichts, was man Denken nennen könnte. Diese Fähigkeit haben die Griechen entwickelt. Ein großer Teil dessen, was man Hindu-Denken nennt, ist stumpfes Brüten; Sie müssen sich nur einmal genau anhören, was die von den Amerikanern so geschätzten Gurus für ein Zeug daherreden. Oder nehmen Sie Gandhi, einer der Gründe für seinen Erfolg war, daß seine Lehre eine geringere geistige Anstrengung erfordert als selbständiges Denken. Sie gilt als höhere Weisheit und ist intellektuell ein Rückschritt.

Er hebt sein Glas und prostet mir zu, und dann will ich noch etwas sagen, glauben Sie ja das Märchen von den friedfertigen Menschen hier nicht, die drehen Ihnen den Hals um, bevor Sie nur einen Mucks machen. Die Vorstellung von Gewaltlosigkeit in Indien und Tibet ist auch so ein westlicher Aberglauben; weder die großen Epen noch die lange Geschichte des indischen Kontinents geben Anlaß, das anzunehmen.

Der Geschäftsführer kommt, mein Tisch ist frei geworden. Ich verlasse meinen Nachbarn in der Hoffnung, die Maschine, die uns morgen früh in den Chitwan National Park bringen wird, sei nicht von ihm gewartet worden.

Oft ernte ich Kopfschütteln, wenn ich Freunden erzähle, wie gerne ich allein in einem Restaurant sitze und Leute beobachte. Die Welt zieht an mir vorbei, ich sitze einfach da und überlasse das Reden und Handeln den anderen. Fürsichsein ist keineswegs Einsamkeit. In jenen Augenblicken denke ich auch, es müßte reichen, sich die Welt nur vorzustellen; in einem Sessel unterwegs zu sein, wie die Wissenschaftler und Schriftsteller, die sich aus Büchern und Archiven eine Welt zusammengereimt haben; innere

Reisen, wie Henri Micheau oder Daniel Defoe sie unternahmen, dessen »Robinson« das klassische Produkt eines Zuhause-Reisenden ist. In gewissem Sinn befinden sich wahrscheinlich alle Suchenden auf Reisen, ob sie Buddhas sammeln, einen Garten haben wollen, den sie bepflanzen können, oder nach Gelassenheit streben. Vielleicht sind sie sogar die einzig wahren Reisenden, weil sie, ohne jemals anzukommen, ständig unterwegs sind.

Das Tandoori Murgh war scharf und ausgezeichnet; auch überrascht mich immer wieder die Qualität der australischen Weine; der Cabernet Sauvignon, den der Geschäftsführer empfohlen hat, bestätigt diese Erfahrung. Ich bin bei Espresso und Reisschnaps aus den königlichen Destillerien von Pokhara, als der Kellner mir das Gästebuch bringt; es ist der letzte Band, er umfaßt die Jahre 1995 bis 1999. Auf meine Frage, ob ich ein Buch aus den sechziger und siebziger Jahren anschauen könnte, bringt man mir nochmal zwei Bände.

Zeitungsausschnitte, Fotos von Männern mit Gletscherbrillen, die Bleistiftzeichnung von einem Gurkha-Hut. Königliche Namen und solche von berühmten Bergsteigern, Innamarti, Boardman, Oppurg, Herrligkoffer. Wie klein diese Übermenschen ihre Namen zwischen all die anderen setzten, wie bescheiden, als hätten sie sich nicht getraut, die Buchstaben größer zu ziehen, um das Schicksal nicht zu provozieren. Dann entdecke ich den Namen von Mikel Bruckner; Blockschrift, wie von einem übergenauen Schüler; sein Eintrag ist vom Mai 1997, als er gerade von einer Expedition zum Cho Oyu, dem 8201 Meter hohen Nachbarn des Everest, zurückgekommen war. Ich hatte diesen Bergsteiger, Einhandsegler und Wüstengänger bei der Oldtimer-Regatta Nioulargue kennengelernt, ein zwei Meter

205

langer Mann mit dunklem Vollbart und dunklen melancho-
lischen Augen; sein Gesicht hatte etwas kindhaft Unschul-
diges. Seit zwei Jahren ist Mikel mit seiner Ketch »Miss
Two« im Südatlantik verschollen. Er hatte erlebt, wie Jon
Krakauer 1996 von der tragisch gescheiterten Expedition
vom Everest nach Kathmandu zurückkam; fünf seiner Ka-
meraden waren im Eis umgekommen, der sechste hatte so
schwere Erfrierungen erlitten, daß eine Hand amputiert
werden mußte. Krakauers Buch »Into Thin Air« wurde ein
Welterfolg; ich erinnere mich, wie Mikel erzählte, Krakauer habe zu ihm gesagt, er pfeife auf den Erfolg, er habe
das Buch nur geschrieben, um diesen Alptraum loszuwerden.

Es ist spät, außer einem japanischen Paar, das gerade
zahlt, bin ich der letzte Gast. Ich bin nicht betrunken, stehe
auf dem saumschmalen Grat, wo alles möglich erscheint,
bevor es, nur einen Schluck weiter, zur Unmöglichkeit wird.
Der Kellner schleicht um die Tische und macht ein Gesicht, als hätte er schon mindestens vierhundert Jahre bedient. Auf der Straße draußen ist es kühl; über mir ein
blauer Mond in unwirklicher Deutlichkeit; irgendwo habe
ich einmal gelesen, der eisblaue Schimmer sei eine Refle-
xion der großen Berge.

Bhaktapur, Sonntag, 14. November

Bhaktapur liegt fünfzehn Kilometer östlich von
Kathmandu; der Sanskrit-Name ist Bhadgaon, die Alten
nennen ihre Stadt noch heute so. Bhaktapur lag abseits

der großen Handelswege und hat sein historisches Stadtbild und die Lebensweise der Newar deshalb besser bewahrt, als Kathmandu oder Patan. Was als erstes auffällt,
ist die Sauberkeit und das Fehlen von Bettlern. Das erste ist
die Folge eines aufwendigen Sanierungsprogramms, getragen von der deutschen Regierung, das zweite die Folge
einer Polizeianordnung, die Betteln unter strenge Strafe
stellt.

Wir nähern uns dem Zentrum über Fußwege, die durch
Felder und Gärten mit Aprikosenbäumen führen; am Wegrand eine Opferschale, darin Minze, Reis und vier rote
Fuchsschwanzblüten, sie stellen die vier Himmelsrichtungen dar.

An einem Tempelchen entdeckt Frank Nashville, ein Ire
unserer Gruppe, eine ziemlich deutliche erotische Darstel-
lung auf einem Holzfries. Es spielt sich wieder eine der
Szenen ab, bei denen ich bedauere, ohne Videokamera unterwegs zu sein. Mrs. Nashville schämt sich für ihren Mann,
der ganz nahe an das kopulierende Pärchen herangeht; sie
packt ihn am Ärmel, will ihn unter gezischten, für mich
unverständlichen Lauten so rasch wie möglich von diesem
unkeuschen Ort entfernen; er weigert sich, geht, die Wider-
strebende am Ärmel, noch näher heran, steigt sogar auf
einen Felsbrocken, jetzt muß sie ihn loslassen, er ist inzwischen so nah bei den Liebenden, daß er sie mit der Na-
senspitze fast berühren kann.

Und nun entdecke ich, was ihn so angelockt hat; es ist
ein winziges dürrlaubfarbenes Tierchen, das auf dem Penis
des Liebhabers hockt. Nashville hat ein Tuch aus der Tasche
gezogen, und ehe ich recht begreife, was er macht, ist das
Tierchen eingewickelt und im Dunkel seines Hosensacks
verschwunden.

Ich bin mit Frank zum ersten Mal ins Gespräch gekommen, als in Petra meine Sonnenbrille zerbrach und er mir seine Ersatzbrille lieh, bis ich eine neue fand. Er gehört zu den seltenen Menschen, die strahlend und nicht ohne Stolz zugeben, daß sie nie in ihrem Leben gearbeitet haben, weil sie aus vermögendem Haus kommen; Nashvilles Familie hatte durch eine revolutionäre Erfindung in der Textilindustrie ihr Geld gemacht. Das ermöglichst es nun Frank, sich ausschließlich seinem Hobby zu widmen, Spinnen, und da wieder einer ganz besonderen Spezies, den Wolfsspinnen, auch Taranteln genannt. Frank ist Mitglied der »Royal Tarantal Society«, einer, wie ich zuerst dachte, typisch englischen und ein wenig verschrobenen Einrichtung.

Haben Sie etwas Besonderes entdeckt, frage ich, während wir nebeneinander hergehen und versuchen, die anderen einzuholen.

Herrgott ja, phantastisch, ich glaube, es ist eine Pynea Orientalis Noryx, sagt er strahlend, eine seltene Art aus der Familie der Afterspinnen.

Nashville denkt, in mir einen Kenner gefunden zu haben, und fängt an, mich mit lateinischen Namen zu bombardieren. Ich erfahre, daß seine Leidenschaft einem durchaus sinnvollen Ziel dient; giftiges Ungeziefer hatte den britischen Kolonialherren durch Jahrhunderte Ärger und oft sogar den Tod gebracht; die »Royal Tarantal Society« war gegründet worden, um die Lebensgewohnheiten der Tiere zu erforschen und sich vor ihnen schützen zu können.

Wundervolle Tierchen, schwärmt Frank, hier in Nepal gibt es eine Verwandte der Lycosia Tarantula, die man noch nicht erforscht hat. Ich sage Ihnen, jemand, der diese Welt nicht kennt, geht am Leben vorbei.

Während er redet und bewußt langsam geht, um aus der

Reichweite seiner Gattin zu bleiben, erinnere ich mich an einen Landsmann von ihm, Sir Geoffry Napier, dem ich bei Recherchen für ein Buch über den englischen Magier John Dee einmal begegnet bin. Auch Napier hatte für derartiges Getier geschwärmt, er war Präsident der »Royal Tarantal Society«, saß tagelang verliebt in einem klimatisierten Raum und freute sich an Hunderten von giftigen Spinnen, Skorpionen, Insekten, die in Glaskästen an der Wand hingen und einen aus Halsabschneideraugen leer anblickten.

Ich frage Nashville, ob er Sir Geoffry kennt. Aber natürlich, sagt er, natürlich kenne ich ihn. Wir haben darüber geredet, ob Geoff auf diese Reise mitkommen soll. Aber er wollte nicht, Geoff findet diese Ecke der Welt zu esoterisch, bei Gamelanmusik kriegt er einen Hautausschlag. Er verachtet jede Art von Spiritismus, dabei läßt er sich jeden Freitag von einer polnischen Astrologin die Horoskope für seine Rennpferde durchgeben.

Inzwischen sind wir beim Taumadhi Tole angelangt, dem ehemaligen Zentrum des Stadtbezirks Taumadhi, durch den die alte Handelsroute nach Tibet führte; hier waren die berühmten Werkstätten der Gold- und Silberschmiede, die ihre Arbeiten bis nach Persien und in den Mittelmeerraum verkauften.

In karmesinrote Stoffe gehüllte Mönche mit tibetischen Lederhüten gehen langsam über den Platz zum Nyatapola Mandir, einem Heiligtum mit fünf Pagodendächern; die Männer wirken wie Menschen aus der Vorzeit, gegerbt und gepökelt, als hätte ein Gletscher sie ausgespien und an der Sonne liegengelassen.

Ein Newar wirft sich mit Holzrutschen an den Händen auf den kalten Steinboden; als ich nach einer Viertelstunde das der Göttin mit dem schönen Namen Durga Mahisamardini die Siegerin über den Büffeldämon geweihte Heiligtum umrundet habe, ist der gläubige Turner mit seinen Liegestützen noch immer nicht fertig; gegen diesen Ausdruck sträubt sich zwar alles in mir, aber mir fällt im Moment kein besserer ein.

Elefanten, Löwen, Greifen, die Gottheiten Simhini und Byaghrin, ER in hundertfacher Gestalt; wieder will eine ganze fremde Welt auf einmal herein, ein Ort von Geistern, Heiligen, tausend Jahre alten Lehrsätzen und ihren äußeren Zeichen, überall klingelt und bimmelt es, die Gebetsmühlen rauschen, die guten Taten für ein künftiges Leben halten auch hier alles in Schwung. Schließlich werde ich meinem Vorsatz doch wieder untreu, ziehe meine Schuhe wieder aus (zum wievielten Mal auf dieser Reise mache ich das schon?) und schlüpfe durch eine niedrige Tür ins Dämmerlicht eines kleinen Tempels. Rauch von Räucherkerzen und Harz, so dicht, daß mir nach ein paar Minuten die Augen tränen. Orangerote Bündel kauern vor einem rußgeschwärzten Buddha. Ich werfe zwanzig Rupies auf einen Haufen Geldscheine und tue es mit dem Gefühl, Opfer und Wunsch damit zu verknüpfen; ganz tief regt sich ein archaischer Glaube, der stärker ist als Denken und Wissen.

Wir wandern weiter zum Durbar Platz; wieder Ärger mit meinen Schuhen, jetzt ist der lederne Schnürsenkel gerissen, ich rutsche bei jedem Schritt mit der Ferse aus dem Schuh. Das macht meinen Gang nicht eleganter und veranlaßt Betty zu der Bemerkung, ich erinnerte sie an ihren versoffenen Onkel in Adelaide, der manchmal nur mit einem Schuh oder ganz ohne Schuhe nach Hause kam.

Zur »Tiger Lodge« im Royal Chitwan National Park

Unser Gepäck ist inzwischen zum Flughafen gebracht worden; leichtes Gepäck, mehr als eine Reisetasche können wir in den Cessnas 421 nicht mitnehmen. Als wir auf die Maschinen der Lumbini Air zugehen, kommt mein Bekannter aus der »Yak und Jeti Bar« uns entgegen; er trägt einen hellgrauen Overall und diskutiert gestenreich mit einem ölverspritzten Mechaniker, der zwei Metalltrümmer in den Händen hält, von denen er offensichtlich keine gute Meinung hat.

Mr. Nirad sieht mich nicht, vielleicht will er mich auch nicht sehen. Als wir in die Cessna klettern, schraubt gerade ein anderer Mechaniker den Deckel am Motor zu. Ich kann nur hoffen, die beiden Eisentrümmer gehören nicht zu den lebenswichtigen Organen von einem der beiden Motoren.

Ich sitze vorne in der Maschine, direkt hinter den Piloten. In weiten Schleifen überfliegen wir Kathmandu, dann geht es mit hundertvierzig Meilen Geschwindigkeit in südwestliche Richtung nach Meghauli. Dunst über dem Tal, Reisfelder, frisch gepflügte Äcker an steilen Hängen. Die Berge sehen von hier oben grau aus, Häute von uralten Elefanten unter dem elektrischen Blau des Himmels.

Nachdem wir zwei Wochen fast nichts als Ruinen und Tempel angeschaut haben, freue ich mich auf die »Tiger Lodge« im Chitwan Tal. Im Grunde bin ich ein Landmensch; in Städten habe ich mich immer nur als Gast gefühlt. Auf Bergen, in Wäldern oder auf dem Wasser sehe ich deutlicher, woraus meine Erfahrungen bestehen. Die Wachsamkeit wächst.

Von Erzählungen, aus Büchern und Zehgrams Informationsbroschüren weiß ich, daß es sich bei dem königlichen Nationalpark am Fuß des Himalaya-Massivs um eines der berühmtesten Reservate in ganz Asien handelt. Das Tal umfaßt eine Fläche von 2600 Quadratkilometern, ist mit Elefantengras und dichten Wäldern bewachsen, in denen das große indische Einhorn-Rhinozeros, der bengalische Königstiger, Leopard, Bär, die verschiedensten Affenarten und das vom Aussterben bedrohte Morastkrokodil leben.

Die Urbevölkerung, Tharus, haben im Laufe der Jahrhunderte eine besondere Widerstandskraft gegen die Malaria entwickelt, die in dieser Gegend ganze Siedlergenerationen ausgelöscht hat. Bis 1950 waren die Niederungen des Chitwan-Tals unerforscht; sie wurden von den Premierministern aus dem Haus der Nepal regierenden Rana-Familie als Jagdrevier benutzt. Alle drei Jahre waren pompöse Jagden veranstaltet worden, zu denen die Vizekönige aus Indien und königliche Hoheiten aus ganz Europa angereist waren. Das Aufgebot bestand aus Hunderten von Elefanten, die benutzt wurden, um Rhinos und Tiger aufzuspüren und einzukreisen. Eine Strecke von fünfzig Bengal-Tigern und hundert Rhinos soll den königlichen Jagdakten zufolge keine Seltenheit gewesen sein. Sir Jeremy Plesson, ein Jagdgast des Maharadjas von Jaipur, berichtet von vier kapitalen Königstigern, die er zwischen Frühstück und Lunch erlegt hatte; »it was great fun«, schreibt er und fügt hinzu, »das, obwohl ich ein wenig Durst und mein Taschentuch vergessen hatte«.

1962 wurde das Chitwan-Tal südlich des Rapti-Flusses von der nepalischen Regierung zum Wildreservat erklärt; Jagen wurde verboten und eine bewaffnete Spezialtruppe gegründet, die »Rhino Patrol«, die das Reservat vor Wilddieben schützen sollte.

Als ich im Frühjahr auf Sansibar war, hatte ich nicht geahnt, daß ich ein paar Monate später im Chitwan Park sein würde. Ich hatte mich mit dem Zoologen Henry Sullivan über Wildparks unterhalten. Wenn Sie je nach Nepal kommen, fliegen Sie in den Chitwan National Park, mein Bruder Patrick ist dort der Experte für Tiger, hatte Sullivan gesagt, Sie müssen höllisch aufpassen, wenn er den Eindruck hat, Sie interessieren sich für das, was er Ihnen erzählt, hört er nicht mehr auf, über seine Katzen zu reden.

Dabei hatte Henry es genauso gemacht, er redete von nichts als von seinen Affen, den »Red Colobus«, eine große Spezies, deren Hand der Daumen fehlt und die ganz entsetzlich stinken. Die Colobus gibt es nur auf Sansibar, sie sind von den Plantagenbesitzern gefürchtet, weil sie, da ihnen der fünfte Finger fehlt, Früchte nicht wie ihre Verwandten von den Sträuchern pflücken, sondern ganze Äste abreißen. Henrys Frau hatte ihn verlassen, als er eines Tages ein Colobus-Weibchen zu seiner Hausgenossin erklärte, um ihre Gewohnheiten aus nächster Nähe besser studieren zu können. Ich habe ein Fax in der Tasche, in dem er seinem Bruder ans Herz legt, sich um mich zu kümmern.

Nach dreißig Minuten landen wir auf der Graspiste von Meghauli; es ist ein riskantes Unterfangen, kurz vor dem Aufsetzen der Maschine rennt eine Kuh über die Piste, was der Pilot mit fürchterlichen Ausrufen quittiert; ich nehme an, sein Schreck gilt weniger einem verbeulten Propeller als dem unfaßbaren Sündenfall, ein heiliges Rindvieh umgebracht und damit die Chance auf Wiedergeburt in einem höheren Wesen vertan zu haben.

Es weht ein angenehmer Wind; Tharu-Mädchen in farbenfrohen Trachten singen ein schreckliches Liedchen, in das sich das Geheul einer handgetriebenen Sirene mischt, die ein alter Mann ohne erkennbaren Grund mit einer Hand dreht, während er mit der anderen ein lebendes Huhn rupft.

Mit Landrovern, die bestimmt schon seit einem Vierteljahrhundert ihren Dienst tun, zum Rapty River; Makaken in den Bäumen schauen zu, als wir mit Holzbooten über den Fluß setzen; Weiterfahrt mit offenen Pick-ups zur Lodge.

Sie liegt am Rand einer Lichtung, die sich zum Fluß hin öffnet; das schilfgedeckte Wohnhaus steht auf Pfählen, es ist um einen riesigen Kumbi-Baum terrassenförmig gebaut; die einfache Holzkonstruktion zeigt, wie mit wenigen architektonischen Mitteln Schönheit und Behaglichkeit erreicht werden können. Nachteil sei, erklärt unser Guide, bei den dünnen Bambuswänden höre man selbst die leiseste »Körpersprache«.

Im Schatten von Kumbi-Bäumen wird uns gegrilltes Lamm und Nudelsuppe mit Huhn serviert, bei dessen Anblick ich überlege, ob es auch bei lebendigem Leib gerupft worden ist. Auf meine Frage nach Patrick Sullivan heißt es, er sei im Tharu Safari Resort unterwegs und werde am Abend zurück sein.

Elefanten – eine Tierart, die trotz ihrer enormen Größe in den Menschen Zärtlichkeit wachruft. Zur Lodge gehört ein Elefantenpark von sieben Bullen, elf weiblichen Elefanten und neun Jungtieren. Am Nachmittag zeigt uns Mitra Poudel, der Manager von Tiger Tops, seinen Stolz, ein großer Bulle, er heißt »Rupkali«, soll den Touristen vorführen, was er alles kann; es ist erstaunlich, mit welch be-

214

dächtigem Gehorsam das riesige Tier sich in die verschiedenen Stellungen dirigieren läßt und uns dabei unter seinen seidigen Wimpern neugierig anblickt. Sein Herr, »The head elephant driver« (im Gegensatz zu Indien wird er in Nepal nicht »Mahud« sondern »Phanid« genannt), belohnt die Kunststücke mit Elefanten-Sandwiches, Bündeln aus Palmblättern, die mit Vitaminpralinen gefüllt sind. Der Phanid winkt Mrs. Brighton zu sich heran, sie möge sich doch von ihrem Mann fotografieren lassen, während sie dem Tier ein Sandwich ins Maul steckt. Peggy Brighton zögert; dann geht sie doch mutig auf das Ungeheuer zu. Peggy ist eine stramme Blondine mit einem Puppengesicht, das Ben mit ein paar sarkastischen Bemerkung kommentiert.

Rupkali sperrt das Maul auf und legt den Rüssel an die Stirn. My god, seufzt Peggy, so big, und stopft das Bündel in das rosa Elefantenmaul. Well, I did it, sagt sie aufatmend und dreht sich zu ihrem Mann. Did you take a photo, baby?

Baby, ein Mannsbild wie ein kanadischer Holzfäller, nickt, oh yes, honey, I did. Die Brightons sind über vierzig Jahre verheiratet; ich frage mich, wie sie wohl miteinander streiten, honey und baby, dieses scheinbar unversehrte Paar aus Illinois.

Während wir am Nachmittag von einer Holzplattform in die Elefantensättel klettern, erzählt unser Phanid, die Ohren des indischen Elefanten hätten die Form des Subkontinents, die des afrikanischen Verwandten seien das genaue Abbild seiner Heimat. Er streicht unserem Reittier liebevoll über den Schädel. Ich muß an die fürchterliche Prozedur denken, die ich in Indien einmal erlebt habe, als ein junger Elefant erzogen und an Menschen gewöhnt wurde. Man wundert sich, daß diese Tiere mit ihrem ausgezeichneten Gedächtnis solch eine Behandlung ihrem Lehrmeister jemals verzeihen. Es ist wahr, Elefanten weinen, ich habe es erlebt.

Außer S. sind noch Sylvie und Harry Wang im Sattel. Der Ausritt führt durch Unterholz und schattigen Wald zum Fluß; der Gang des Elefanten ist für den Reiter angenehm, ein behäbiges Schaukeln; es täuscht darüber hinweg, wie rasch man sich dabei bewegt. Ich genieße die Natur, atme auf, endlich wieder an einem Ort zu sein, wo keine Häuser stehen, keine von Menschen und ihren Maschinen erzeugten Geräusche zu hören sind, nur das Knacken von Ästen, auf die der Elefant tritt, das Rascheln von Blättern, wenn unser Reittier mit dem Rüssel Zweige zur Seite biegt, um den Weg freizumachen. Ich erwarte nicht, daß wir eine Raubkatze sichten werden, obwohl Poudel erzählt hat, vor zwei Wochen sei ein Elefant von einem Tiger angegriffen worden.

Wir bewegen uns jetzt im offenen Gelände, Elefantengras, Schilf, Inseln von dornigem Paraghina-Gebüsch; es ist erstaunlich, wie leise sich das mächtige Tier bewegt. Plötzlich bleibt »Diprendakali« stehen, läßt die Ohren spielen, hebt den Rüssel und wittert. Der Phanid legt den Finger an den Mund. In einer Entfernung von zwanzig Metern bewegen sich Schilfspitzen; ein Rhino bricht durch die Schilfwand, nervös drehen sich die kleinen löffelförmigen Lauscher; ein urweltlicher grau gepanzerter Koloß, dem jetzt ein zweiter folgt, an ihm vorbeistürmt und geradewegs auf uns zuhält. Zwei Elefantenlängen vor uns bleibt er schlagartig stehen; Rhinos sehen schlecht, sie verfügen aber über eine ausgezeichnete Witterung und ein exzellentes Gehör.

Elefant und Rhinozeros stehen sich gegenüber, versteinerte Riesen, bis »Diprendakali« anfängt, Schilfbüschel auszurupfen und sich ins Maul zu stopfen. Jetzt kommt auch in die Rhinos Bewegung, sie drehen ab, bedächtig, es ist keine Flucht. Weiter geht der Ritt durchs Buschland; ab und zu bleibt der Elefant stehen, er will fressen, aber sein Meister treibt ihn mit dem Stock weiter, was mit Trompetenstößen aus dem Hinterteil beantwortet wird.

Wir begegnen Wildschweinen, Rotwild, Affen, Eichhörnchen, Vögeln in den unglaublichsten Farben; vierhundert verschiedene Vogelarten soll es im Chitwan Tal geben. Geruch von fremden Kräutern, Stimmen, die mich an den Klang von Paryans Windinstrument erinnern. Wir überqueren den Fluß, »Diprendakali« bleibt in der Mitte stehen und trinkt, das Wasser reicht bis an unsere Schuhe, das Tier trinkt und trinkt, wir sitzen und schauen auf das weiße Band der Schneeberge im rosafarbenen Abendhimmel, und ich wünsche mir, daß unser Elefant noch lange trinkt und ich hierbleiben kann, für ein paar Minuten ein unkomplizierter Mensch mitten in einem Fluß auf einem Elefantensattel in Nepal.

Im weichen Ufersand schauen wir dann auf eine Fährte, von der unser Phanid glaubt, sie sei von einem Tiger; er behauptet sogar, sie stamme von einem weiblichen Tier; die Fährte ist nur ein paar Stunden alt, sagt er, hier hat der Tiger den Fluß durchschwommen.

Sylvie fotografiert die schwachen Ballenabdrücke im Sand; ich habe gehört, sagt sie, daß auf manchen Lodges die Fährten mit Holzstempeln gemacht werden, damit die Touristen wenigstens irgend etwas zu sehen kriegen.

Als wir in der Dämmerung ins Camp zurückkommen, trompeten die Elefanten vor Freude, sie betasten einander mit den Rüsseln und bewerfen sich mit Stroh; ich bleibe noch ein paar Minuten stehen und schaue zu, wie den Tieren die schweren Sättel abgenommen werden. Mitra Poudel kommt von einem Inspektionsgang zurück und bleibt neben mir stehen.

Na, wie gefällt Ihnen unser Camp, fragt er.

Zum Glück ist kein Tempel in der Nähe. Ich erhole mich.

Das geht den meisten so, die zu uns kommen. Manche bleiben vier Wochen. Man hat mir gesagt, Sie möchten Patrick sehen?

Ich erzähle von Henry Sullivan und zeige ihm das Fax. Sie haben Glück, meint er, Patrick ist wahrscheinlich der beste Kenner, den es zur Zeit weltweit gibt; eigentlich ist er Ethymologe, aber seit dreißig Jahren kümmert er sich um nichts anderes als um Tiger. Wir haben uns in Indien kennengelernt.

Sie sind Inder?

Ja. Aus dem Süden. Dort, wo ich herkomme, steckt die Nation noch ganz in den Klauen der Vergangenheit. Poudel lacht leise vor sich hin. Ich will Ihnen eine Geschichte erzählen. Die Kuh eines Neffen hatte sich an ihrem eigenen Strick erdrosselt, es war natürlich eine heilige Kuh. Ihr Besitzer mußte ein Glas Rinderurin trinken, sich in einen Jutesack kleiden, einen Tag lang fasten und drei Nächte dort schlafen, wo die Kuh verendet war. Auch durfte er die ganze Zeit nicht sprechen, nur muhen und mußte den Strick um den Hals tragen, an dem das Vieh erstickt ist. Und zu guter Letzt mußte er noch die Priester belohnen, die seine Strafe überwacht hatten. Jetzt kommt das Beste, mein Neffe ist Vermessungsingenieur bei der Regierung, und sein Sohn studiert Mathematik in den USA.

Wann war das?

Letztes Jahr. Schauen Sie, dort kommt Patrick. Poudel deutet auf einen Landrover, der vor dem Eingang der Lodge anhält.

Patrick Sullivan ist ein schlanker, gutaussehender Mann mit militärischem Haarschnitt und grauen Augen; ein Grau, das aus der Nähe wirkt wie polierter Stacheldraht. Die Begrüßung fällt frostig aus, das Fax von seinem Bruder quittiert er mit einem müden Lächeln. Und, was kann ich für Sie tun?

Die Haltung von Patrick lockert sich, als wir später an der Bar sitzen und er weiß, daß ich eigentlich gar nichts von ihm will. Ich hatte schon geglaubt, Sie seien ein Mitarbeiter der »International Wild Life Society«, um solche Schreibtisch-Zoologen mache ich einen weiten Bogen.

Er trinkt einen Schluck von seinem Gin-Tonic. Ich habe keinen sehr engen Kontakt zu meinem Bruder, fährt er fort, darum wundert es mich, daß er Ihnen das Fax geschickt hat.

Patrick erzählt von seiner Arbeit, den Sorgen mit den Wilddieben im Revier. In den letzten fünfzehn Monaten seien zweiundvierzig Nashörner im Chitwan getötet worden und vier ausgewachsene Tigermännchen. Entweder vergiftet oder erschossen, sagt er. Ein paar von den Kerlen haben wir erwischt und einen erschossen, aber was hilft das, die vermehren sich wie die Frösche.

Er blickt auf die Trophäen an den Wänden. Schuld an dem Desaster sind die Chinesen, sagt er, sie bezahlen Phantasiepreise für das Skrotum eines ausgewachsenen Tigers oder die Hörner von Rhinos. Sie glauben, daß sie zweihundert Jahre alt werden und besser vögeln können, wenn sie das Zeug schlucken. Für die armen Schweine hier in der Gegend sind hundert Dollar eine Menge Geld.

Je länger ich Patrick zuhöre, desto mehr habe ich den Eindruck, daß er Tiger den Asiaten vorzieht oder vielleicht sogar Menschen ganz allgemein. Seine grauen Augen sehen durch den grünen Filter des Urwalds nur die Gier, die Durchtriebenheit und die Lüge, das, woraus für ihn die Menschen beschaffen sind.

Die Bar, an der wir nun schon fast eine Stunde lang sitzen, wäre gut geeignet für einen Jagd-Film; die dunkle Theke aus Tropenholz wird eingerahmt von Elefantenstoßzähnen, Möbeln aus Rattangeflecht, präparierten Nashornschädeln und Schlangenhäuten; und natürlich die Fotos von Prominenten, die Tennisspielerin Martina Hingis, Prinz Eduard auf einem Elefanten, Mick Jagger in Begleitung einer langbeinigen Blondine. Ein Foto sticht heraus, es zeigt einen hageren Mann im Tropenanzug, er trägt ein Gewehr in der Armbeuge und schaut auf einen Punkt, der weit hinter der Person liegen muß, die diesen Augenblick festhält.

Patrick ist meinem Blick gefolgt. Ein Landsmann von Ihnen, sagt er, Graf Wilhelm August von Ettenheim-Sehlberg. Ich habe lange gebraucht, bis ich mir den Namen gemerkt habe. Graf Ettenheim war einer der letzten großen Jäger in Indien. Ich verdanke ihm mein Leben.

Er deutet auf eine breite Narbe am Hals, die sich vom Ohr bis in den Hemdkragen zieht. Kein Tier, sagt er, es war ein Autounfall, ich wäre verblutet, wenn Ettenheim mich nicht gefunden und nach Agra gebracht hätte.

Er ist aufgestanden, jetzt nimmt er das Bild vom Haken und legt es zwischen unsere Gläser.

Ettenheim starb hier, im Chitwan Tal, vor zwei Jahren. Er war über Achtzig. Es sah zuerst nach Selbstmord aus, aber Wilddiebe haben ihn unten am Fluß erschossen, er muß ihnen auf die Spur gekommen sein.

Jetzt erfahre ich eine unglaubliche Geschichte. Ettenheim hatte zu jenen Großwildjägern gehört, die in den fünfziger Jahren auf den Jagden in Indien und hier im Chitwan Tal gerne gesehene Gäste waren. Er muß ein leidenschaftlicher Jäger gewesen sein; sein Vermögen erlaubte ihm, in allen Teilen der Welt zu jagen und gelegentlich in der Zeitschrift »Jagd und Hund« darüber zu schreiben. Seine Liebe gehörte den Tigern, sagt Patrick, er wußte alles über diese Katzen, was ein Mensch wissen kann.

Als die Jagd auf Großkatzen endgültig verboten wurde, verlegte Ettenheim sein Interesse auf ein anderes Wild; er jagte die, die Tiere aus Geldgier schossen. Ich schätze, daß er in den Wildparks von Asien an die hundert Wilddiebe erlegt hat. Die Parkverwaltung hat ihn gedeckt, man war froh, daß einer diese Sache erledigt. Bis er umgekehrt deren Opfer geworden ist.

Patrick schiebt das Bild vor mich hin. Er war einer der letzten ganz großen Jäger, sagt er, wirklich, glauben Sie mir, er war ein guter Mensch.

Ich versuche, die Zeilen zu entziffern, die mit Tinte auf das Bild geschrieben sind. Die Schrift ist schwer zu lesen, aber plötzlich hilft die Erinnerung, ich kenne den Text:

»Wir wollen einen dritten Tiger suchen.
Dieser wird, wie die anderen, ein Bild sein
aus meinen Träumen, ein System aus Wörtern
der Menschen, und nicht der Tiger mit Rückgrat,
der jenseits der Mythologien auf der
Erde lebt. Ich weiß wohl, doch zwingt mir etwas
dies unbegrenzte Abenteuer auf,
sinnlos und alt, und so harre ich aus
und suche in der Dämmerzeit des Abends
den anderen Tiger, den, der nicht im Vers ist.«

Ich glaube, es ist ein Gedicht von Borges. Hat Ettenheim das geschrieben?

Ja. Ich sagte Ihnen doch, er war ein guter Mensch.

Der Raum füllt sich allmählich mit »Lost Cities«-Reisenden; einige haben sich verkleidet, tragen Tropenanzüge mit einem Dutzend Taschen und schwere Stiefel. Ben leidet unter Moskitos, er sprayt alle paar Minuten eine giftig riechende Flüssigkeit auf Knöchel und Handgelenke. Ad und Mary sitzen schweigend an einem Tisch und trinken Tee; seit ein paar Tagen reden sie kaum noch miteinander, Mary trägt auch in dunklen Räumen ihre riesige Sonnenbrille. In solchen Augenblicken muß ich Bilder von der Zukunft entwerfen; in zehn Tagen werden die Menschen, mit denen ich auf dieser Reise geredet, gegessen, getrunken und Eindrücke geteilt habe, auf verschiedenen Kontinenten ihren Alltag wieder neu beginnen. Es wird ein Neubeginn sein, zwischen das Leben vor der Reise und das danach wird sich der Vergleich geschoben haben und sei es nur die Feststellung, daß in der Sonne Asiens das Grün kräftiger oder giftiger war als in Ländern, in denen es Winter wird; daß etwas Träges in der Luft trieb, das einen langsamer gehen ließ, etwas Unsichtbares, Unhörbares, an dem man mit seinen Gedanken hängenblieb – die endgültig vergangene Zeit.

Patrick trinkt sein Glas leer. Ich muß noch Bürokram erledigen, sagt er. Er schaut mich an, reibt mit dem kleinen Finger seine Narbe. Wenn Sie wollen, sagt er, nehme ich Sie heute abend mit zu einem Luderplatz. Sagen Sie das um Himmels willen niemandem von Ihrem Altersheim. Sieben Uhr bei den Rovern, o.k.?

Es ist lange nach Mitternacht; ich sitze an dem wackligen Schreibtisch aus Rattangeflecht und übertrage im Schein einer Karbidlampe die krakeligen Notizen, die ich während des Abends gemacht hatte. Vor den Fenstern Schreie von nachtaktiven Tieren in den Bäumen, Affen, Käuzchen, Maluks, große Vögel, deren Augen in der Dunkelheit leuchten wie Rubine. S. schläft.

Um sieben war ich mit Patrick, Poudel und einem jungen Tharu zum Luderplatz gefahren. Die letzten zweihundert Meter gingen wir zu Fuß; Patrick trug ein Gewehr, eine großkalibrige Holland-Holland mit Zielfernrohr, ein Geschenk von Ettenheim, wie er mir später sagte; mir hatte er sein Nachtglas mit Restlichtverstärker gegeben.

Während der Fahrt unterhielten wir uns über die Jagd. Wissen Sie, hatte Patrick gesagt, man sollte Leuten, die sich auf den Standpunkt stellen, Jäger seien Mörder, Ortega y Gassets Buch »Über die Jagd« in die Hand drücken.

Glauben Sie, das würde ihre Haltung ändern?

Nein. Aber ich müßte mich nicht mit dummen Argumenten verteidigen.

Patrick redete mit Leidenschaft von seinen Großkatzen. Er erklärte, die Zeichnung eines jeden Tigers sei mit den Fingerabdrücken des Menschen vergleichbar; es gibt keine zwei gleichen Tiere, sagte er, ich erkenne jeden der vierzig Tiger im Revier an seinem Fell.

Der Luderplatz, auf den wir später schweigend zugingen, war eine von hohen Kumbi-Bäumen umstandene Lichtung, die sich an der schmalsten Stelle zum Fluß hin öffnete. Elefantengras und Schilf; der Waldsaum war mit batteriegespeisten Lichtschranken und Sensoren gesichert, die Infrarot-Kameras auslösen. Meistens haben wir Rotwild und Wildschweine auf dem Film, hatte Patrick erklärt, wenn wir Glück haben, manchmal auch *den* Tiger.

Der Tiger, auf den er es abgesehen hat, ist ein besonders starkes Männchen, es dominiert den gesamten Bestand im Chitwan Tal und greift sogar Rhinos an. Die Chance, das Tier zu sehen, war äußerst gering, wenn man bedenkt, daß ein ausgewachsener Tiger etwa fünfzig Quadratkilometer Buschland als Lebensraum beansprucht.

Die Kanzel lag in zehn Metern Höhe in der Astgabel eines Boddhaino-Baums. Es war kühl geworden, ohne Pullover hätte ich gefroren. Wir saßen still auf der Bank aus Bambusrohr; schwaches Mondlicht, auch hier schimmerte der Mond blau; in zwanzig Metern Entfernung lag der Köder, ein dunkler Fleck im Schilf; es war ein kleiner Mitra-Hirsch, den Patrick am Morgen geschossen hatte.

Über der Lichtung stand Jupiter, unser Reisebegleiter seit Petra. Affen, die bei unserem Kommen aufgeregt schnatternd und bellend in die Gipfel geflüchtet waren, hatten sich beruhigt. Plötzlich fing es an, in den Hosenbeinen zu krabbeln; Ameisen. Ich wagte nicht, mich zu rühren, sah dann aber, wie Patricks Hand sich im Zeitlupentempo seinem Knie näherte. Zirpen, Rascheln und Summen von unsichtbaren Tieren in einer Dschungelnacht; wenn nur die Ameisen nicht gewesen wären, ihr Vormarsch war unaufhaltsam, sie arbeiteten sich zielstrebig zu jener Stelle voran, die ein beliebter Treffpunkt von Filzläusen sein soll.

Auf einmal teilte sich das Schilf, es geschah lautlos, ein beweglicher Schatten schob sich ins Mondlicht; jetzt konnte ich den Schädel des Tigers erkennen, den Glanz seiner Lichter, gelb wie Spitzen von Gasflammen; Blessen darüber; ein Ohr war zerfetzt, auf die Entfernung sah es aus, als hätte das Tier drei Ohren. Der Fang war offen, obwohl ich den Atem weder hören noch riechen konnte, hörte und roch ich ihn in meinem Kopf, ganz deutlich, heiseres Raubtierhecheln und Fäulnis. Halb von Schilf verdeckt, stand das Tier, unbeweglich, eine Sekunde, vielleicht waren es zwei, dann verschwand er ebenso plötzlich und lautlos, wie er aufgetaucht war. »Und so harre ich aus und suche in der Dämmerzeit des Abends den anderen Tiger ...«, an diese Zeilen mußte ich denken, während wir noch minutenlang auf der Bambusbank saßen, wortlos, den Blick auf das Schilfdunkel gerichtet, das den Tiger verschluckt hatte.

Ein schlauer Bursche, sagte Patrick endlich, irgend etwas kam ihm nicht geheuer vor; wahrscheinlich kommt er in der Morgendämmerung und holt sich sein Frühstück.

Als wir auf dem Boden standen, befreiten wir uns erst einmal von den Ameisen, einer ekelhaft großen Spezies, deren Säure an den Waden Spuren hinterließ, die noch tagelang zu spüren sein werden.

Im Landrover piepste das Funkgerät, Patrick fing an, in einer fremden Sprache zu reden, rasch und eindringlich. Wenn Sie nicht zu müde sind, sagte er dann, möchte ich Ihnen gerne noch etwas zeigen. Er wirkte verstört und wütend.

Wir fuhren am Fluß entlang und kamen zu der Stelle, wo der Elefant am Nachmittag getrunken hatte. Der Mond spiegelte sich im ruhigen Wasser. Weißes Licht, das auf die nackten Stämme von Schwemmholz fiel; der schwarze Saum von Gras und Schilf am Ufer. Schatten von namenlosen Tieren, die in dieser dunklen Welt umhereilten. Ich vernahm eine Stimme in mir, die ich zu Hause nie vernehme, sie war leiser, dennoch bestimmte und gab mir zu verstehen, daß diese Welt nicht das sei, was unser Kopf aus ihr macht, sie sei viel geheimnisvoller und reicher an Wundern.

Bei einer Furt durchquerten wir den Fluß und kamen an einen ausgetrockneten Nebenarm; vor uns plötzlich Gestalten, sie standen um eine schwarze Masse im Schilfgras. Patrick richtete die Scheinwerfer auf die Gruppe und hielt. In einer schlammgefüllten Mulde lag ein Nashorn; der Schädel war auf dem Trockenen, er lag in einer Lache von Blut. Auf dem Nasensattel klaffte eine Wunde, in der man das Weiß des Knochens sah.

Wilddiebe, sagte Patrick, sie benutzen Schalldämpfer. Das Horn wird mit Macheten herausgebrochen oder einfach abgesägt. Die Gelben benutzen es gegen Fieber, nicht, wie viele glauben, als Potenzmittel. Dafür nehmen sie den Extrakt aus Tigerknochen. Sie müssen sich vorstellen, für ein Kilogramm zahlen Händler in Singapur fünfzehntausend Dollar; ein Tharu verdient hundert Dollar im Jahr, wenn er überhaupt Arbeit findet.

Und was können Sie dagegen tun?

Patrick zuckte die Achseln und blickte auf das Gewehr hinter dem Rücksitz. Was wir dagegen tun können? Lieber Himmel, so traurig es für Sie klingen mag, abschießen, die Kerle einfach abschießen, wie Ettenheim es gemacht hat. Die »Rhino Patrol« braucht mehr gute Leute, verstehen Sie. Möchten Sie ein Andenken an das Tal?

Er nahm sein Jagdmesser und schnitt dem Rhino das Schwanzende ab.

Der graue Pinsel mit den harten Borsten liegt vor mir auf dem Tisch; ich habe die Schnittstelle mit Pflaster verklebt. Zwei Monate nach dieser Mondnacht höre ich bei der Betrachtung meiner Souvenirs das Geräusch der Zikaden, sehe etwas Schwarzes lautlos im Schwarzen vorbeihuschen und habe dennoch Mühe, die Stimmung jener Nacht zurückzuholen, das Tropfen des Nachttaus auf die Blätter vor meinem Fenster und das Ächzen der Holzsparren, die sich von der Glut des Tages ausruhen.

Zwei Uhr, als ich leise ins Bett schlüpfe; die Wärmflasche ist einer der brauchbarsten Gegenstände, die man uns bisher als Überraschung unter die Decke gelegt hat.

Um fünf Uhr früh sitze ich wieder im Elefantensattel. S. wollte nicht mit, der Wald tropft, hundert Prozent Luftfeuchtigkeit. Ich trage einen Anorak und habe die Kapuze über den Kopf gestülpt. Wir sind zu zweit, neben mir sitzt Harry Wang mit geschwollener Backe; er konnte wegen Zahnschmerzen die ganze Nacht nicht schlafen und ist mit einem Eisbeutel durchs Camp gewandert.

Dunst über dem Busch, erste Morgendämmerung. Unser Elefant taucht ins Schilfmeer, durchstößt mit dem Rüssel vom Tau versilberte Spinnennetze, die sich zwischen den Ästen toter Bäume spannen; manche sind so groß wie Grundnetze von Flußfischern. Über dem Wasser dichter Nebel, der den Konturen des Hochufers die Schärfe nimmt. Eine Rhinomutter taucht neben uns auf, tolpatschig flink umkreist von ihrem kalbgroßen Jungen. Sie zeigt keine Furcht, äugt, wittert, läßt die im Verhältnis zur Körpergröße lächerlich kleinen Löffelohren spielen, wälzt sich dann mit dem Jungen weiter durchs Schilf. Eine friedvolle Begegnung an diesem Morgen, überschattet von der Erinnerung an das gewilderte Tier.

Kleine weiß gepunktete Hirsche; fasanenähnliche Vögel flattern unter empörtem Gekrächze über unseren Köpfen davon und lassen sich ein paar Meter weiter wieder wie Steine ins Schilf fallen. Die Landschaft in der Nähe des Flusses ist vom Dunst aufgeweicht, nichts Festes, Riesenbäume verschwimmen zu schattenhaften Konturen wie auf

Aquarellen von Gerandis Dschungel-Studien. Am Waldrand hält der Phanid den Elefanten an. Das Tier hebt den Rüssel, saugt Luft ein, spreizt die Ohren vom Schädel. Der Arm des Phanid weist auf einen Baum. Dann sehen wir die gefleckte Katze, sie liegt völlig entspannt in einer Astgabel, Greta Garbo auf einem Diwan; sie schaut uns an, bis auf das Zucken der Schwanzspitze keine Bewegung. Jetzt hat »Diprendakali« Witterung aufgenommen, er trompetet los, und der Leopard läßt sich fallen, fünf, sechs Meter in die Tiefe, überschlägt sich und löst sich im sanft schaukelnden Schilfwald auf.

Das war Glück, sagt der Phanid strahlend, den letzten Leoparden haben wir vor drei Monaten gesehen.

Während wir zum Fluß reiten, bricht mit einemmal die Sonne durch den Nebel; am anderen Ufer ist die Stelle, wo das Rhino geschossen wurde; ich erkenne den Ort an dem niedergetrampelten Gras und den Reifenspuren. Als ich Harry die Geschichte erzähle, nickt er, ich weiß, sagt er, eine riesige Sauerei. Ich habe Verwandte in San Francisco, Chinesen, schon seit Generationen in den USA; mein Onkel ist Kieferorthopäde, er hat die modernste Praxis in ganz Kalifornien und fliegt einen Helikopter. Wissen Sie, was er am Abend macht, wenn er nach Hause kommt? Er mixt sich einen Energy-Cocktail, der aus einem Drittel Gin, zwei Dritteln Tiger Essence besteht. Jeder Schluck hundert Dollar.

Frühstück in der Lodge. Höfliches Geplauder mit Mrs. Lexman. Sie sei inzwischen in IHM, sagt sie, Jack Kornfields »Spirituelle Wege« kenne sie inzwischen auswendig und könne es kaum noch erwarten, in die Weihrauchwelt der nächsten Tempel einzutauchen. Auf Bens Frage, wie ihr denn »Tiger Tops« gefallen habe, erfahren wir, daß die

Natur ihr nur insofern etwas zu sagen habe, als ER unter einem Banyon-Baum seine Erleuchtung empfing.

Die Sicherheitskontrolle auf dem kleinen Flughafen von Meghauli entbehrt nicht einer gewissen Komik. Leibesvisitation in einem offenen Holzverschlag neben der Piste; hinter einer Bambuswand plätschert es im Pissoir, während der Beamte Achselhöhlen und Taschen untersucht; der Inspektion fallen die Streichhölzer des »Grand Hotels«, ein roter Bindfaden und eine spitze Büroklammer zum Opfer. Mißtrauen erregt auch mein Schweizer Messer, er klappt es auf und probiert, mit der Schere einen Nagel aus seiner Schuhsohle zu ziehen; dann gibt er einem mageren Köter, der mit in den Verschlag gekommen ist, einen heftigen Fußtritt und mir das Messer zurück, zögernd, mit fragendem Blick. Vielleicht hätte ich ihm das Messer geschenkt, wenn er den Hund nicht getreten hätte.

Dann stehe ich wieder im Freien und beantworte variantenreich Fragen von meinen Mitreisenden, warum, um Himmels willen, ich andauernd diese umständlichen Notizen mache, wo doch ein Fotoapparat und ein Diktaphon viel leichter zu handhaben wären. Doktor Haberegger, ein Wiener Großbäcker, der mir diese Frage schon zum zweiten Mal stellt, ist Inhaber der größten und kompliziertesten Fotoapparatur, die ich jemals gesehen habe.

Zum zweiten Mal hört er sich meine Antwort kopfschüttelnd an. Es ist wie mit dem Telefonieren, sage ich ihm, und dem Briefeschreiben; wenn man den Müll, der während eines Tages am Telefon dahergeredet wird, aufzeichnen und dem Sprecher am Abend vorspielen würde, würde er das vielleicht eine Zeitlang nicht mehr machen. Durch Niederschreiben werde der gröbste Unsinn ausgeschieden.

Der Alte, der vor zwei Tagen das lebende Huhn gerupft hat, beginnt, die Handsirene zu drehen, und wir klettern in die Cessnas der Lumbini Air.

Montag, 15. November; Kathmandu via China

Die Flugzeit beträgt dreieinhalb Stunden. Es dauert zwei Stunden, bis wir für den Weiterflug nach China unsere »Explorer« besteigen können; die chinesischen Flugbehörden weisen Privatmaschinen besondere Routen zu, das dauert und wird oft während des Fluges nochmal geändert. Zegrahm hat vorgesorgt, um die Wartezeit zu überbrücken, werden an die Passagiere »Time-Faxe« verteilt, die informieren, was auf der Welt geschieht. Ich erfahre, der mit Sauerstoff-Masken ausgerüsteten Expedition von Bill Crouse sei es gelungen, den Everest in Rekordzeit zu bezwingen; mittels satellitengestützter Geräte ist der höchste Punkt der Erde nun genau vermessen, der Gipfelscheitel hat sich ganze zwei Meter höher als bisher angenommen erwiesen.

Wie Menschen, die vor zwei Wochen keine Ahnung von der Existenz des anderen hatten, freudig reagieren, wenn sie sich wieder treffen! Gruppe A, die in Kathmandu Gebliebenen, und Gruppe B, sie kommt aus Meghauli, begrüßen einander, als würden sich lange vermißte Freunde unverhofft wiedersehen; ob wir Tiger getroffen hätten, werden wir gefragt, Krokodile, Bären. Minnie will wissen, ob uns nicht vielleicht ein Löwe begegnet sei? Eine Sekunde lang reizt es mich, diese Frage mit einem ausführlichen Ja zu beantworten. Auch Blutegel sind ein zeitüberbrückendes Thema. Mrs. Swartz krempelt ihr Hosenbein hoch und zeigt uns an ihren von Krampfadern umschnürten Waden die entzündeten Zapfstellen. Wieder einmal bewundere ich die Hingabe von Agnes, mit der sie den eher unappetitlichen Anblick durch ungeheucheltes Mitgefühl schönredet.

Kalte Bilder. Wieder fliegt die »Explorer« am Himalaya-Massiv entlang; gestaffelt liegt die Eiswelt unter uns, unverrückbar in vollkommener Stille. Für Augenblicke habe ich das Gefühl, nicht hier im Flugzeug zu sitzen; die Dinge um mich haben keinen Körper, jedenfalls nicht das, was mit der Vorstellung des Körpers verbunden ist, Gewicht, Hinfälligkeit und Müdigkeit. Die Empfindung dauert nicht an, aber sie läßt die Bereitschaft zurück, alles widerstandslos hinzunehmen, was mir an Verwandlungen widerfahren mag.

S. liest über Tibet, »Dharma Art« von Chögyam Trungpa. Ich wappne mich auf meine Art vor dem Ansturm tibetischer Klösterlichkeit und blättere in Edward-Tonellis Aufzeichnungen. Auch er gelangte über China in den feudalen Mönchsstaat, der seit dem 13. Jahrhundert die Hochburg des Lamaismus war. Welchen Weg er genommen hat, geht aus dem Text nicht hervor, nur, daß er sich in Gesellschaft von zwei Mönchen aus dem Drepung Kloster befand, die von einer Pilgerreise aus Indien zurückkehrten. Es berührt schon eigenartig, ein italienischer Jesuit mit englischem Paß, der das orangerote Gewand buddhistischer Mönche trägt, schreibt nach seiner Ankunft in Lhasa nicht über das, was er hier vorfindet, sondern befaßt sich drei Seiten lang mit einem friedvollen Lebenskünstler aus Athen. Vielleicht waren kriegerische Auseinandersetzungen der Anlaß, die in diesem von Klöstern beherrschten Teil der Welt oft mit einer Grausamkeit ausgetragen wurden, die man bei der Lektüre der sanften und klugen Schriften, die in ebendiesen Klöstern entstanden, allzu leicht vergißt. »Auch hier also der Dolch ...«, schreibt Edward-Tonelli über das Tibet-Kapitel. Drei Jahre lang wird er hier sein, vom Eisen-Drachen-Jahr bis zum Holz-Affe-Jahr.

»Epikur predigte«, schreibt Edward-Tonelli 1812 (es ist eine der wenigen Aufzeichnungen, die er »vor Ort« verfaßt hat), »Epikur predigte, daß du, Mensch, der du heute und hier lebst, glücklich leben sollst. Du bist auf dieser Welt, um dein einziges einmaliges Leben mit Glück zu füllen. Der Römer Horaz hat dieses Credo in zwei Worte gepackt: Carpe diem.«

Obwohl die unermüdlichen Verkünder der Erbschuld und allen Übels auf Erden zu allen Zeiten Anstoß nahmen an Epikurs freundlicher Lehre, hat man nie gehört, daß einer, der sich zu ihm bekannt hat, ans Kreuz genagelt wurde; der Märtyrer-Kalender der Epikureer sieht nicht sehr prächtig aus. Aufregende Ereignisse sind aus den fünfunddreißig Jahren von Epikurs unauffälligem Leben nicht bekannt; der Anfang seiner Karriere war auch nicht so pompös wie die Verweigerung aller angestammten Herrlichkeiten des indischen Prinzen Siddharta; und das Ende seiner Karriere war nicht so spektakulär wie das des Sokrates oder von Jesus. In Epikurs Namen wurden keine Kreuzzüge geführt, seine Freunde wurden weder wilden Tieren vorgeworfen, noch schrieb er vor, was sie zu tun oder zu lassen hätten. Keine Buße, keine Opfer, weder Weihrauchschwaden noch Tempel, ein vernünftiges Leben und das daraus resultierende Glück waren seine Anliegen.

Ich lege ein Lesezeichen in Edward-Tonellis Buch und stehe auf, um die Füße zu vertreten. Die meisten Passagiere schlafen. Auf meinem Weg vom Heck der »Explorer« zum Bug und wieder zurück sehe ich viel graues Haar. Die Reise mit den dicht aufeinanderfolgenden Orts- und Klimawechseln ist anstrengend, viele leiden darunter, obwohl es keiner zugeben will. Da sitzen sie, die Sechzig- und Siebzigjährigen, von ihren Ehefrauen bewacht und mit Vitaminpillen und unverfänglicher Lektüre gefüttert, brav und kulturbeflissen. Von einigen weiß ich, daß sie Reisen, ja sogar Ferien, jahrelang vor sich her geschoben haben, weil sie glaubten, es gäbe noch so viel anderes zu tun, Wichtigeres; die Kinder brauchen uns noch, dabei waren die Kinder längst dem Schulalter entwachsen; das größere Haus, die neue Filiale, die Globalisierung der Produktion. Von einem Dutzend meiner Reisegefährten weiß ich auch, daß sie mindestens einen Herzinfarkt oder einen Schlaganfall hatten. Das Arbeitsethos von Zwingli, Calvin und anderen strengen Geistern läßt Muße nicht zu. Zwei Drittel der Reisenden hätten sich diese Reise schon vor zwanzig Jahren leisten und im Vollbesitz ihrer Kräfte genießen können, ohne Stock, Hörgerät, sieben Dioptrien und einem Medikamentenkoffer, der größer ist als früher die Aktentasche.

Edward-Tonelli hat es so ausgedrückt: »Die menschliche Eigenschaft, den Genuß des Augenblicks zugunsten von Künftigem zu verschenken, greift in die nebulösen Welten eines Paradieses, das die raffiniert erdachte Prothese unserer amputierten Gegenwart darstellt.«

Chengdu, China

Es ist finster, als wir bei strömendem Regen in Chengdu landen. Gläserne Wolkenkratzer, zuckendes Neonlicht, Honda, Sony, Apple, Fernsehwände vor Kaufhausfassaden. Menschentrauben davor. Ein Mercedes der S-Klasse überholt den Bus, hinter der Heckscheibe wippt ein goldglänzender Buddha an einem Faden auf und ab. Rikschafahrer, denen die nassen Lumpen an den Körpern kleben. Unter Regenschirmen trotz Dunkelheit modische Sonnenbrillen und grellgeschminkte Lippen; man wähnt sich in Frankfurt oder New York, westliche Markenzeichen sind allgegenwärtig, Chrysler, BMW, Saint-Laurent.

Die hübsche junge Chinesin, die uns zum Hotel begleitet, gibt auf meine Frage, wer denn in China so viel Geld hat, eine umschreibende Antwort. Ausländer, sagt sie, natürlich gibt es auch fleißige Chinesen, die viel verdienen und sparen. Chengdu sei die Hauptstadt der südwestlichen Provinz Szechuan, eine der reichsten Provinzen Chinas.

Es wundert mich, wie offen sie über das Buch »Wilde Schwäne« zu sprechen beginnt, die Zeit der brutalen Verfolgung und Umerziehung der Bourgoisie, den Lagern im Norden, den Schauprozessen in Peking.

Betty möchte wissen, ob sie als moderne Frau sich wohl fühle im kommunistischen China, ob sie nicht lieber in Australien leben möchte oder in den USA.

Sie zuckt die Schultern und lächelt. China kann ein wundervolles Land sein, sagt sie. Ich glaube ihr das.

Das »Holiday Inn Crown Plaza« im Zentrum der Stadt ist ein komfortables Hotel mit neuestem westlichem Standard. Zum Abendessen stehen drei Restaurants zur Verfügung, »Shu Jia Chai«, mit Szechuan-Küche, »Mississippi

Grill« und das »Kiyosato«, ein japanisches Restaurant. Auf unserem Zimmer finden wir Zettel mit dem täglichen Programm. Morgen werden wir um vier Uhr geweckt.

Es wird wegen der Höhe in Lhasa dringend empfohlen, auf Alkohol ganz zu verzichten; ebenso seien leichte Mahlzeiten zu empfehlen, und Wasser, viel Wasser müsse der Höhenreisende trinken.

Als wir später mit Huttons, Wangs und Ben im Szechuan Restaurant sitzen, sehe ich an allen Tischen Batterien von Wasserflaschen. Meine Tischgefährten trinken grünen Tee, den der Kellner mit routiniertem Schwung aus einer langschnabeligen Kupferkanne in die Tassen gießt. Der rundliche Chinese strahlt, als ich einheimisches Bier bestelle; in seinem drolligen Englisch, in dem der Buchstabe »r« nicht vorkommt, sagt er augenzwinkernd, gut gegen dickes Blut, soll ich zwei blingen?

Während wir auf das Essen warten, erzählt Ben vom chinesischen Wirtschaftswunder; Chengdu wächst mit Lichtgeschwindigkeit, sagt er, jedes Jahr ein halbes Dutzend neue Wolkenkratzer, eben ist das Tianfu International Exchange Center im Bau, ein Koloß, der sich durchaus mit den Bauten in Chicago messen kann. Ben kennt eine junge Frau, die früher ein staatliches Reisebüro leitete und jetzt mehrere private Telefonzentralen betreibt; sie ist in ein paar Jahren zur Millionärin geworden, sagt er, sie fing mit geliehenen zweihunderttausend Yuan an, heute erreicht der Umsatz ihrer Firmen dreißig Millionen. Wer tüchtig ist und den Mund hält, hat in China alle Chancen.

Das »Shu Jia Cai« wird mir als eines der besten Szechuan Restaurants in Erinnerung bleiben, die ich je aufgesucht habe; hot and sour soup, Duckling, Chicken Szechuan, alles sehr scharf und sehr frisch. Bald sitze ich allein im Restaurant und erheitere meinen Kellnerfreund mit weiteren ausgedehnten Bestellungen. S. und die anderen sind auf den Zimmern, um das gigantische Umpackmanöver in Angriff zu nehmen; die großen Koffer bleiben in Chengdu, die warmen Sachen für vier Tage Tibet müssen in kleinen Wheelys verstaut werden.

Dienstag, 16. November;
Chengdu via Lhasa, Tibet

Der Regen trommelt schräg gegen die Fensterscheiben, als wir um vier Uhr per Telefon geweckt werden. Beim Frühstück schwelgen Ben und ich in Hühnerbrühe mit Glasnudeln und feingeschnittenen Chu-Pilzen. Es ist inzwischen halb fünf, S. kämpft sich schon wieder oder noch immer durch das Chaos überflüssiger Kleidungsstücke; als ich gestern gut gelaunt aufs Zimmer kam, fand ich sie im Schneidersitz auf dem Boden, aufgelöst und verzweifelt, umgeben von lauter Dingen, die aus unseren Taschen und Koffern quollen, Hosen, Blusen, Hemden, Gürtel, Halstücher, Ersatzpullover und Ersatzschuhe, alles unbenutzt, und das wird es wohl auch bleiben, bis es zu Hause ausgepackt und auf die letzte Reise in die Waschmaschine geschickt wird. Das Erstaunliche am Packen ist, daß die Sachen in den Koffern über Nacht offenbar Junge bekommen; ich verstehe die Verzweiflung von S. über die schier unlösbare Aufgabe, das Zeug wieder zu verstauen, und ich nehme mir vor, in der Mongolei oder in Usbekistan einen vierten Koffer zu kaufen.

Der Weiterflug nach Lhasa erfolgt mit einer Maschine der China Southwest Airlines; es ist die gleiche Boeing 757 wie unsere »Explorer 2000«, nur drängeln sich hier zweihundertsiebzig Menschen durch die Sitzreihen. Grund für den Wechsel ist die Landepiste in Tibet; sie ist wegen der starken Winde im engen Talkessel extrem schwierig anzufliegen; die mit den Wetterverhältnissen vertrauten Piloten starten und landen in den frühen Morgenstunden, wenn die Thermik ausgeglichen ist. Agnes hat uns erzählt, sie sei im letzten Jahr mit einer Zegrahm-Gruppe drei Tage in Lhasa festgesessen, weil die Maschinen aus Chengdu wegen eines Sandsturms nicht landen konnten.

Als Heinrich Harrer 1944 aus britischer Kriegsgefangenschaft in Indien über den Himalaya nach Tibet floh, war Lhasa eine mittelalterliche Stadt und Tibet ein Land ohne Straßen und Autos. Der Reisende hatte Zeit, sich an die dünne Luft zu gewöhnen. Heute dauert der Flug von Chengdu zwei Stunden. Außer der »Lost Cities«-Gruppe sind Chinesen und Tibeter an Bord; einige tragen die grüne Uniform der Volksbefreiungs-Armee. Hochlandbewohner haben auch im Flugzeug ihre breitrandigen Lederhüte auf dem Kopf; beim Start blicken die dunklen Gesichter in stoischer Unbewegtheit auf den Verschluß des Anschnallgurtes.

Im grauen Morgenlicht tauchen Umrisse von Bergketten auf; die schneebedeckten Hochkare überzieht ein zartes Rosa, das rasch an Intensität zunimmt und die höhergelegenen Gletscher wie aus der Tiefe heraus glühen läßt.

Wir überfliegen die Stromtäler von drei der größten Flüsse der Erde; Mekong, der durch Laos, Thailand, Kambodscha und Vietnam fließt, das schmale Tal des Yangtsekiang, der bei Shanghai das Ostchinesische Meer erreicht, die

Schluchten des Salween, dessen Wasser in weiten Mäandern Burma durchströmt. Die Flüsse haben sich in Nord-Süd-Richtung in die Gebirgsketten gegraben, die Tibet jahrhundertelang von der Welt abschnitten. Ungewohnt ist der Blick aus dem Fenster, die Gipfel liegen nicht unter uns, sie sind neben uns, wir fliegen *durch* das Gebirge.

Nach einer Stunde öffnen sich die gelbgrauen Hänge zu einem Tal; terrassierte Felder kleben an steilen Felshängen, hellgrüne Weideninseln im milchigen Wasser des Tsangpo, der hier zum Brahmaputra wird. Wir sind auf dem Dach der Welt.

Zwei Stunden hat der Flug gedauert, zwei Stunden wird die Fahrt vom Flughafen nach Lhasa noch dauern, hundert Kilometer über eine Teerstraße, die vor zwanzig Jahren noch ein Schotterweg war. Weder S. noch ich haben Probleme mit der Luft in dreitausendsechshundert Metern; wir leben in der Schweiz und sind von Bergtouren Höhe gewöhnt. Leonetti und einige andere unserer Gruppe sind in Chengdu geblieben, Steve Straw hatte vom Flug nach Tibet abgeraten; sie werden inzwischen die unterirdische Terrakotta-Armee bei Lingtong besuchen.

Zwei Grad unter Null. Die trockene Luft läßt die Kälte nicht unangenehm erscheinen. Im Tal grasen Viehherden, große Raubvögel kreisen im Aufwind. Ungewohnte Bilder: Schwarze Yakbüffel ziehen einen hölzernen Pflug; Frauen in Tracht, wollene Röcke über weiten langen Hosen und darüber der bunte Schurz; auf dem Lhasa-Fluß treiben Boote aus Ziegenhäuten, in denen Käfige mit Hühnern zu Pyramiden aufgetürmt sind; Dörfer liegen abseits der Straße; die flachen einstöckigen Lehmhäuser würden sich kaum vom Grau der Berghänge abheben, wären nicht überall die bunten Gebetsfahnen.

Auch hier überrascht mich die Offenheit des Guides; Bob, mit tibetischem Namen Tundru, ist ein großer Mann mit dunkler Haut und dem traurigsten Gesicht, das man sich denken kann, obwohl er bei seinen Worten zu lächeln scheint. Bob erzählt, die Chinesen hätten seinen Onkel umgebracht und die Eltern acht Jahre lang in Gefängnisse und Umerziehungslager gesteckt; sie wurden geschlagen, dem Vater brachen die Lehrer der Revolution beide Handgelenke. Meine Familie gehörte zur »upper class«, sagt er, sie waren in der Regierung. Mit einem stillen ergebenen Lächeln fügt er hinzu, es war unser Karma.

Bill Evans, ein hünenhafter Farmer aus Südarizona, sitzt vor Bob. Er hat einen tiefroten Hals. Schweine, schreit er, und wir Idioten bringen denen auch noch unsere sauberen Dollars. Ich habe zu meiner Frau gesagt, solange diese Kommunisten am Ruder sind, bringt mich kein Mensch nach China. Sie hat mich überredet.

Bill hat Heimweh nach den Zeiten von McCarthy, wo Kommunisten als das behandelt wurden, was sie durch die Bank für ihn sind, Schweine eben. Tundru scheint über diesen wortgewaltigen Ausbruch mehr erheitert als begeistert zu sein. Er greift in eine Schachtel mit Mineralwasserflaschen und fängt an, sie im Bus zu verteilen.

Jetzt wendet Bill sich an mich. Und, sagt er schnaubend, was meinen Sie dazu?

Auch ich empfinde es widerwärtig, daß der Westen sich über die Verletzungen der Menschenrechte empört und zugleich Delegationen aus Politik und Wirtschaft in Peking einander die Türklinken in die Hand drücken. Als ich das dem Mann aus Arizona sage, belohnt er meinen Kommentar mit einem Schlag auf die Schulter, daß mir Hören und Sehen vergeht.

Nach einer halben Stunde Fahrt halten wir an einem Ort, wo der Fluß sich zu einem See weitet; ein schöner Platz, um zu fotografieren, meint Tundru, auch sei es die letzte Gelegenheit, eine Toilette zu benutzen, bevor wir Lhasa erreichen.

Ich spaziere zum Seeufer, zwei kleine schwarze Hunde begleiten mich. Bobs Worte klingen noch nach; von dieser Stunde an verläßt mich in Tibet das Gefühl nicht mehr, in einem Land unterwegs zu sein, in dem Invasoren nicht nur eine Kultur mit unvorstellbarer Brutalität zerstörten und immer noch zerstören, sie haben ein ganzes Volk »enthauptet«; die geistigen Eliten sind geflohen oder sitzen in Gefängnissen, geblieben sind die unteren Schichten und ihre Ohnmacht.

Das Gebüsch am Ufer ist dürftig, wenig Schutz, um hier sein Geschäft zu verrichten; ich werde wohl oder übel die Toilette aufsuchen müssen. Agnes hatte uns vor der extravaganten Konstruktion tibetischer Toiletten gewarnt. Was ich finde, ist ein von Mäuerchen umschlossener Pferch mit zwei Donnerbalken unter freiem Himmel. Dennoch stinkt es zum Gotterbarmen, der menschliche Unrat rutscht in Kanäle, die irgendwo in den Fluß münden sollen, aber anscheinend verstopft sind.

Zwei Tibeter sitzen unter ihren Hüten gemütlich da und führen ungeachtet der Invasion von Fremden ihren Plausch weiter. Die Szene erinnert mich an eine Toilette im Hochland von Guatemala; drei Mauern, kein Dach, zwei Balken; als ich eintrat, fand ich eine gemütliche Versammlung von mehreren Herren, die, den Sombrero auf dem Kopf, Zeitung lasen, rauchten, sich von einem kleinen Jungen die Stiefel putzen ließen. Meine Bewunderung für so viel Stil kannte keine Grenzen, als ein zweiter Junge mit einem Tablett erschien, auf dem eine Flasche Schnaps und winzige Gläser standen; er schenkte ein, reichte jedem der ächzenden Herren, Mitglieder der Regionalverwaltung, wie ich später erfuhr, seinen Verdauungstrunk.

Tundru steht abseits; er schaut den Reisenden nach, die jetzt die Straße überqueren und auf ein Dorf zugehen; wenn er sich unbeobachtet fühlt, fehlt das Lächeln in seinem Gesicht. Als er mich kommen sieht, lächelt er wieder und macht ein paar Schritte auf mich zu. Sie sind zum ersten Mal in Tibet, fragt er.

Ich erzähle ihm von unserer Reise und frage ihn dann, ob es für ihn nicht gefährlich sei, so offen zu sprechen, der Fahrer könnte ihn denunzieren.

Der Fahrer ist ein Freund, sagt er, meistens jedoch sind Aufpasser aus Peking dabei. Wir wollen, daß man in der Welt erfährt, was in Tibet geschieht. Tundru erzählt, daß er versucht hat, mit Hilfe eines Schweizers in Lhasa eine Schule für Englisch und Französisch zu gründen. Nach einem Monat wurden die Räume versiegelt; die Chinesen wollten nicht, daß wir Fremdsprachen lernen, sagt er, die Tibeter erhalten keine Visa, es sei denn, sie haben sich um die Partei verdient gemacht. Er spuckt auf den Boden.

Sie werden das vielleicht nicht begreifen, fährt er nach einer Weile fort, das Dorf, in dem ich gelebt habe, war arm; aber die Menschen haben sich reich gefühlt. Ich habe mich auch reich gefühlt, so seltsam das für Sie sein mag. Als ich nach Lhasa kam und sah, was dort geschah, habe ich meinen Reichtum verloren. Jetzt fängt meine Seele wieder langsam an zu sparen.

Es ist wärmer geworden, ich ziehe die Windjacke aus und laufe ein Stück am Fluß entlang; das Wasser ist glasklar, blauschimmernde Fische schnellen über Steinbarrieren flußaufwärts. Ein karges Land, baumlose Hochkare, in denen bizarre Felsformationen sich mit weich geschliffenen Kegeln abwechseln. Wo immer das Auge die Einöde absucht, entdeckt es bunte Gebetsfahnen; Rot für das Feuer, Weiß für die Wolken, Grün für das Wasser, Gelb für die Erde und Blau für den Himmel.

Auf Holzbohlen überquere ich ein Bächlein und stehe dann vor einem mauerumschlossenen Gehöft. Hunde kläffen, als ich mich dem Tor nähere; Frauen kauern auf dem Lehmboden des Hofs und weben; ein junger Mann fordert mich mit einer Handbewegung auf einzutreten. Ich folge ihm über den Hof, vorbei an ein paar uralten Bäumen, die sonnengelbes Laub tragen. In Tibet ist Winter.

Hunde, Yaks, schwarze Hühner, kleine Kinder mit Rotznasen, die auch bei null Grad nicht zu frieren scheinen, sie tragen dünne Unterhemden, die irgendwann einmal weiß waren. Die Pfützen haben eine Eisschicht. Unter einem Dachvorsprung stehen hölzerne Bettgestelle; die Bewohner der Hochlandregion schlafen selbst bei zwanzig Grad unter Null noch im Freien. Die Küche ist ein schwarzes fensterloses Loch ohne Kamin; der strenge Geruch von Yakbutter, die eigentlich »Dri-Butter« heißt, weil sie vom weiblichen Yak stammt, mischt sich mit dem von kaltem Rauch und Ruß. Ich drücke dem Jungen einen Yuan-Schein in die Hand, will zum Ausgang, muß dabei aber einem Grüppchen alter Männer ausweichen, die mich aus ihren Kohleaugen ruhig anstarren und plötzlich wie auf Kommando die Zungen herausstrecken. Später wird Tundru mir erklären, im alten Tibet (dem Tibet vor den Chinesen) habe man einem fremden Gast Respekt bezeugt, indem man ihm die Zunge zeigte.

Lhasa ist keine Stadt, in der man bleiben möchte; graue

Häuser von Parteibonzen, Kasernen, der Schlot einer Zementfabrik bläst Staub in den wolkenlosen Himmel. Der Bus hält auf dem Platz vor dem Potola; mehr als ein Jahrtausend war dieses Gebäude mit seinen dreizehn Stockwerken, den Fensterreihen wie Bienenwaben Palast und Festung der Herrscher Tibets. Bis zu seiner Flucht nach Indien im Jahr 1959 hatte der Vierzehnte Dalai Lama hier gewohnt, umgeben von Tausenden von Mönchen, Beamten, Dienern und Leibeigenen.

Morgen werden wir den Potola besichtigen, jetzt ist Fototermin; die Reisegefährten lassen sich vor der Palastburg ablichten, zwei Dollar kostet ein Bild; an einem Stand können die Touristen sich einheimische Trachten leihen, von bestickten Filzstiefeln bis zum Lederhut; der Kostümverleih floriert, Betty wechselt dreimal die Leihgarderobe und zwingt Larry, einen Hut aufzusetzen und neben ihr zu posieren. Plötzlich entdeckt sie, daß auf das Pflaster mit weißer Farbe die Swastika gemalt ist; oh, sagt sie, look darling, Adolph was here, sie läßt sich auf einem Bein balancierend vor dem Hakenkreuz fotografieren.

Auch dieses Foto, das Larry mir vier Wochen später aus Melbourne schicken wird, zählt zu den Erinnerungen, die den Boden meines Arbeitszimmers bedecken. Im Hintergrund der Potola, vor dem ein Lastwagen mit Soldaten vorbeifährt, das Hakenkreuz, die strahlende Australierin in tibetischer Tracht, die gerade noch ins Bild ragende Kinderhand eines bettelnden Mädchens, das alles verkörpert die völlig unwirkliche Stimmung, in der ich mich an diesem Mittag in Lhasa befand. Verstärkt wird der Eindruck durch den alten Mann am rechten oberen Bildrand, der trotz der Kälte in Fetzen gehüllt auf dem Bauch liegt und betet.

243

Das »Lhasa-Hotel« ist ein steriler Kasten aus den achtziger Jahren, sauber und komfortabel, nur haut einen die Hitze fast um; ich schätze die Temperatur auf dreißig Grad. Der Heizkörper läßt sich nicht abdrehen, das Fenster nicht öffnen. Als wir vom Lunch im »Hard Yak« Restaurant zurückkommen, ist das Gepäck im Zimmer nebenan, hier ist die Heizung abgestellt und das Fenster offen. Es ist hundekalt.

Der Nachmittag soll der Akklimatisation dienen; einige unserer Gruppe haben Probleme mit der Höhe, schweres Atmen beim Treppensteigen, Müdigkeit, Augenbrennen. Die Kontraste sind für den Organismus nicht leicht zu verkraften, gestern noch im Busch von Chitwan bei dreißig Grad im Schatten, heute morgen minus zwei Grad. In Lhasa weht ein eiskalter staubiger Wind, trotz intensiver Sonneneinstrahlung läßt er kein Gefühl von Wärme aufkommen.

Während S. sich für die nächsten drei Tage im Zimmer einrichtet, sitze ich mit Ben im »Hard Yak«. Ben trinkt Wasser, das Diamox verträgt er schlecht, er hat Schwindelgefühle und muß alle paar Minuten auf die Toilette. Ich rate ihm, das Zeug wegzuwerfen und ein ordentliches chinesisches Bier zu bestellen, was er schließlich auch macht. Das Ergebnis ist umwerfend, er fühlt sich schlagartig besser und fängt wieder an, Witze zu erzählen. Wir warten auf seinen Bekannten, der vor einem Jahr Zegrahm-Klienten in Lhasa geführt hat und jetzt für eine holländische Gesellschaft arbeitet. Er kommt eine halbe Stunde zu spät, weil er auf irgendeiner Behörde auf irgendeine Erlaubnis warten mußte. Sam ist ein gutaussehender junger Tibeter, der trotz seiner Linientreue offensichtlich mit dem Westen liebäugelt. Ich kann mich der kleinen Gruppe

244

anschließen, die er am Nachmittag durch die Stadt führen wird.

Außer mir ist ein älteres Ehepaar im Minibus, und eine knochige Frau unbestimmten Alters, die kein Wort spricht. Sam will uns die Altstadt zeigen, das heißt die Reste, die das radikale Revolutionsprogramm dem alten Lhasa gelassen hat. Er erzählt, in Tibet habe sich dank der Befreiung durch das fortschrittliche China vieles zum Guten gewandelt; so würden zum Beispiel Touristen nicht mehr übers Ohr gehauen, weil alle Händler einer staatlichen Genossenschaft angehören müssen.

In den Gassen der Altstadt sind die Fassaden der neueren Häuser dem tibetischen Stil der einstigen Stadthäuser des Adels angepaßt; typisch für diese Architektur sind die quadratischen Innenhöfe mit ihrer Holzloggia. Stämmige, mütterlich aussehende Frauen sitzen auf winzigen Schemeln vor dunklen höhlenartigen Läden; ich kann mir Schuhe, Stoffe, Streichhölzer, Rattenfallen und Töpfe kaufen; ältere Gegenstände entdecke ich außer kupferbeschlagenen Butterfässern keine. Das Ehepaar aus Antwerpen findet in einem finsteren Winkel ein Stück Wandbehang, das den penetranten Geruch von verbrannter Yakbutter verströmt; es dürfte aus einem der unzähligen Klöster stammen, die der Kulturrevolution zum Opfer fielen. Die Verkäuferin, eine ältere Frau mit langem schwarzem Gewand und gestreifter Schürze, kann ihre Enttäuschung schlecht verbergen, als die Belgier den Stoff mit spitzen Fingern wieder auf den Tisch fallen lassen.

Kein Zweifel, wir Zweibeiner sind Sammler. Ob wir fürs Jenseits Gutscheine sammeln oder Geld als Fürsorge für dieses Leben, was immer wir tun, soll der Sicherung unseres lausig kurzen Daseins dienen. Als Belohnung für diese

lebenslang während Anstrengung gönnen wir uns zu-
weilen den Luxus, auch das Nutzlose zu sammeln.

Erstens tut mir die Frau leid, wie sie jetzt auf das Stück
Stoff schaut, das wieder unter anderen schmuddeligen
Stoffetzen auf einem Haufen liegt, zum anderen habe ich
in einer Ecke etwas blitzen sehen, den Kupferknauf eines
Spazierstocks; er ist kurz, dieser blau und gelb spiralenför-
mig bemalte Stock, wie für ein Kind gemacht oder einen
Krüppel, und hat an einem Lederband ein hölzernes Glöckchen. Die Frau hält mir die Hand hin, fünf Finger, fünf
Dollar. Ich kaufe den Stock, obwohl er für mich viel zu
kurz ist, und verleibe ihn im Kopf meiner Sammlung von
Spazierstöcken ein, die zu Hause in einem extra dafür an-
gefertigten Gestell auf mich wartet. Pilgerstäbe, Wander-
stäbe, damit hat es angefangen, als der Pfarrer einer ober-
österreichischen Gemeinde mir einen knorrigen Stecken
in die Hand drückte und sagte, Wandern ist Beten mit den
Füßen, mein Sohn.

Mit dem Stock unterm Arm gehe ich zum Bus, die anderen warten bereits. In meiner Vorstellung ist Lhasa ein
Ort gewesen, an dem man auf Schritt und Tritt Mönchen
begegnet; ich habe bisher nicht einen einzigen Menschen
in orangeroter Kutte gesehen.

Viele sind mit dem Dalai Lama nach Indien geflohen,
erklärt Sam auf meine Frage, die große Masse der Mönche
mußte wieder aufs Land zurück.

Sam schaut auf seine riesige Rolex-Imitation, die er nicht
am Handgelenk trägt, sondern an einer Kette aus der Hosentasche zieht. Als würde er von der Uhr eine Eingebung
erwarten, fährt er nach einer Weile fort: Die meisten Leute, die nach Tibet kommen, machen sich eine falsche Vorstellung. Die Mönche hier hatten ihr Leben weder in an-

dauernder meditierender Versenkung verbracht noch wie die Äbte und höheren Geistlichen mit dem Verwalten oder Regieren. Sie waren Köche und eine bessere Art von Putzfrauen, Landarbeiter, Bedienstete, sie kontrollierten als Polizeimönche die Straßen der Stadt und hielten mit Ochsenziemern den Weg frei, wenn der Dalai Lama in seiner Sänfte daherkam. Es ist ein Irrtum, wenn sie annehmen, daß die Leute sich freiwillig für das Klosterleben entschieden haben, sie wurden Mönche, weil sie mausarm waren oder der Brauch den Familien vorschrieb, einen ihrer Söhne ins Kloster zu stecken. Manche Leibeigene sind von den reichen Grundbesitzern den Klöstern geschenkt worden. Durch die Befreiung hat das alles aufgehört, nach Schließung der Klöster kehrten sie zu ihren Familien zurück und wurden in einen vernünftigen Produktionsprozeß eingegliedert.

Und Sie glauben, daß die Menschen jetzt zufriedener sind?

Die Frage kommt von der schweigsamen Frau, von der ich später erfahre, sie sei Präsidentin eines evangelischen Frauenvereins, der drei Jahre lang für Tibet gesammelt hat. Sie möchte wissen, wo das Geld landet und, wenn es stimmt, was das Ehepaar aus Antwerpen auf der Rückfahrt erzählt, hat sie den Vorsatz gefaßt, den Scheck wieder mit nach Holland zu nehmen, um dort eine Stiftung für streunende Katzen zu gründen.

Sam läßt sich Zeit mit der Antwort. Zufriedener, sagt er und zuckt die Achseln, jetzt stinken sie nicht mehr nach Yakbutter und waschen sich wenigstens einmal im Monat.

Die Fahrt geht zum Felsen, auf dem der Potola erbaut wurde; aber das ist ein falsches Wort, der Potola ist nicht einfach erbaut worden, er war immer schon da. Er thront auf seinem Fels, aber das ist auch wieder falsch, er schwebt. Über der Stadt liegt trotz des Windes ein bewegliches Dunstmeer, auf dem die Götterburg dahintreibt.

Wenn Sie einverstanden sind, sagt Sam, möchte ich Ihnen gerne etwas zeigen. Das Museum für Klassenerziehung ist zur Zeit geschlossen, aber wir haben die Erlaubnis, interessierte Touristen aus dem Westen wissen zu lassen, wie Tibet vor der Befreiung war.

Das Museum liegt am Fuße des Potola und ist als Pranger der alten Herrschaft zu verstehen. Hier unten in den Kavernen des Felsens lagen die Verließe des Kirchenstaates, niedrige, zum Teil fensterlose Kammern, unverändert durch fast tausend Jahre. Nackte Glühlampen beleuchten die Inszenierung. Was war, was ist dieses Tibet? Eine Welt mystischer Versenkung, wie es alle, mit denen ich über den Kirchenstaat geredet hatte, immer wieder sagten? Ich hatte mit Peter Grieder, dem Kustos des Schweizer Tibet-Klosters Riekon, ein abendlanges Gespräch über die friedenstiftende Milde des buddhistischen Denkens und insbesondere der lamaistischen Lehre geführt. Hier werde ich nun mit der anderen Seite einer Religion konfrontiert, die ich nur aus Zeugnissen dieser weisen Gläubigkeit kannte, den Thankas, den Statuen von Heiligen und Dämonen, dem großen gütigen Lächeln von IHM. Ironie des Ganzen: Diejenigen, die das alles aus der Vergangenheit geholt haben, praktizieren heute genau dasselbe mit raffinierteren Methoden.

Da liegt in verstaubten Vitrinen das ganze Inventar uralter Kultausübung: Blasinstrumente aus Menschenknochen, Trommeln aus Menschenhaut, die in Silber und Gold gefaßten Hirnschalen, von denen Edward-Tonelli schreibt,

sie seien die beliebten Souvenirs der frühen Chinarei-
senden gewesen; Foltergeräte und gebrochene Knochen,
Menschenhäute, die den Delinquenten bei lebendigem Leib
abgerissen wurden; Zeugnisse von rituellen Kinderopfern,
die angeblich bis in die ersten Jahre des 20. Jahrhunderts
stattfanden; ich sehe schmutzige schwarze Wollappen, mit
denen die Leibeigenen ihre Körper bedeckten, und daneben das riesige Zelt aus Leopardenfell eines Gutsherrn,
seine Peitsche, umflochten von Menschenhaar.

Im letzten Raum stehen gepackte Kisten, dazwischen
Rattenfallen mit halbverwesten Tieren; dementsprechend
riecht es. Auf Schwarzweißfotos sieht man den Einzug
chinesischer Truppen, die Entwaffnung Aufständischer und
überlebensgroße Statuen, die in Bronze gegossene revolutionäre Begeisterung tibetischer Arbeiter darstellen. Sam
sagt voll Stolz, von 1964 bis 1998 sei die Getreideproduk-
tion um achtzig und der Viehbestand um siebzig Prozent
gestiegen, auch die Industrie sei im Wachsen begriffen,
sagt er, die Teppichfabrik, in der sein Vater bis zur Befreiung als Leibeigener vierzehn Stunden am Tag arbeiten
mußte und als Lohn Prügel bekam, arbeitet heute vollauto-
matisch; die meisten der Teppiche würden nach Deutschland und in die USA verkauft.

Audiatur et altera pars, denke ich. Aufatmen, als ich
endlich wieder im Freien bin. Über mir die Masse des Potola, Heim der Götter, SEINE Wohnstatt. Ob ER das ge-
wollt hat, was ich in der letzten halben Stunde sah? War
das dritte Auge tausend Jahre lang blind? Während ich
hinter den anderen zum Bus gehe, rücken die Religionen
zueinander, Christentum, Buddhismus, Islam, unter den
Fahnen der liebenden Götter herrschte jahrtausendelang
die Monotonie des Schlachtens und Schädelspaltens; »al-

249

les Blut lebt auf Kosten anderen Blutes«, auch diesen Satz finde ich in Edward-Tonellis Tibet-Aufzeichnungen.

Sam bringt uns zum Hotel zurück, sichtlich zufrieden, seinen Teil zur Aufklärung beigetragen zu haben. Es ist fünf Uhr, die Sonne steht noch hoch über den braunen Bergkämmen. Der Wind hat aufgefrischt, Staubfahnen wehen durch die Straßen. Jetzt verstehe ich, warum manche Tibeter weiße Stoffmasken tragen, sie sollen Mund und Nase schützen. Ich würde noch gerne mehr von Lhasa sehen, ich bin zum ersten Mal hier und weiß, es wird das letzte Mal sein.

Könnten Sie mir noch etwas Besonderes zeigen, frage ich Sam, ich bezahle selbstverständlich dafür.

Er zieht wieder seine Rolex aus der Tasche und studiert die Zeiger, Mondphase, Datum, Minuten, Sekunden. Als Edward-Tonelli hier war, gab es in Tibet keine Uhren. Trotzdem konnten die Tibeter die Stunde genau benennen, zu der sie eine Verabredung hatten; Tschake tangpo, der erste Hahnenschrei, Namlang, die Morgendämmerung, so waren die vierundzwanzig Stunden des Tages aufgeteilt. Während Sam noch immer seine Uhr studiert und die Kette durch die Finger gleiten läßt, denke ich an eine Geschichte, die Harrer im Buch »Wiedersehen mit Tibet« erzählt; 1949 brachte er dem Dalai Lama und seinen Ministern eine sensationelle Nachricht, die er in seinem Kofferradio empfangen hatte: Eine Düsenmaschine habe erstmals den Atlantik in weniger als sechseinhalb Stunden überquert. Schweigen unter den Tibetern, bis einer der Minister Harrer fragte: Warum?

Ja, sagt Sam und läßt die Uhr im Hosensack verschwinden, die Klöster und das medizinische Zentrum werden Sie morgen besuchen, möchten Sie zum Borkhor Market?

250

Sosehr ich Märkte liebe, heute reizt mich der Vorschlag wenig, zumal ich weiß, daß der Borkhor Markt auf unserem Programm steht. Sam bemerkt mein Zögern und schlägt etwas anderes vor, ich könnte Sie auf eine halbe Stunde zu meiner Familie mitnehmen, Sie dürfen sich nur nicht wundern, es wird für Sie alles sehr fremd sein.

Die Familie von Sam wohnt in einem trostlosen Betonblock am Rand der Stadt in unmittelbarer Nähe der Zementfabrik. Fünf Leute in drei Zimmern, Sam, seine Frau, zwei Kinder von fünf und sieben, eine unverheiratete Schwester, die im Medical Center als Apothekerin arbeitet. Der tibetische Name der Familie hört sich an wie Sche oder Tsche. Frau Sche versteht nur Tibetisch, Sam und seine Schwester haben drei Schulungsjahre in Nangking absolviert, beide sprechen gut Englisch und natürlich Chinesisch.

In der Wohnküche bietet man mir einen grüngestrichenen Gartenstuhl an, und ich beginne, mich so unauffällig wie möglich umzuschauen. Der Tisch ist aus Eisen und mit einem roten Wachstuch beklebt, Teetassen, eine Tonkanne, zwei Journale, auf denen chinesische Schwimmerinnen in die Kamera strahlen. Topfpflanzen auf den Fensterbänken, an die Stengel sind farbige Stoffschleifchen gebunden. Der Fernseher ohne Ton zeigt eine Blaskapelle auf dem »Platz des Himmlischen Friedens«. Eine Behausung, die auf den ersten Blick auch in einer Arbeitersiedlung bei Frankfurt sein könnte, wäre da nicht dieser Geruch, der mir nachläuft, seit ich in Lhasa bin, eine unverwechselbare Mischung aus Schuhcreme und ranzigem Fett.

Das Durcheinander von Körperhaltungen, Blickrichtungen, unverständlichen Sätzen bündelt sich plötzlich auf ein Ziel: auf mich, den Fremden. In Tibet horcht man noch auf, wenn einer aus dem Westen kommt, noch dazu ins volkseigene Heim. Die Kinder sitzen auf einer hölzernen Liege und starren mich an. Sam fragt, ob er mir etwas anbieten kann, und gibt, ohne meine Antwort abzuwarten, einen knappen Befehl, und seine Frau macht sich hinter meinem Rücken augenblicklich zu schaffen, Töpfe klappern, etwas Irdenes zerbricht. Frau Sche ist eine verhärmte Frau, trotz ihrer vermutlich noch jungen Jahre wirkt sie alt und müde. Sams Schwester ist schwer zu schätzen, selbst für europäische Verhältnisse ist sie attraktiv und besticht durch eine fast tänzerische Grazie, mit der sie sich in der kleinen Wohnung bewegt. Ich weiß, jeder von denen, die mich jetzt mehr oder weniger offen einer Musterung unterziehen, hat eine andere Geschichte im Kopf; und wenn sie später, nachdem ich wieder fort bin, diese Geschichten bereden und sich auf eine gemeinsame Version einigen, der Kapitalismus wird darin eine Hauptrolle spielen.

Keine Rolle scheint hingegen die alte Religion mehr zu spielen, hier zählen die sorgfältig ausgebesserten und abgenutzten Dinge des wirklichen Lebens. Das kleine Foto neben dem Küchenkasten, das einen Mann in der Uniform der Volksbefreiungs-Armee zeigt, ist am Verblassen. Ich kann mir vorstellen, daß es, bleicher und bleicher werdend, zu einem Heiligenbild mutiert, auf dem sich Revolution und alte Religion gleichermaßen verklären.

Sams Schwester bringt süßen Tee und frische Gläser. Sie zieht einen Hocker an den Tisch und beginnt zu fragen, was man in der Schweiz, in Europa, in Amerika über den Dalai Lama denkt. Meine Antwort, er würde überall hohes Ansehen genießen, nimmt sie mit einem ungeduldigen Kopfschütteln zur Kenntnis. Ihre gepflegten kleinen Finger trommeln aufs Wachstuch.

Ich weiß nicht, ob mein Bruder es Ihnen erzählt hat, sagt sie, unsere Großeltern waren wie Sklaven gehalten worden; sie schweigt, schüttelt heftig den Kopf, nein, sagt sie dann, sie waren Sklaven. Leibeigene konnten wenigstens ein Stück Land bebauen, die Sklaven hatten gar nichts, das ist die andere Wahrheit über Tibet, erzählen Sie das Ihren Freunden.

Sie schenkt Tee ein und schaut mich lächelnd an. Was machen Sie beruflich, fragt sie.

Ich schreibe Romane.

Über Tibet kann nur schreiben, wer hier geboren ist, sagt sie. Auch Chinesen können nicht über uns schreiben.

Jetzt kommt Sam mit einem Stuhl aus dem angrenzenden Zimmer; er läßt den teppichartigen Vorhang einen Spalt offen. Stapel von Pappkartons an der Wand, Regenschirme, eine Sammlung von Gummiwärmflaschen, Schuhe für eine ganze Armee.

Meine Frau macht Tsampa, sagt er, eine tibetische Spezialität. Vielleicht möchten Sie versuchen?

Mir bleibt nichts anderes übrig, als freudig auszusehen und zu nicken. Sam erklärt mir die Zusammensetzung dieser offensichtlich köstlichen Speise, geröstete Gerste, die mit Salz, Zucker und Schwarztee zu eigroßen Kugeln geformt wird, wobei Yakbutter die wichtigste Zutat sei.

Ich spüle das klebrige Zeug mit süßem Tee hinunter, es schmeckt so abscheulich, daß ich einen Augenblick denke, das schaffst du nicht, aber irgendwie rutscht das ganze dann doch in mich hinein.

Sams Schwester, daran ist nicht zu zweifeln, ist vom Fortschritt des kommunistischen Systems felsenfest überzeugt. Sie ist bereit, für Partei und Volkswohl ihre Freizeit zu opfern; neben der Arbeit am Medical Center leitet sie politische Schulungskurse und bereist die entlegensten Nomadensiedlungen im Hochland, um Propaganda für Hygiene zu machen und die häufigen parasitären Erkrankungen zu bekämpfen. Wir kämpfen für den sozialistischen Fortschritt, sagt sie mit strahlenden Augen und legt zu meinem Entsetzen noch zwei Tsampakugeln auf meinen Teller.

Vielleicht ist die Chinesenfreundlichkeit dieser Frau nur gespielt, denke ich plötzlich. Vielleicht glaubt sie, ich würde mit dem Sozialismus sympathisieren, wie es manche meiner Kollegen in der Vergangenheit getan haben und immer noch tun. Ich beginne, ohne Namen zu nennen, zu erzählen, was Tundru uns gesagt hat, von den Foltern, den Zwangssterilisationen und Menschenversuchen, den Morden, Plünderungen und Vergewaltigungen durch die Roten Garden der Kulturrevolution. Und was ist mit den Thamzing-Sitzungen, bei denen Delinquenten glühendes Metall auf die Haut gelegt wird, will ich wissen.

Die Frau blickt mich mit ihren dunklen Augen an, keine eindeutige Farbe, Kohle, Kupfer, sehr altes Wachs, sie glänzen stark, diese Augen, als hätte sie »Belladonna« in die Pupillen geträufelt; ein wissendes, ja überlegenes Lächeln liegt jetzt auf ihrem Mund; ich sehe die Falten, die sich von den Lippen zu den Nasenflügeln ziehen, sie ist älter, als ich geglaubt habe, denke ich und bereue, das Thema angeschnitten zu haben. Ihr Kopf, der ganze Körper bewegt sich in einem wiegenden Rhythmus vor und zurück, wobei ihre Hand das Eisen der Tischkante glattstreicht.

Jede Revolution hat ihre zwei Gesichter, sagt sie, denken Sie an die Französische Revolution und was dabei geschah. Der entschlossene Gesichtsausdruck weicht einem Lächeln, es ist besser, wenn wir über etwas anderes sprechen.

Sie hat recht, die Zeit ist zu kurz, und uns trennt, daß wir keine gemeinsame Sprache sprechen. Also wechsle ich das Thema und frage sie nach ihrer Arbeit im Medical Center. Was ich nun erlebe, ist eine Kehrtwendung um hundertachtzig Grad.

Die tibetische Medizin gehört zu den Schätzen unserer Heimat, sagt sie, ihr Gesicht leuchtet und sieht jetzt wieder ganz jung aus. Sie doziert, immer wieder tippt ihr kleiner Zeigefinger auf den Tisch, direkt neben meinem Handgelenk, ohne es zu berühren; ich bin mir plötzlich bewußt, daß ich nur darauf warte, daß sie mich berührt, und bin enttäuscht, als die Hand ein paar Zentimeter weiter zur Tischmitte wandert. In der tibetischen Medizin sei Unwissenheit die entscheidende Ursache jeder geistigen Störung oder körperlichen Krankheit, sagt sie, die Behandlung beruht auf einer ganzheitlichen Betrachtung, der Arzt versucht ein Bild vom Patienten zu bekommen, indem er ihn nach seinen Gewohnheiten, seiner Ernährung, der Umgebung befragt. Die Analyse des Körpers würde auf der Annahme beruhen, alle Phänomene stünden in Abhängigkeit von fünf Elementen: Erde, Wasser, Wind, Feuer und Raum. Der Mensch besteht aus fünf Aggregaten, sagt sie und jetzt berührt ihr Finger tatsächlich mein Handgelenk, Form, Empfindung, Identifikation, geistige Prägung und Bewußtsein; und dabei bestimmen drei Energien den Körper, Lung (Wind), die Lebensenergie, Tripa (Galle), die Hitze und Peken, der Schleim. Diesen drei Energien stünden die drei störenden Leidenschaften gegenüber: die Gier und das Festhalten, die Verblendung und der Haß.

Der Mensch muß im Gleichgewicht sein, sagt Sams Schwester, und ich stelle fest, wie angenehm es ist, daß ihr kleiner Finger jetzt auf der Innenseite meines Handgelenks liegenbleibt, dort, wo der Puls ist. Musik ist ein wichtiger Bestandteil eines Heilungsprozesses, sagt sie, wußten Sie das?

Ich habe darüber gelesen.

Gelesen? Sie hebt leicht die Schultern. Der Klang der Kupferhörner entspricht der gesprochenen Mantra-Silbe OM, sagt sie, damit versetzt sich der Meditierende in einen Zustand der Ruhe und Gelassenheit.

Sie steht rasch auf und holt einen Kassettenrecorder. Hören Sie, sagt sie und drückt eine Taste. Gongschläge, dann der Ton eines Horns; es sind zwei Töne, die sich in kurzen Abständen wiederholen. Dann wird es still.

Still ist es jetzt in der kleinen Wohnung, draußen fast dunkel, als ich mich in diese Stille hinein für die Gastfreundschaft bedanke und einen gefalteten Dollarschein zwischen den Teegläsern zurücklasse. Die Kinder, die den unverständlichen Sätzen und den Tönen einer uralten Erinnerung mit großen Augen zugehört hatten, stehen von der Liege auf, was die Mutter veranlaßt, sofort das Tuch glattzustreichen und die Kissen aufzuschütteln.

Als wir im Minitrans sitzen, denke ich noch immer an den kleinen Finger an meinem Handgelenk, und ich ertappe mich dabei, wie nun auch mein rechter Daumen nach dem Puls tastet. Sam blickt wieder auf seine Uhr, das Fahrzeug muß vor sieben auf dem Parkplatz des volkseigenen Reisebüros abgestellt werde. Ich denke an Sams Schwester und daran, daß sie sagte, Pillen müssen rund sein, wenn sie Glück und Heilung bringen sollen.

Sam kürzt den Weg ab, fährt durch Hinterhöfe und schmutzige Gassen; gestern hatte ich bei Edward-Tonelli gelesen, Lhasa sei eine verwahrloste und unglaublich schmutzige Stadt, wenn es regnet, verwandelten sich die

Straßen in stinkende Tümpel, in denen Hunde und Schweine sich suhlen; die Behausungen der Menschen würden nach Urin und Verwesung riechen wie Ställe, nirgendwo auf seiner Reise durch Asien hätte er das erlebt.

Die Straße endet an einer Baustelle; Sam flucht und kehrt um. Früher war das eine der schlimmsten Gegenden von Lhasa, sagt er, hier hausten die Ragyapas, die Leichenzerschneider. Jetzt wird eine Schule gebaut. Wieder fällt mir Edward-Tonelli ein; über die Ragyapas schreibt er, es sei schwer, sich eine abscheulichere Beschäftigung vorzustellen als die der Leichenzerschneider, einem verdreckten, in Lumpen gehüllten halbnackten Pack, das in Löchern haust, von denen ein respektables Schwein sich mit Grauen abwenden würde.

Monate später wird ein Freund mir erzählen, er sei im Nordosten Tibets Zeuge einer solchen Leichenzerstückelung geworden; die Angehörigen hatten den Toten auf dem Rücken bis zu einem Felsplateau getragen, wo das Ritual stattfand. Weil die Chinesen den Beruf des Ragyapa abgeschafft hatten, mußte der älteste Sohn den Leichnam des Vaters mit einer Axt in Stücke zerhacken, während die Verwandten Räuchergefäße anzündeten und Gebetsmühlen kreisten, Hunde sich ihre Mahlzeit holten und die Geier fraßen, was übrigblieb.

Doch, diese Bilder sind wahr und manche sind trotz allem auch schön, ich habe sie nicht in Büchern und Reiseprospekten gesehen, sie stammen aus der Erinnerung meines erst zwölf Stunden alten Aufenthalts in Tibet. Aber wie wahr sind sie? Wie schön?

Es ist still im Hotel, ich sitze an dem kleinen Schreibtisch am Fenster und schaue auf die Kreuzung, an der das

»Lhasa«-Hotel liegt. Ein Wagen fährt mit Blaulicht in Richtung Stadtzentrum, gefolgt von zwei Limousinen, in denen vielleicht Funktionäre von einem Abendessen oder einer Parteiversammlung nach Hause gebracht werden. 1907 kam das erste Auto, ein Clement mit acht PS, nach Tibet; es war das Geschenk der indisch-britischen Regierung an den Pantschen Lama und ist von Kulis auf Bambusstangen über die Himalayapässe geschleppt worden.

Es ist schwer vorstellbar, daß hier alles vor hundert Jahren noch so gewesen sein soll, wie Francis Younghusband es in mehr als hundert Briefen an seine Familie in Darjeeling beschrieben hat. Dieser junge Offizier der indischen Armee besaß alle Eigenschaften, die man von einem romantischen Helden am Ende der viktorianischen Epoche erwartet. Younghusband war der Mann, der den Engländern Tibet erschloß und dem fernen Land in den Bergen des Himalaya endgültig den Nimbus nahm, das geheimnisvollste unter allen Ländern der Erde zu sein. Er tat es langsam, behutsam, aber unaufhaltsam und kalt.

Als Forscher, Soldat, Athlet und Schriftsteller hatte er sich bereits mit fünfundzwanzig einen Namen gemacht; als einer der jüngsten Offiziere des Indiencorps, kaum zweiundzwanzig Jahre alt, unternahm er abenteuerliche Reisen in Zentralasien, durchquerte China von Ost nach West, eine Route von zweitausend Kilometern, die vor ihm kein Europäer gewagt hatte. Noch keine dreißig, war er bereits ein Veteran der Geheimdiplomatie, der in Gegenden, wo das britische, russische und chinesische Reich sich gefährlich nahe kamen, Missionen erfolgreich durchgeführt hatte; für diese Reisen durch nicht kartographierte Gebiete war ihm von der Royal Geographical Society eine Goldmedaille verliehen worden. Hätte sein Kommandeur es nicht verboten, Younghusband wäre bereits 1889 als türkischer Händler verkleidet auf dem Weg nach Lhasa gewesen. Fünfzehn Jahre später bekam er seine Chance.

Am 12. Dezember 1903 überquerten Younghusband und seine kleine Armee bei Schneetreiben den Jelap Paß nach Tibet, angeführt von einem berittenen Soldaten, der die britische Fahne trug; hinter ihm eine weit auseinandergezogene Kolonne von zehntausend Kulis, siebentausend Maultieren, viertausend Yaks und sechs Kamelen, die das Gepäck und die schweren Waffen der Expedition beförderten.

Hier drangen Truppen nicht einfach in irgendein fremdes Land ein, sie betraten »Heiliges Land«. Es war der Beginn einer der umstrittensten Episoden in der Geschichte des britischen Weltreichs. Bei Kamba-Jong kam es zur ersten und einzigen bewaffneten Auseinandersetzung, vier Minuten nach Beginn des ungleichen Kampfes lagen siebenhundert schlecht bewaffnete und abgerissene Tibeter tot oder sterbend auf der gefrorenen Erde. Der General aus Lhasa war als erster gefallen. O'Connor, einer von Younghusbands Begleitern, schrieb in seinen Memoiren: »Es war ein regelrechtes Abschlachten, aber es war nicht zu verhindern. Es mußte sein. Die Ordre lautete, so viele zur Strecke zu bringen wie möglich.«

Die Überlebenden wandten sich zur Flucht; aber anstatt zu rennen, verließen sie unter andauerndem Kugelhagel langsam und mit gesenkten Köpfen das Schlachtfeld. Eine mittelalterliche Armee zerstob vor der gnadenlosen Feuerkraft des 20. Jahrhunderts; das Unmögliche war geschehen, Gebete, Amulette, Mantras, die heiligsten ihrer Heiligen hatten sie im Stich gelassen.

Am 2. August ritt Younghusband an der Spitze einer

kleinen Eskorte in Lhasa ein. Die Heilige Stadt leistete keinen Widerstand. Der Dalai Lama war nach Norden geflohen, nach Urga, der Hauptstadt der Mongolei und zweitheiligsten Stadt des Lamaismus, die heute Ulan Bator heißt. Sieben Wochen später, Ende September, zogen sich die Briten aus Lhasa zurück. Am Abend davor hatte Younghusband das Lager verlassen und war in die Berge geritten; er wollte allein sein. An seine Frau in Darjeeling schrieb er in der Nacht: »Die ganze Natur und die Menschheit erschien in einem rosigen Strahlen, diese eine Stunde vor dem Verlassen von Lhasa wog ein ganzes Leben auf.«

Dreißig Jahre danach, 1936, gründete Younghusband in London den Welt-Religions-Kongreß (WCF); sein Ziel war und ist es noch immer, zwischen Christen, Buddhisten, Muslims, Juden und Hindus Brücken zu schlagen.

Mittwoch, 17. November

Eine gute Nacht. Acht Stunden Schlaf, ich bin in derselben Stellung erwacht, in der ich um Mitternacht einschlief. Das erste, was ich sehe, S. sitzt am Boden und hält sich das Ende des Schlauchs von einem Sauerstoffgerät, das neben dem Bett montiert ist, an den Mund. Sie möchte wissen, wie das Ding funktioniert. Für alle Fälle …

S. ist der praktische Teil von uns beiden; sie hat Verständnis für Menschen, die Packungsbeilagen von Medikamenten studieren, zwingt sich, die kleingedruckten Rückseiten von Formularen zu lesen, bezahlt Rechnungen pünktlich und hält sich murrend an Verkehrsregeln, Dinge, die mir schwerfallen und deren Mißachtung mir schon oft die größten Scherereien eingebrockt haben.

Zieh dich warm an, sagt sie, Zegrahm schreibt, im Potola sei es kalt, kälter als im Freien. Sie reicht mir den Merkzettel; gutes Schuhwerk, heißt es da, wegen der vielen Treppen. Taschenlampen nicht vergessen. Achtung: Treppengeländer, Wände und Fußboden sind mit einer Schicht glitschiger Yak-Butter überzogen. Und Wasser, Wasser sei das beste Mittel gegen Höhenkrankheit.

Beim Frühstück bleiben einige Tische leer. Ja, sagt Steve Straw, so ist das nun mal, ein Jammer. Auf jeder Reise dasselbe, die einen vertragen das Diamox nicht, die anderen holen sich eine Erkältung oder, Verzeihung, die Scheißerei. Weiß der Teufel, wovon.

Steve ist ein leidenschaftlicher Bergsteiger, er kennt viele Gipfel der Alpen und hat an mehreren Erstbegehungen in den Anden teilgenommen; bereits sechs Mal war er begleitender Arzt in Tibet und hat es nie geschafft, selber eine Tour zu machen. Ich bin überzeugt, daß er insgeheim Kranke nicht besonders mag.

Kommen Sie auch in den Potola, frage ich.

Gott bewahre, Steve schüttelt den Kopf, ich war dort einmal, das reicht. Der Geruch ist sehr exotisch, Sie werden ihn als Erinnerung mit nach Hause nehmen, die Nasenschleimhäute verzeihen einem das nicht so schnell.

Mit sechs Kleinbussen wird die »Lost Cities«-Gesellschaft zum Palast der Mönchherrscher gebracht; an der Rückseite des Felsens fahren sie fast bis zu den Toren, um den Reisenden einen beschwerlichen Aufstieg zu ersparen. Von hier ist der Blick auf die Berge nicht von Häusern verstellt, ferne Stätten des Steins, des Windes und der Kälte, über denen Raubvögel kreisen.

261

Vor dem Eingang wird fotografiert; es ist unglaublich, in welchen Verkleidungen einige meiner Reisegefährten sich auf die Exkursionen begeben. Minnie Broomsfield ist an Einfallsreichtum nicht zu überbieten; heute trägt sie eine Tigerimitation aus glänzendem Plastik, Stiefelchen, Mäntelchen und ein neckisches Hütchen, das sie mit einer orangeroten Kordel unter dem Doppelkinn festgebunden hat. Der einheimische Führer Ta Shi (er wird von einem Chinesen bewacht) bittet uns, noch einmal ernsthaft darüber nachzudenken, ob wir nicht noch einmal die Toilette benutzen wollen, es sei die letzte Gelegenheit. Aus Neugier betrete ich den Raum: Löcher im Steinboden, durch die der Abfall den Hang hinunter auf eine Schotterhalde fällt. Ein Mönch kauert über dem Loch, er hat die Kutte hochgezogen und die Augen geschlossen; sein Gesicht hat einen glücklichen und der Welt entrückten Ausdruck, der sich auch nicht ändert, als Ta Shi in den Raum brüllt, Bus fünf, Bus fünf.

Beim Betreten des Palastes verdichtet sich der exotische Geruch drastisch. Es ist dunkel hier, überall brennen Butterlampen; als meine Augen sich an das Dämmerlicht gewöhnt haben, entdecke ich Überwachungskameras. Es ist ein glücklicher Zufall, wir haben einen Tag erwischt, an dem Pilger nach Lhasa kommen, oft kommen sie von weit her, Hunderte von Kilometern, in farbige Lumpen gehüllt, manche haben trotz der Kälte nur riemenverschnürte Sandalen an den nackten Füßen; einige tragen bestickte Trachten und bunte, mit Kordeln verzierte Stiefel aus Filz. Kleine und kleinste Kinder im Schlepp der Mutter, manche sind mit Lederriemen auf den Rücken gebunden.

Wieder habe ich die Insassen von Bus fünf verloren, von weither höre ich durch die Gänge die Rufe der Guides, Bus sechs, Bus drei; diese Rufe, die physisch spürbare Gläubigkeit der Pilger, der Geruch, das Licht, die abgetretenen Fliesen, all das macht mir drastisch bewußt, wie fehl am Platz Fremde hier sind. In einer Ecke bleibe ich an die fettige Wand gepreßt stehen, ich will die Betenden vorbeilassen, eine Prozession von Wesen aus einem Märchentraum, es werden immer mehr, oft kommen sie rückwärts die Holztreppe herunter, murmelnd, lächelnd, wie diese Menschen lächeln können, kaum lächelt man sie an, lächeln sie zurück, und sie schauen einem, ja, das ist es, was mir so auffällt, diese Pilger schauen einem mit ihren glänzenden Kohleaugen ins Gesicht, absichtslose Menschenliebe scheint dieses Schauen zu sein, es trifft einen direkt, senkt sich in dich hinein und erzeugt ein Gefühl von Scham, daß du selber so nicht bist oder nicht sein kannst. Die Gesichter dieser Pilger sind wahrhaftig Landschaften, ganze Gebirge, erdfarben, torffarben, steinfarben, Furchen, Schrunden und Hochkare, die Haare verstruwwelt, zu Zöpfen geflochten, von Bändern durchwirkt, die Männer haben sie mit Hornkämmen hochgesteckt wie die Frauen, fettig glänzt diese Haarpracht im Schein der Butterlampen, Lächeln, Lächeln, als würden sie auf ihrem Weg durch die heiligen Schreine mit einemmal sehen, wie ihre Mühsal sich verwandelt in Licht.

Sie tragen Plastikbeutel und Töpfe mit Yakbutter, die sie in die Kupferkessel der Butterlampen leeren, Lampen, die das heilige Licht verkörpern, die ewige Flamme. Sie opfern der Ewigkeit. Das ewige Licht, das heilige Wasser, die heilige Nahrung – wie nahe werden mit einemmal die fremden Zeichen tibetischen Glaubens den vertrauten Symbolen der Christenheit.

Weiter, ich werde vom Pilgerstrom weitergeschoben, gelange in eine Bibliothek, Wände bis hoch zur Decke hinauf mit Schriftstapeln und Rollen bedeckt; es handelt sich nicht nur um tibetische, dem Lamaismus verpflichtete Texte, sie befassen sich mit Astronomie, Astrologie, Medizin, Geographie und Physik. Gelehrte aus aller Welt zog es hierher, Jesuiten allen voran, um in dieser Universalbibliothek des Wissens zu studieren. Um mich herum die Pilgerschar, Brummen und Summen wie in einem gigantischen Bienenstock, manche murmeln nur, andere scheinen eine unendliche Melodie im Takt ihrer schaukelnden Köpfe zu singen, wieder andere bewegen nur ihre Lippen, durch alles hindurch schimmert dieses entsagungsvolle, enthobene Lächeln, von dem ich nicht weiß, ob es Glück ausdrückt oder Hoffnung oder vielleicht beides.

Ganz von weitem die Stimme von Ta Shi, der Bus fünf brüllt, um seine Schäfchen im Labyrinth des Potola nicht zu verlieren. Eine Gruppe Japaner mit ihrem chinesischen Führer drängt in den Raum, alle haben riesige Fotoapparate am Hals hängen, aber hier dürfen sie nicht fotografieren und wenn, kostet es ein kleines Vermögen; zwei der Reisenden zahlen, Blitzlichter flammen auf und beleuchten Bücherwände, die bunten Gewänder der Pilger, beleuchten ihr ungläubiges Staunen und ihr Erschrecken über das Kunstlicht, das Bruchteile von Sekunden das Leuchten ihrer Ewigkeit überstrahlt.

Ich habe einen fatalen Geschmack im Mund, wie schon einmal, als ich an den geöffneten Sarkophagen der ägyptischen Prinzen und Prinzessinnen vorüberging, scheu, mit schlechtem Gewissen, das sich verstärkte, als im angrenzenden Raum ein Team des Westdeutschen Fernsehens auftauchte, um die Totenruhe mit Scheinwerfern auszuleuchten.

Und es kommt noch übler, der chinesische Guide richtet den Strahl seiner Taschenlampe auf einen der Pilger. Riechen Sie das, sagt er auf englisch zu einer Japanerin, das ist der üble Geruch der Vergangenheit. Und da, schauen Sie, Lumpen, lauter stinkende Lumpen.

Schmale, verwinkelte Gänge wechseln mit Sälen der Andacht und Audienzhallen, überall ist es dämmrig, verblaßte Papierblumen in Kupfervasen, Yakbutter, es ist rutschig wie auf einer Eisbahn, es stinkt, die Holzgeländer sind schmierig von abertausend Butterhänden. Aber das alles wird hinweggewischt vom Strahlen der Augen, dem Lächeln dieser Pilger. Die Namen der unzähligen Inkarnationen, der Rimpoches, Lamas, verstorbener Dalai Lamas, Dämonen und Heiligen interessieren mich keinen Deut; ich würde sie mir nicht merken können, selbst wenn ich es möchte. Natürlich, diese andere Welt ist überall, zwischen den vorüberhuschenden Pilgern fällt der Blick andauernd auf abweisende oder lehrende Hände, wollüstige Brustwarzen über gewölbten Bäuchen; wo ein riesiger Buddha aus erhabener Höhe auf einen herabblickt, wiederholt SEIN Bild sich hundertfach im kleinen, ER ist in diesem unendlichen Palast nirgendwo nicht, dieser unsterbliche, mit Goldplättchen bekleidete Prediger, dessen Lächeln mir jetzt, wo er in einer Gebetsnische seinem blumenbekränzten Alter ego gegenübersitzt, so vorkommt, als würde er sich selbst nicht erkennen. SEIN Lächeln erreicht mich nicht.

Und während all das durch meinen Kopf geht, fern jeder buddhistischen Ergriffenheit, schert aus dem Pilgerstrom eine alte Frau aus, sie hat die Haare zu Zöpfen geflochten, die bis an ihre Hüften reichen; sie kommt auf mich zu, ergreift mit ihren beiden alten Händen meine Hand und hält sie sekundenlang fest. Dann reiht sie sich wieder in den Zug der Pilger ein, lächelnd, ihre Gebete murmelnd. Hätte Pater Ludger dies einmal getan, wer weiß, vielleicht wäre aus mir ein gläubiger Mensch geworden.

Ich lasse mich durch die düsteren Räume treiben, meine Gedanken irrlichtern durch die Zeit. Was haben wir in den letzten Tagen nicht alles erlebt, rein geographisch, klimatisch, von den dampfenden Urwäldern des Äquator bis zum Eis der Antarktis, wer hier auf dem »Dach der Welt« über die Holzbohlen rutscht, dessen Vorfahren haben diesen Weg in mehr als fünftausend Jahren zurückgelegt. Nein, jetzt nur ja keine Namen sammeln, nur Bilder: die Berge von abgegriffenen Geldscheinen vor IHM, fleischgewordenes Synonym der Geldgier des Klerus; ein verträumt beidhändig nasebohrender Mönch; der Japaner, der seinen Schuh auszieht und die Einlegesohle mit »Pritt« festklebt, während seine Handschuhhand an der Butterwand Halt sucht; der reich gekleidete Mongole mit Gefolge, der sich vor IHM auf den Boden wirft und am Hintern kratzt, während die Pilger über ihn hinwegsteigen; die tote Ratte zu Füßen eines Bodhissattva, der sich mit schmerzverzerrtem Gesicht in die Unterlippe beißt. Nun, denke ich, unsere dornengespickten, blutenden Heiligen mit dem eigenen Kopf unterm Arm sind auch nicht gerade ein heiterer Anblick. Dann kommt irgendwann der Moment, wo ich mich frage, ob es überhaupt noch Sinn hat zu schauen. Natürlich nicht, denke ich, jetzt ist es genug, und dennoch schaue ich weiter. Warum ich das tue? Vielleicht weil ich diese Welt trotz allem immer wieder kennenlernen möchte, als Entschädigung für die Wand zwischen mir und einem anderen Wissen, für die Härte und den Wahnsinn, die das gewöhnliche Leben begleiten.

Die Gemächer des Dalai Lama wirken im Vergleich zu

den Audienzsälen und der im Kopf einmal festgehaltenen Zahl von tausend Räumen, die dieser Palast haben soll, klein und bescheiden. Die neuen Machthaber haben alles so gelassen (oder hergerichtet), daß man glauben könnte, der Hausherr kehrt jeden Augenblick zurück; das aufgeschlagene Bett, die Kleider, die halboffene Tür zum Andachtsraum.

Dann gehe ich in meinen nach Yakbutter riechenden Kleidern eine sonnenüberflutete Treppe zum Fuß des Potola hinunter, hundert Stufen sind es bis zum Parkplatz; dort lag einmal ein See, den die Chinesen mit Steinen zerstörter Klöster zugeschüttet haben, weil dieser See in ihren klassenbewußten Augen ein Relikt feudalistischer Herrschaft war.

Das Kloster Sera ist unser Ziel am Nachmittag; es liegt am Fuße eines Berges, den Ta Shi auf meine Frage als »Jong« bezeichnet, als »Festung«, weil er den richtigen Namen selber nicht weiß. Wir einigen uns auf »Mount Sera«.

Größe hat mich nie sonderlich beeindruckt, ich fühle mich in der Nähe der geschwungenen Dächer wohler als in der düsteren Pracht des Potola. Ich werde von vertrauten Gerüchen empfangen, die mir schon auf der Treppe entgegenwehen, ein paar fette Hausratten, die bei meinem Nahen flink unter den Holzliegen im Andachtsraum verschwinden und einem wahrhaft unüberbietbar abscheulichen Boddhissattva, der in Überlebensgröße an der Wand lehnt und sich mit völlig aus der Fasson geratenen Gesichtszügen ein Stück Lippe abbeißt. Auch hier begleitet uns ein nasebohrender Mönch, er kassiert zugleich die Fotogebühr; den Finger nimmt er nur aus dem Gesicht, wenn die freie Hand nicht ausreicht, um die Geldscheine zu zählen.

Ich muß zugeben, meine Aufmerksamkeit hat durch den Besuch des Potola gelitten; ich sehe überall nur das, was ich selber nie und nimmer möchte, weil es in meinem Leben keinen Platz hat. Mrs. Lexman geht neben mir durch die große Andachtshalle; sie trägt die »Lehren Buddhas« wie eine geheiligte Reliquie unterm Arm.

Spüren Sie es auch in diesen Räumen, fragt sie, diese Aura?

Was antwortet man da? Mein Vorrat an Einbildungskraft ist erschöpft; ich rieche Yak-Butter, meine Augen tränen vom Rauch der Butterlampen, wo ich hinschaue Pilger, die mit gekrümmten Rücken unter endlos langen Schränken hindurchkriechen, in denen heilige Mantras aufbewahrt werden. Weil ich die Aura nicht spüre und Mrs. Lexman nicht enttäuschen möchte, frage ich zurück, ob sie sich vorstellen kann, warum die Pilger sich das antun?

Sie schaut mich groß an, dann lächelt sie; auch ihr Lächeln hat schon diesen wissenden und entrückten Ausdruck. Das ist der Weg, der zur Aufhebung des Leidens führt, haucht sie und wendet sich ab, sie will eine Treppe hinauf. Ich bin ganz erleichtert, ich hatte sie schon in Verdacht, den Weg zur Aufhebung des Leidens selber beschreiten und sich unter den heiligen Schränken hindurchwinden zu wollen.

Aber die Gute kommt nicht weit, am Ende der Treppe wird sie von zwei Mönchen zurückgehalten, die auf ein Holzschild über der Tür deuten, und dort steht: »Please don't come in woman this chapel.«

Von irgendwoher der tiefe Bronzeton eines Gongs, für mich das Zeichen, die heiligen Hallen zu verlassen. Es sei dies, so sage ich mir, mein letzter Tempel gewesen.

Donnerstag, 18. November

Als Geschenk des »Private Jet Tour Staff Zegrahm« lag gestern ein »mala« auf unserem Bett, eine tibetanische Gebetsschnur. Die Perlen sind aus Yak-Knochen, Holz, Türkis, Kupfer oder Silber. Unser Geschenk besteht aus einhundertacht dunkelbraunen Holzkügelchen, die, so erklärt der daran geheftete Zettel, Wünsche der sterblichen Kreaturen verkörpern. Mich erinnert das »mala« an den Rosenkranz meiner Großmutter, den man nach ihrem Tod unter dem Kopfkissen fand. Ich habe ihn aufbewahrt, er liegt bei all den anderen Dingen, die ich aus dem Biedermeierschrank gerettet habe und die sich bei der alten Frau in einem nicht nur ästhetisch faszinierten, sondern magisch verklärten Blick allmählich aufgelöst hatten.

Es ist früh, ich schätze gegen sieben; meine Swatch-Uhr leidet unter Altersschwäche, die Ersatzuhr steckt im großen Koffer, und der ist in Chengdu. Ich ordne Notizen und übertrage sie ins Heft, mitunter ein schwieriges Unterfangen, weil ich meine eigene Schrift kaum entziffern kann.

Stichworte zum Kloster Sera: Bei einem Erkundungsspaziergang entdeckte ich an der Rückseite des Klosters den Eingang zur Küche. Ein hoher, dunkler, mittelalterlicher Raum mit zwei riesigen Feuerstellen im Zentrum; kupfernes Geschirr an den Wänden, Kessel so groß, daß ein ganzes Yak-Kalb darin Platz fände. Weil Buddhisten keine Tiere töten sollen (und doch mitunter gerne Fleisch essen), haben sie sich einen listigen Ausweg erdacht, sie überlassen das Schlachten Angehörigen eines anderen Glaubens, Muslimen zum Beispiel.

Mönche waren damit beschäftigt, in wagenradgroßen Eisenpfannen eine dickflüssige Mahlzeit aus Reis und Gerste zu bereiten; ihre orangeroten Gewänder leuchteten im Halbdunkel des Raumes; ein friedvolles, stimmiges Bild, wie es meiner naiven Vorstellung vom klösterlichen Leben entsprach. Dann geschah etwas Überraschendes, in das Schaben der hölzernen Kellen ertönte ein melodisches Klingeln, einer der Mönche zauberte aus seiner Kutte ein Handy. Betty war mir gefolgt und betrachtete den telefonierenden Küchenmönch genauso erstaunt wie ich. Die breiverschmierte Kutte, das Telefon, der immer noch linkshändig rührende Mann, hatten in mir sofort die Vorstellung von einem klösterlichen »Room Service« wachgerufen.

Später traf sich unsere Gruppe im Klosterhof, wo eine »Befragungszeremonie« stattfand. Die Mönche drängten sich durch das schmale Tor in den schattigen Hof; einige blickten in den Himmel; abgesehen von hoch treibenden Perlmuttwolken war er leer. Keiner der Mönche hielt den Blick in diese tiefblaue Leere lange aus, vielleicht um den Widersprüchen nicht schutzlos ausgesetzt zu sein, die sich aus der Frage ergeben, wo die Seelen der Verstorbenen warten, die noch keinen neuen Wirt gefunden haben.

Eine bedrohlich anmutende Szene: ein Mönch mit entblößter Schulter saß am Boden, umringt von anderen, meist älteren Mönchen; ein Mitbruder schrie ihm Fragen zu, jawohl, er schrie als Leibeskräften, wobei er mit ausholender Gestik immer wieder in die Hände klatschte.

Welche Fragen hat der am Boden Sitzende zu beantworten? Elementare, gab Ta Shi zur Antwort. Was ist elementar? Der Tod, sagt er, und das Leben danach. Dann schwieg er. Jetzt wäre ich gerne einer der Fragenden gewesen, ich hätte in die Hände geklatscht und geschrien, um zu erfahren, warum unsere unvollkommene Seele sich immer aufs

neue aufmachen soll, um durch neue Eltern zu neuer Un-
vollkommenheit geboren zu werden. Ich hätte auch gerne
gefragt, wo die Weiterentwicklung beginnt, vor dem Alz-
heimer, der Versteinerung des Geistes und der senilen Trü-
bung des Willens oder danach. Auch das hätte ich von dem
abgeklärt blickenden Mönch, der dann in den Kreis der
Fragenden trat, brennend gerne gewußt: Nach der Ejakula-
tion wandern Millionen von Spermien zum Uterus, aber
nur ein einziges Spermium dringt vor bis zum Ei, eines
unter Millionen; die von Altlasten erdrückte Seele versucht
unter Millionen ein kräftiges Exemplar zu erwischen, bevor dieses seinerseits das Ei der erwählten Dame erwischt.
Alle die schlafenden Gene, die verirrten, die pathologischen
Ausfallquoten, was, bitteschön, was ist mit denen?

Aber vielleicht, dachte ich dann, während ich dem un-
wirsch Fragenden und dem unter den Fragen immer mehr
schrumpfenden Befragten zuschaute, vielleicht fehlen mir
die Geduld und der Mut, dem Geheimnis die Stirn zu bieten.

Die »Lost Cities«-Reisenden werden heute morgen das
Medical Center und den Sommerpalast des Dalai Lama besuchen, von dem Ta Shi mir erzählt hat, die größte Sehens-
würdigkeit in diesem eher bescheidenen Haus sei ein mon-
ströser Radioapparat, den Nehru dem tibetischen Herrscher
geschenkt hat. Dieses Programm habe ich aus meinem
Tagesablauf gestrichen; ebenso habe ich beschlossen, auf
den Besuch des Drepung Klosters zu verzichten, obwohl
es das größte und bedeutendste Kloster Tibets sein soll.

Ben ist es gelungen, einen Bergführer aufzutreiben, der
mich zum Mount Sera begleiten wird. Mein Vater war leidenschaftlicher Bergsteiger; noch während seines Studiums

hatte er sein Leben nach den Bergen ausgerichtet, die er bereits bestiegen hatte, und jenen, die er hoffte eines Tages zu besteigen. Auch auf mich haben Berge seit meiner frühen Jugend eine starke Faszination ausgeübt; ich kann verstehen, was Mallory meinte, als er schlicht sagte, ich will rauf, weil er da ist.

Chhongba ist der Antityp eines Bergführers, klein, rundlich, und er ist Kettenraucher. Seine Fremdsprache ist Französisch, er führt Trekking-Gruppen in der Nähe von Lhasa und ist, das vertraut er mir später an, nicht unglücklich, wenn er keine Arbeit hat. Ich bin ihm dankbar, daß er es geschafft hat, bei den Behörden die Erlaubnis für unseren Ausflug zu erhalten.

Es ist noch windstill am Morgen, Dunst über dem Tal, vielleicht ist es auch Smog; auf der Fahrt zum Sera Kloster müssen wir öfter anhalten, weil Yakherden die Straße überqueren; die kleinen Hirten laufen barfuß bei einer Temperatur von nur wenigen Graden über Null. In meinem Rucksack steckt diesmal eine Olympus-Kamera, Wasserflaschen und eine Tafel Schokolade, die S. in die Seitentasche geschmuggelt hat und die ich Chhongba schenken werde.

Wir verabreden mit dem Taxifahrer, daß er uns am Nachmittag gegen fünf an der Westseite des Klosters abholen soll. Ein in den Hang geschlagener Weg führt zu einem Taleinschnitt; Schotter, der Weg wird zum Ziegenpfad und verliert sich schließlich ganz im Gelände. Ich bin froh, daß ich auf meine Bergschuhe nicht verzichtet habe, das einzige Gepäckstück, von dem S. geglaubt hatte, ich würde es ganz bestimmt nicht brauchen. Chhongba läuft voraus, nach ein paar hundert Metern setzt er sich auf einen Felsbuckel und raucht. Wir sind noch keine Stunde gegangen, als er sich den Schweiß von der Stirn wischt, auf seine schwarzen Straßenschuhe deutet und fragt, Sie wollen doch nicht im Ernst dort hinauf? Ich kann ihm seine Enttäuschung ansehen, als ich versichere, daß ich die Absicht habe, bis zum Gipfel aufzusteigen.

Auf solch einem Weg redet man nicht viel; es ist ein langsames Steigen. Allmählich habe ich meinen Rhythmus gefunden, den Blick auf den Weg gerichtet, stemmt man sein Körpergewicht hoch, um es sofort wieder in den nächsten Schritt fallen zu lassen. Vornübergebeugt, stetig und schweigend, so bin ich ungezählte Male ins Gebirge gegangen, und so gehe ich heute noch, nur langsamer eben. Chhongba legt immer häufiger eine Rast ein und raucht. Dann hört der Pfad plötzlich ganz auf. Jetzt sind es nur noch scharfkantige Steinbrocken, auf denen man sich in die Höhe bewegt. Kaum Vegetation, gelblicher, flechtenähnlicher Bewuchs an den der Wetterseite abgewandten Felskanten. Ich bleibe ein paar Minuten stehen und trinke, während Chhongba auf die Schroffen und Bergkämme deutet und anfängt, Namen zu nennen; ich bin sicher, er macht das nur, um die Pause zu strecken, und erfindet die Namen ganz einfach.

Unter uns, in einer Talsenke, liegt zwischen Bäumen ein weißes Haus; es sei das Sommerhaus der Äbte von Sera, erklärt Chhongba, die wüßten schon, wie man gut lebt. Als ob man eine Schachtel mit Lego-Spielzeug über dem Tal ausgeleert hätte, liegen die Häuser unter dem Dunst, nur der Potola ragt als dunkle Masse über alles hinaus. Steinhalden, im Zickzack bergan, einmal bleibe ich stehen und schaue einem Murmeltierpärchen zu, wie es Männchen macht und dann unter lautem Pfeifen im Bau verschwindet.

Als ich Chhongba sage, er könne von mir aus ruhig hier

warten, ich käme allein weiter, huscht ein erleichtertes Lächeln über sein breites Gesicht, er zieht die schwarze Lederjacke aus und läßt sich in den Schatten eines Felsvorsprungs sinken. Dann steige ich allein weiter, froh, daß ich nicht die geringste Mühe mit der dünnen Luft habe, daß mir nichts weh tut und ich hier sein darf. Gegen Mittag bin ich unter dem Gipfel; die letzten fünfzig Meter werde ich nicht schaffen, der Stein ist scharf wie Glas, man findet schwer sicheren Halt.

Und dann setze ich mich hin und schaue über das Tal; jetzt ist auch der Potola nicht mehr zu erkennen, ich schaue über die Berge Tibets unter ihrem kalten Himmel, schaue den Raubvögeln zu, die über mir kreisen und nach Murmeltieren Ausschau halten. Ein kleiner weißer Schmetterling setzt sich auf den Riemen meines Rucksacks. Edward-Tonelli erzählt von weißen Schmetterlingsschwärmen, die von Säulen warmer Luft bis in die Zonen des Eises getragen werden; im Blau des Himmels sterben sie und schneien als Wolken gefrorener Flügel in die Hochtäler hinab.

Ich kann mir in diesen Augenblicken nicht vorstellen, daß einer der Everest-Bezwinger glücklicher war, als er in über achttausend Metern auf dem begehrtesten Gipfel der Welt stand, wie ich jetzt auf meinem Berg in viertausend Metern Höhe. Alles ist, als ob es immer so gewesen wäre, still, nahe dem Himmel. Sehr still. Eine Welt ohne Menschen, erdgeschichtlich *die* Welt.

Ich will keine Notizen machen, kein Foto, einfach dasitzen will ich, mir läuft der Rotz aus der Nase, weil ich ein Taschentuch vergessen habe, ich wische ihn mit dem Ärmel ab und bin zufrieden.

Wie lange ich dort oben saß, weiß ich nicht mehr. Für den Abstieg wähle ich eine andere Route, weniger steil; Schot-

274

ter rutscht unter meinen Sohlen weg, und ich bedaure, keinen Stock bei mir zu haben. Dann treffe ich irgendwann wieder auf einen schmalen Pfad, der in Serpentinen bergab führt; spärliches Grün wächst hier am Wegrand, Felsmännchen tragen verwitterte Gebetsfahnen. Mit einemmal stehe ich am Rand eines schmalen Tals; in langsamen Tränen rinnt Wasser über den Fels, ein böiger eiskalter Wind ist plötzlich aufgekommen und kämmt die spärlichen Pflänzlein bergwärts, es ist ein dünner panischer Gesang, wenn Windstöße sich in den Felsabstürzen fangen, teilen und über die Geröllhalden hinauf schließlich im Eisblau des Himmels ihren Atem verlieren.

Eine Oase. Mitten in dieser Kargheit eine Oase. Am Ende des Tals, dort, wo man die Schwere des Pontola bereits wieder ahnt und die Kupferhörner und das Klatschen der Mönche wieder zu hören sind, steht inmitten eines entlaubten Wäldchens ein Tempel. Er ist klein, halb verfallen, steht da, als hätten ER und die Welt und die Götter ihn irgendwann einmal vergessen. Zottelige Ziegen fressen an seinen Mauern dornige Sträucher.

Ich steige die Holztreppe hinauf, eine baufällige Konstruktion, die zu einem offenen Tempelraum führt. Er ist leer. Als meine Augen sich an den Halbschatten gewöhnt haben, sehe ich IHN. Er sitzt in einer Nische und blickt durch den Eingang in die Ferne, ich weiß nicht, wie weit dieser Blick reicht, bei mir hält er sich nicht auf. Staubige verblaßte Papierblumen in einem Gurkenglas zu SEINEN Füßen. Diese Tempelruine ist gewiß keine Kathedrale, aber als ich wieder hinuntersteige, kommt mir ein Satz in den Sinn, den ich einmal gelesen habe, eine Kathedrale sei nicht die Summe ihrer Steine; dieses kleine verwahrloste Gotteshaus ist auch nicht die Summe seiner verwitterten

Gesteinsbrocken. Für einen Gläubigen könnte es alles sein. Ein Ort, von dem der Wind die Leidenschaften fortgetragen hat. SEIN Haus.

Während ich mich abwende, um weiter talwärts zu gehen, höre ich in meinem Rücken ein Geräusch. Über ein leiterschmales Treppchen steigt sehr langsam ein Mönch herab; er ist alt, grauer Haarflaum überzieht den fast kahlgeschorenen Schädel; sein Gesicht ist die Landschaft, durch die ich in den letzten Stunden gewandert bin, Schatten in den Furchen der Hochkare, von der Zeit geschliffener, brüchig gewordener Stein. Mit kleinen Schrittchen kommt er auf mich zu, lächelnd. Wie schon so oft auf dieser Reise bedauere ich, mich nicht verständigen zu können, stelle aber fest, daß es nicht nötig ist. Ich merke, wie ich selber anfange zu lächeln, wir stehen uns ein paar Sekunden gegenüber, bis der alte Mann zu einem der Bäume geht, das heißt, in meiner Erinnerung geht er nicht, er schwebt. Mit einer unendlich langsamen Bewegung pflückt die glasigbraune knochige Hand ein dürres Blatt und reicht es mir.

Freitag, 19. November;
Lhasa – Chengdu – Ulan Bator, Mongolei

Wecken um fünf Uhr dreißig. Nach dem Frühstück sitzen schweigsame Reisende in der Halle des »Lhasa«-Hotels und warten auf Nachricht aus Chengdu, ob die Maschine der China Southwest Airlines starten kann; gestern abend war noch die Rede von einem drohenden Sandsturm.

Ich bin müde, außerdem habe ich einen Muskelkater; es ist spät geworden gestern im Khy Khy Club, wo wir uns zum Abschied von Lhasa zu einem Cantonese dim-sum Diner versammelt hatten. Ich erinnere mich nur noch an die stämmige Chinesin, die mit steinernem Gesicht Teller und Bierflaschen auf den Tisch knallte.

Agnes versucht, die Wartezeit aufzulockern, indem sie von Gruppe zu Gruppe geht, nach dem Wohlbefinden fragt, wissen möchte, was eingekauft wurde und welche Eindrücke unvergeßlich bleiben werden. Von mir will sie erfahren, wie meine Bergtour verlaufen sei und ob ich etwas Besonderes entdeckt hätte. Etwas in mir sperrt sich, diesen Tag auf dem Berg Sera preiszugeben; es ist mein Tag, unteilbar, nicht weil ich nicht teilen will, sondern weil es unmöglich ist, die Eindrücke hier in der Empfangshalle mit Worten weiterzugeben.

Agnes scheint zu verstehen, sie wechselt sofort das Thema, als sie mein Zögern bemerkt, und beginnt von ihrer Sammelleidenschaft zu reden, daß sie von allen ihren Reisen immer etwas mitbringen muß, diesmal ist es eine kupferne Räucherschale, vermutlich 18. Jahrhundert. Das Sammeln ist ein Fluch, sagt sie lachend, man wird zu Hause zu seinem eigenen Buchhalter, das Zeug muß gelagert und geordnet werden, Listen, Kataloge, Vitrinen, Disketten.

Und warum machen Sie das?

Sie seufzt ein bißchen, mein Gott, sagt sie, vielleicht um von Überraschungen und Gefahren erzählen und Fundstücke als Beweise herzeigen zu können. Sie lächelt, Angeberei ist wahrscheinlich auch dabei. Warum sammeln Sie?

Warum ich sammle? Ich überlege einen Augenblick, denke an die Altmännerhand, die mir das Blatt gereicht hat, denke, daß das Paradies überhaupt nur als winzige Zeiteinheit erfahrbar ist.

Aus dem Sammeln von Dingen formen sich Bedeutungen und Zusammenhänge, sage ich endlich, das Schöne dabei ist, wer Erfahrungen sammelt, handelt unökonomisch, er kann sie weder tauschen noch verkaufen. Er sammelt das Bleibende seines Lebens.

Agnes schaut über die Köpfe der schläfrig Wartenden. Dann müßten Sie auch an eine verborgene Bedeutung von Dingen glauben?

Ich denke schon, nur muß jeder die verborgene oder vergessene Bedeutung der Dinge, die ihm am Herzen liegen, in seine eigene Sprache übersetzen.

Bevor ich weiterreden kann, kommt Mike von der Rezeption zurück, okay, sagt er, der Flieger ist in der Luft, nichts wie rein in die Karossen.

Elf Grad unter Null. Am Ziel des heutigen Fluges, in Ulan Bator, sollen es zweiundzwanzig Grad sein. Eine stille Fahrt in den Morgen. Allmählich verfärben die Bergspitzen sich golden, den Gipfel des Mount Sera hat die Sonne noch nicht erreicht. Auf dem Fluß liegt an langsam fließenden Stellen eine Eisschicht. Trotz der tiefen Temperatur und des frühen Morgens arbeiten Menschen auf den Feldern.

Im Bus werden Wasserflaschen verteilt; einige der Reisegefährten schlafen, die anderen blicken stumm aus den Fenstern. Das Gold auf den Gipfeln ist intensiver geworden, jetzt überzieht es bereits die unteren Felsflanken und die schneebedeckten Hochkare. Bei einem Foto-Stop gehe ich zum Fluß; die höchsten Berge spiegeln sich im Eis, der Goldton ist verblaßt zu einem stählernen Weiß. Auf der

anderen Seite des Flusses zieht eine Yakherde den Hang
hinauf, Hirten laufen hinter den Tieren. Warum rühren
mich diese Bilder? Das Land ist ohne Buntheit, die Tiere
bewegen sich steinfarben zwischen Mauern aus Stein; wie
durch einen Zauber sind sie mit dieser Erde verbunden,
ziehen wie Lachse oder wie die Gestirne ihre Bahn. Könnte es sein, denke ich jetzt, daß ich dieser Ordnung eine
Reinheit zuschreibe, die sie in Wahrheit gar nicht besitzt?

Kurz bevor wir den Flughafen erreichen, kommt ein
Augenblick, wo der Fuß der Berge im Licht verschwindet
und man nur noch die Gipfel sieht; unwillkürlich taucht
der Gedanke an eine Götterburg wieder auf. Im Abschied-
nehmen meldet sich die Erinnerung an den Potola, wie ich
ihn in dünner Luft vom Mount Sera für einen Augenblick
wahrnahm, über dem Dunst treibend; es war eine Empfindung des Leichten, des Hohen.

Die Abwicklung der Zollformalitäten in Chengdu ist lang-
wierig; man hat den Eindruck, die Chinesen lassen uns ganz
bewußt schmoren. Wir sind in der »Animal and Plant«-
Quarantäne gelandet, für die älteren Leute eine mühsame
Warterei. Guaretti lehnt leichenblaß an einem Heizkörper,
bis man ihm endlich den angeforderten Rollstuhl bringt.
Die Gesichter der Beamten sind unbewegt, während sie
die Pässe kontrollieren; die Seiten werden in Zeitlupe um-
geblättert, minutenlang starren sie auf das Papier, blättern
in den für sie unlesbaren Seiten, starren auf den Bildschirm
des Computers, bis sie zum Stempel greifen. Hinter uns
ist Bill Evans an der Reihe, seine Frau hat Mühe, ihn zu
beruhigen, er schwört bei allen Heiligen, nie wieder einen
Fuß in dieses oder sonst irgendein kommunistisches Land
zu setzen, und will nach seiner Rückkehr ein Komitée grün-

den, das Investitionen in China als Verbrechen gegen die Menschlichkeit brandmarkt.

Ich glaube, daß es allen Mitreisenden ähnlich ergeht, wir atmen auf, als wir endlich in den Sesseln der »Explorer« sitzen und Allan Harriett, der Koch, uns die zu erwartende Speisefolge aufzählt: Hors d'œuvre mit geräuchertem Salm, Parmaschinken und Entenbrust mit Wachteleiern; Kalbsmedaillons mit Morchelsoße und Blinis; zum Nachtisch frischgebackenen Apfelstrudel.

Die Flugzeit nach Ulanbataar wird vier Stunden betragen. Wir fliegen über Peking, andere Luftkorridore sind für Privatmaschinen gesperrt. Ein Vorteil dieser Route sei, erklärt der Kapitän, bei gutem Wetter könne man die »Große Mauer« erkennen.

Kahle Bergrücken, sie wirken aus der Vogelperspektive wie eine gigantische Ziehharmonika. Keine Anzeichen von Leben, Bergwüste; auf diesem Flug sieht man, daß das Riesenland China zu einem großen Teil aus unfruchtbaren Berglandschaften und Wüsten besteht. Allmählich Übergang zu flachem Land, die ersten Dörfer, grüne Hügel. Zu Ihrer Linken ist die »Große Mauer«, sagt der Kapitän, Sie werden sie in den nächsten Minuten gut erkennen können. Und da liegt dann das berühmte Bauwerk im Licht des späten Nachmittags, es windet sich über Hügel und bizarre Felsrücken ins Endlose; ich habe gehört, daß Astronauten behaupten, es sei vom Mond mit bloßem Auge zu erkennen.

China liegt hinter uns, wir überfliegen die Ausläufer der Wüste Gobi. Sand, Steine, Schnee, diese Wüste ist anders als das »Leere Viertel«, die Wüste Thar oder die Sahara. Ihre Schatten sind tiefer. Wer das Glück hat, ein stattliches Alter zu erreichen, wird Hunderte von Sonnenuntergängen erleben, den roten Ball am Himmel, der glühend am Meereshorizont oder hinter einem Bergrücken versinkt. Dieser Sonnenuntergang über der Wüste Gobi, das letzte Tageslicht auf den Schneefeldern und Sanddünen, die steingrauen Schattenoasen, alles ist hier anders; die Farbe der Sonne ist weder Rot noch Orange, es ist ein pulsierendes Glühen, vielleicht von der Farbe, wie die Sonne in ihrem Innersten glüht. Ein Licht, das ganz allein diesem weiten einsamen Land gehört.

Ulan Bator, Mongolei

Auf der Landepiste weht ein messerscharfer Eiswind von der Wüste her. Enteisungskolonnen sind mit den Maschinen der mongolischen Luftfahrtgesellschaft beschäftigt; das Emblem MIAT auf den Seitenrudern der Propellermaschinen deutet unser Co-Pilot als Kürzel für »Maybe I'm still alive tomorrow«.

Uniformierte Frauen mit riesigen Mützen, unter denen die Gesichter fast verschwinden. Hier wirkt die langsame Zollprozedur nicht als Schikane, sie beruht auf einem anderen Zeitempfinden und wohl auch auf mangelnder Koordination; man hat den Eindruck, die Planwirtschaft sitzt den Menschen noch tief in den Knochen. Schnee auf den Straßen, minus zwanzig Grad. Die »Lost Cities«-Reisenden gehen im Nordpol-Look zu den mit laufenden Motoren wartenden Bussen. Ulan Bator ist großzügig angelegt; an den Rändern der Stadt Zeichen des Verfalls wie überall in Rußland, düstere, keinem sichtlichen Zweck dienende

Monumentalbauten, vor denen Betonblöcke liegen, geplatzte Heißwasserröhren. Lenin steht noch immer auf dem Suchbaatar Platz, man will ihn einstweilen dort stehenlassen, obwohl man demokratisch geworden sei, sagt der Guide, ein junger Mongole, dessen Gesicht breiter als hoch ist, was vielleicht auch an der riesigen Pelzmütze liegt. Wir fahren durch weite, halbleere Straßen; luftige Plätze mit niedrigen Läden und Restaurants, dann wieder pastellfarbene Palazzi mit Säulen und Kapitellen unter hohen Schneehauben. Die Hauptstadt der Mongolei zeigt das Bombastik und Zerfall atmende Flair einer ehemals kommunistischen Provinzstadt. Als wir an der Oper vorbeifahren, sagt der Guide, wir Mongolen sind ein Reitervolk, können Sie sich unsere Frauen als Madame Butterfly vorstellen?

Auf Larrys Frage, wie die Stimmung der Bevölkerung nach dem Wechsel sei, ob viele sich nach der sozialen Sicherheit zurücksehnen, antwortet er achselzuckend, die Älteren ja, wir warten ab, was der Kapitalismus bringen wird. Wissen Sie eigentlich, wie in der Mongolei der Umschwung kam? Zehn junge Leute setzten sich bei Schneetreiben auf den Zentralplatz und beschlossen, nicht mehr zu essen. Wir werden sterben, wenn die Regierung nicht zurücktritt, sagten sie. Es geschah ein Wunder, die Regierung trat zurück.

Das »Ulan Bator Hotel« ist ein Kasten im russischen Stil der fünfziger Jahre. Vor dem Eingang drückt mir ein kleiner Junge ein Kärtchen in die Hand, girls, piepst er englisch radebrechend, funny girls, beautiful. Auf der Karte steht »New Tornado Disco Club«.

Die Zimmer sind wie in Lhasa überheizt und von wahrhaft gigantischem Ausmaß, Schlafzimmer, Salon, Ankleide,

zwei Bäder, drei Meter hoch und gedacht für eine zehn-
köpfige Bonzensippe. Im angeschalteten Fernseher läuft das
Programm des CNN, eine Reportage über Burma, Aung
Sun Kyi sitzt im Korbstuhl vor ihrem Haus in Rangoon.

Auch hier erweist sich der Versuch, die Heizung abzu-
stellen, als hoffnungslos; das verhutzelte Weiblein, das auf
mein Klingeln prompt erscheint, schlurft zu den Heizkör-
pern, legt die Hand darauf, lächelt zufrieden und verläßt
die Sauna, wobei sie die Tür so vorsichtig hinter sich zu-
zieht, als würde sie ein Sterbezimmer verlassen.

Die Gänge des »Ulan Bator Hotels« sind endlos; endlos kommen einem die Treppenfluchten vor, die wir über-
winden müssen, um in den Speisesaal zu gelangen, unser
Zimmer ist im elften Stock, und die Lifte sind außer Be-
trieb. Alles scheint hier für Riesen entworfen zu sein, der
Speisesaal, nur für die »Lost Cities«-Reisenden reserviert,
hat die Ausmaße eines halben Fußballfeldes. In bunte Tracht
gekleidete Mädchen schenken Getränke aus, chinesisches
Bier, mongolischen Wodka, Weißwein von der Krim. Ben
verzieht das Gesicht zu einer schmerzhaften Grimasse, er
leidet noch unter den Folgen der letzten Nacht in Lhasa.
Deftige, scharf gewürzte Kost, wie ich sie in letzter Zeit
vermißt habe; unter vorwurfsvollen Blicken der inzwischen
ins Ungewisse transzendierten Mrs. Lexman gehe ich gleich
dreimal zu den Fleischtöpfen, um »Urluk« nachzuschöp-
fen, eine Art Pot au Feu von Hammel und Rind, mit Speck
und viel Knoblauch.

Ich verabscheue inszenierte Folkloredarbietungen, die
einen beim Essen nur stören und die, gereinigt und gebügelt, über die ursprünglichen Bräuche eines Landes so gut
wie gar nichts aussagen. Hier wirken die Darbietungen
echt, die Kostüme kommen nicht aus dem Fundus eines

Kostümverleihs, die Musiker sind Nomaden, die man für ein paar Dollar vom Rand der Wüste in die Stadt gelockt hat. Nach den sanften, einschläfernden Gamelan-Klängen, dem Mönchsgemurmel und Alphornseufzern wirkt diese Musik kraftvoll, lebendig und lebensnah, sie paßt zu »Urluk« und Wodka und versetzt mich derart in Stimmung, daß ich plötzlich entdecke, wie meine Schuhe unter dem Tisch mittanzen und die Pferdehufe der »Goldenen Horde« durch meine Phantasie galoppieren.

An unserem Tisch sitzt Chunbis, der Guide, der uns morgen begleiten wird; als ich ihn nach dem Essen bitte, seinen Namen auf die Papierserviette zu schreiben, tut er dies in der alten, wundersam verschnörkelten Schrift seines Volkes; er erklärt, die Menschen der Steppe würden ihren Neugeborenen »Tarnnamen« geben, um böse Geister in die Irre zu führen, so sei die Übersetzung von Chunbis »Nicht Mensch«. Dieser sympathische »Nicht Mensch« ist ein Patriot, wie er im Buch steht; er liebt seine Heimat und würde am liebsten zu seiner Familie zurückkehren, die mit ihren Herden wie vor Jahrhunderten durch die Steppengürtel der Wüste zieht.

Er würde, wenn da nicht sein Traum wäre. Wissen Sie, sagt er, es ist vielleicht eine verrückte Idee, aber ich habe mir in den Kopf gesetzt, Klavierbauer zu werden; dazu brauche ich Geld, um im Ausland studieren zu können.

Da sitzt er vor mir am Tisch, ein kräftiger junger Mann mit Bürstenhaarschnitt und großen roten Händen, stützt die Ellbogen auf und schaut haarscharf an mir vorbei. Morgen wird er mir erklären, daß sein rechtes Auge sich selbständig macht, sobald er sich für eine Sache begeistert.

Ein langer Tag geistert durch meinen Kopf, ich weiß, so schnell werde ich nicht einschlafen können, obwohl ich

284

müde bin. Die Tischrunde hatte sich nach einer Diskussion über fliegende Untertassen rasch aufgelöst; jetzt irre ich durch die entsetzlich heißen Flure des »Ulan Bator Hotels«, um irgendwo ein Plätzchen zu finden, wo ich mir ein kaltes Bier kaufen kann. Das finde ich schließlich im neunten Stock in Form einer schummrigen Bar, in der rauchende Mongolen vor einem Fernseher stehen und einem Ringkampf unglaublich dicker Männer zusehen. An der Theke sitzt Larry in Begleitung von zwei weiblichen Geschöpfen, die Schwestern der Ringkämpfer sein könnten und mich argwöhnisch begutachten, als ich mich ihrem Opfer nähere.

Du bist ein Geschenk des Himmels, sagt Larry, er umarmt und küßt mich und schenkt mir ein Glas mongolischen Wodka aus seiner halbleeren Flasche ein, diese Nilpferde wollen mich vergewaltigen.

Den Grund für seine melancholische Stimmung vertraut er mir nach einem weiteren Glas von dem zweiundfünfzigprozentigen Zeug an. Larry hat in einer Woche einen kniffligen Termin mit seinen Bauherren. Es geht um Geld, sagt er, um sehr viel Geld. Er beginnt die Brille zu putzen und rammt einer der beiden Damen, die noch immer nicht aufgeben will, den Ellbogen ins Fleisch. Larry und sein hundertköpfiges Team bauen an schönen Orten der östlichen Welt schöne Hochhausanlagen von vierzig Stockwerken und mehr. Zur Zeit bauen wir auf Hawaii, sagt er, mein Auftraggeber ist der Inselstaat Naoero im Nordpazifik, vierhundert Seemeilen nordöstlich von den Salomoninseln. Naoero ist der drittkleinste Staat der Welt und hat nicht mehr als zweitausend Bewohner.

Früher haben sie von Vogelscheiße gelebt, sagt Larry, jetzt scheißen sie selber Geld. Ich nehme an, sie betreiben

285

eine großangelegte Waschanlage. Schwarze Dollars rein, weiße Dollars raus. Allerdings frage ich mich, wie lange das noch gutgehen wird.

Plötzlich steht er auf. Ich glaube, ich muß jetzt gehen, sagt er, Betty kann nicht einschlafen, wenn ich nicht bei ihr bin.

Unter den enttäuschten Blicken der beiden Fregatten verlassen wir das schummerige Kabuff, um eine Nacht in der Sauna zu verbringen.

Samstag, 20. November

Schweißgebadet erwacht, die Matratze ist so durchgelegen, daß man sich vorkommt wie in einer Hängematte. In der Dusche kommt nach minutenlangem Laufenlassen nur kochendheißes Wasser, während im Waschbecken ein eiskaltes Rinnsal auf meinen Rasierpinsel tropft. Das Frühstück entschädigt für den originellen Wasserhaushalt des »Ulan Bator Hotels«, Speck, Eier, verschiedenste Würste und sämige Suppen. »Lost Cities«-Reisende, die sich schon so früh im Speisesaal einfinden, schleichen um die fette Fülle und atmen erleichtert auf, als sie am Ende der Räucherorgie zwischen kümmerlichen Topfpflanzen ein paar Schüsseln mit Körnchen und blaß aussehende Flüssigkeiten entdecken.

Nashville hält es mit Handfestem, er hat gleich zwei Teller mit verschiedenem Speck, Bohnen und Eiern beladen. Alles für mich, sagt er und strahlt, ich muß die Gelegenheit nutzen, solange meine Frau noch auf dem Zimmer ist, sie will nicht, daß ich Fettes esse, wegen des Cholesterins.

In Tibet hat Nashville eine besondere sechsbeinige Entdeckung gemacht, von der bisher niemand wußte, daß sie in so großer Höhe vorkommt. Sie kennen bestimmt die »Subtilen Jagden« von Jünger, sagt er, ein Landsmann von Ihnen, großartig, was dieser Mann alles geleistet hat.

Und dann, während er mit gesegnetem Appetit über beide Teller gleichzeitig herfällt, beginnt er, von seiner Leidenschaft zu reden. Wir sind, sagt er, eine vergleichsweise harmlose Variante des Großwildjägers. Unser Ziel ist das ästhetische Kabinett, wie eine feine Partitur blättert es die Natur Seite um Seite auf. Nicht die Masse macht eine Sammlung, das einzelne Exemplar ist es, im Gleichklang und im Gegenklang der anderen verschiedenen Arten.

Nashvilles Kinn ist fettverschmiert, seine Augen glänzen. Ich erfahre wieder einmal, wie genau die englische Sprache ist: Für das anhäufende Zusammentragen gibt es das Wort »gathering«, während das selektive Sammeln des ganz Besonderen sich mit »collecting« übersetzen läßt. Und daraus, sagt Nashville kauend, läßt sich der Unterschied zwischen Ästhetik und ökonomischem Verhalten ableiten; das Einmalige, das für sich selber strahlt, wird bewahrt, während das Nützliche über kurz oder lang verschwindet. Es wird aufgebraucht oder, weil man Platz für Neues braucht, einfach weggeworfen.

Ob ihm bewußt sei, frage ich, daß im Grunde jeder von uns Reisenden, auch wenn er keine Afterspinnen sammelt, nichts anderes will als das Besondere, das er in sein Leben einfügen kann, antwortet Nashville ohne Zögern, natürlich, unser wahres Leben besteht aus dem Gewahrwerden (perception) von besonderen Augenblicken.

In Ermangelung einer Serviette wischt er sich mit dem Taschentuch den Mund ab; er lehnt sich zurück, faltet die Hände über dem Bauch und strahlt mich an. Nashville ist an diesem frühen Morgen in Ulan Bator für ein paar Augenblicke ein wahrhaft glücklicher Mensch.

Die Idylle wird unterbrochen, als Mike mit einem Mann an unseren Tisch kommt, der nicht zu Zegrahm gehört. Es ist Seine Exzellenz, der amerikanische Botschafter in Ulan Bator, Alphonse de la Porta, ein stämmiger braungebrannter Mann, dem man ansieht, daß er sich gern im Freien aufhält und viel lacht. Er hat seinen Espresso in einer kleinen silbernen Thermoskanne mitgebracht. Die mongolische Küche ist ausgezeichnet, sagt er, aber von dem Kaffee bekomme ich Sodbrennen.

Im Gegensatz zu seinem Kollegen in Muskat, der die Omanis am liebsten alle miteinander zum Teufel oder wenigstens in die Wüste schicken würde, wo sie seiner Meinung nach hingehören, ist Mr. La Porta ein uneitler, liebenswürdiger Mensch, der das Land und seine Bewohner schätzt.

Großartige Leute hier, sagt er, schade, daß Sie nur so kurz da sind, Sie sollten sich einen Monat in der Wüste aufhalten, nur so lernen Sie dieses Land wirklich kennen.

Er lacht und schiebt uns die Thermosflasche hin, versuchen Sie von dem da, wir haben eine Espressomaschine in der Botschaft.

Wir nutzen die Gelegenheit, Fragen zu stellen. Nashville will wissen, ob es wirklich in Ulan Bator so schlimm sei mit den Straßenkindern und der Jugendkriminalität. Na ja, antwortet La Porta, das ist ein Problem, mit dem die Stadtregierung fertig werden muß, aber Sie müssen nicht alles glauben, was in den Zeitungen steht, ich könnte

Ihnen ein Dutzend Städte in den USA aufzählen, in denen weit schlimmere Zustände herrschen.

Dann erzählt er von einem Gespräch, das er vor einigen Tagen mit dem Leiter einer Delegation geführt hatte, die aus Nordkorea zurückkam. Oh ihr himmlischen Götter, hätten sie gesagt, so war es vor ein paar Jahren auch noch bei uns gewesen. Natürlich habe die Privatisierung in der Mongolei die Mafia und die Korruption gefördert, aber verglichen mit anderen Ländern hielte sich das Unwesen in Grenzen, schließlich seien vierzig Prozent der Bevölkerung noch immer Nomaden.

Mr. La Porta läßt die Thermosflasche in unserer Obhut zurück und geht ans Mikrophon. Er redet frei und witzig, verzichtet darauf, die wirtschaftliche Stärke der USA herauszustreichen und lobt die Weltoffenheit des mongolischen Präsidenten Natsagiin Bagabandi, er sei ein nachdenklicher und zurückhaltender Mann, der an guten und stabilen Beziehungen zu seinen Nachbarn Rußland und China interessiert sei, wobei die Öffnung zum Westen eindeutig Priorität besitze.

La Porta macht kein Hehl daraus, daß er befürchtet, die Amerikanisierung könnte in diesem Land Schaden anrichten; die Mongolen können auf Pepsi Cola und McDonalds gut verzichten, meint er.

Dann muß Seine Exzellenz Fragen von »Lost Cities«-Reisenden beantworten, die in der Klage eines Zwitterwesens aus West Palm Beach, halb Mumie, halb Hörgerät, gipfelt, warum in einem westlich orientierten Land Cornflakes auf dem Frühstückstisch fehlen.

La Porta zuckt die Achseln, und Mike sagt ziemlich laut, bis jetzt hatte ich gedacht, wir hätten kein einziges ausgemachtes Arschloch an Bord.

Zweiundzwanzig Grad unter Null, als wir in die russischen Kleinbusse steigen. Erstes Ziel an diesem Morgen ist das »National History Museum«. Die Temperaturunterschiede in Ulanbataar sind rekordverdächtig, auf der Straße sibirische Kälte, in den Räumen der Urzeitechsen herrscht eine Hitze, daß nach ein paar Minuten das Hemd an der Haut klebt.

Wir werden siebzig Millionen Jahre zurückversetzt, in eine Zeit, als die Drachenbrut der Saurier den Luftraum dieses Erdteils beherrschte. In der »Zentralen Halle« triumphiert das Skelett eines Tarbosaurus Batoor über die Vergänglichkeit; stellt man sich die Millionen Jahre alten Knochen als eine lebendige atmende Kreatur, in Muskeln gepackt und von Schuppen umschlossen vor, wächst der Appetit danach, mehr über die anatomische Anpassung und die Evolution von Tier und Mensch zu erfahren.

Wir wandern durch ein überheiztes Beinhaus von Riesen. Panzer von fünfzig Millionen Jahre alten Schildkröten, Kiefer von Auerochsen, Sauriernester mit Eiern von der Größe eines Fußballs. Überall Knochen, die Wüste Gobi sei der größte Drachenfriedhof der Erde, sagt der Guide des Museums, er heißt Terbis, was »Nicht dieser« bedeutet.

Einfach auf dem Sand habe man diese Skelette gefunden, sagt er und streicht mit dem Handrücken über eine münzgroße Warze am Kinn, einfach so, als die ersten Touristen ins Land kamen, konnten sie Knochen sammeln wie anderswo Pilze.

Riesenknochen, ein Becken von der Größe einer Tischtennisplatte, der Oberschenkel eines Brontosaurus sieht aus wie ein Baumstamm. Ich stelle mir vor, wie die Überreste der Urechsen auf dem Wüstensand lagen, jahrtausendelang. In der Sonne. Im Licht des Mondes. So lange, bis alle Schatten und Schrunden des Verfalls zu einem milden Elfenbein ausgebleicht waren. Troodontis, lese ich, Pachycephalosauria, Iguanodontis, Oviraptor, und ich ertappe mich, wie ich diese Namen vor mich hin murmle, ein prähistorisches Gedicht.

An den Wänden Bilder, wie die Welt damals ausgesehen haben wird, eine Welt ohne Menschen. So groß und gefährlich die Echsen in den riesigen Farnwäldern auch aussehen mögen, mich beschleicht der Gedanke, daß sie, verglichen mit der jungen, unscheinbar kleinen Spezies Mensch, harmlos wie Fliegen waren.

Im Nebenraum bleibe ich vor dem klobigen Skelett eines Pinacosaurus stehen; aus der »Distribution Map of Mongolian Dinosaurs« erfahre ich, daß diese Art im Wettrüsten gegen Ende des Saurierzeitalters sich einen lückenlosen, mosaikartigen und stachelbewehrten Panzer aus Knochenplatten zugelegt hatte; obwohl nur so groß wie ein VW-Golf, wog das Tier mehrere Tonnen – ein lebender, uneinnehmbarer Bunker. Riskierte ein Raubsaurier, das Panzerwesen anzugreifen, zerschlug die vermeintliche Beute ihm mit ihrem morgensternbewehrten Schwanz die Beine.

Ben zerrt mich in den nächsten Raum und vor einen Glaskasten, in dem kleine Knochenteile liegen. Es war ein großer Tag für die Wissenschaft, sagt er, am 9. Juli 1994 fanden der New Yorker Paläontologe und seine Kollegin Amy Davidson in der Gobi ungewöhnlich geformte Schädel mit spitzen Nasen; sie gruben weiter und fanden Skelette, deren dickste Knochen dünner waren als ein Streichholz. Sie hatten Relikte mäusegroßer Vorfahren des Menschen vor Augen, Fossilien von Tieren, aus deren Anatomie später alle Arten von Säugetieren hervorgegangen sind.

Ben kennt Amy Davidson persönlich, er hat sie in ihrem

New Yorker Labor mehrmals besucht. Eine faszinierende Frau, sagt er, früher war sie eine erfolgreiche Bildhauerin, aber irgendwann hatte sie genug; es hat sie nicht mehr befriedigt, Skulpturen aus Stein zu meißeln, als sie entdeckte, daß in den Steinen die wundervollsten Skulpturen verborgen sind.

Durch einen Garten versteinerter Gerippe gehe ich zum Ausgang, und ich frage mich, warum diese Vorwelt erlosch. Vielleicht hatte der Einschlag eines Meteoriten die Erde verdunkelt, für Millionen von Jahren. Als es hell wurde, war die Landschaft verändert, die Erde war bereit für die nächste Katastrophe, die große Flut, die das Böse in den Meeren ertränken sollte. Ein schöner, jedoch mißlungener Ansatz.

Als wir eine Stunde später das Gandan Kloster erreichen, hat sich die Luft auf zehn Grad unter Null erwärmt, für die jungen Leute auf den Straßen eine Temperatur, bei der sie in Jeans und Sommerschuhen bestens zurechtkommen.

Die Tempelanlage Gandan Megdshid Dshanrajsig ist von einem weitläufigen Park umgeben. Schneekristalle reflektieren das weiße Licht der Sonne, es ist so grell, daß man zunächst einmal die Augen schließt, bevor man sich langsam daran gewöhnt. In kleinen Gruppen gehen wir über gefrorene Wege zum Haupttempel, dessen Pagodendach hinter einem im Raureif erstarrten Wäldchen in den kalten Himmel ragt. Chunbis bleibt vor einem Holzpfahl stehen, der einsam und verwaist mitten auf einem Platz steht. Das ist der Rest eines von den Revolutionsgarden zerstörten Tempels, sagt er, der Stamm ist heilig.

Ich beobachte einige ältere Leute, die sich dem Pfahl

nähern, vorbeugen, die Stirn ans fettige Holz drücken, es ist eine zärtliche Geste, demütig und bittend. Der in einen zerrissenen Fellmantel gehüllte Alte umarmt das Holz, drückt es, bevor er an dem umschlungenen Pfahl hinunterrutscht und wie tot auf der gefrorenen Erde liegenbleibt. Eine junge Frau in modischer Pelzjacke und grauen Jeans vollführt wenig später dasselbe Ritual, bevor sie eine Tüte mit Sonnenblumenkernen aus der Tasche zieht und Tauben zu füttern beginnt. Ad, seit Tagen ohne Mary, ist auch stehengeblieben, er starrt mit verträumten Augen auf die fremde Frau. Unwillkürlich fragt man sich, welche erotische Faszination das mongolische Mädchen auf den kalifornischen Ad wohl ausübt. »Das Unbekannte als Treibstoff der Zeugungsmaschine« hat Karl Valentin es in irgendeinem seiner mißverstandenen Stücke genannt, und er fügte hinzu, darum bleib' ich am liebsten zuhaus.

Dunst liegt über der Stadt, auf den Dächern ein goldener Schimmer. Verglichen mit dem Sera Kloster wirkt dieser Tempel bescheiden. Im Inneren ist es warm, betende Mönche, einige lesen in vergilbten Büchern und bewegen stumm die Lippen. Die Buddhastatuen und Schreine sind von Neonlampen erhellt; ER in Kolossalformat wird von Scheinwerfern angestrahlt, was dem entrückten Lächeln eine lächerliche Note verleiht. Wieder bin ich meinem Vorsatz untreu geworden, wieder stehe ich in einem Tempel, mit meinen Schuhen diesmal und mit eiskalten Zehen. Wieder ergreift mich eine feierliche Stimmung, die Frömmigkeit, der Gesang der Mönche, der mit einmal anhebt, als ich mich vom Strom der Gläubigen durch das Heiligtum schieben lassen, wieder staune ich über das Sinnliche des tibetischen Buddhismus, Hunderte von Fingern gleiten unablässig über das Holz und die Steine mit ihrer sakralen Bedeutung, Hunderte von Händen drehen mit lächerlicher Ausdauer die mit Zettelchen und Geldscheinen beklebten Gebetstrommeln; ohne jeden Ekel staune ich ein letztes Mal über den muffigen Geruch, den die heiligen Butterskulpturen verströmen und der seit Jahrzehnten die karmesinroten Decken und Vorhänge durchtränkt; er hat etwas Einhüllendes, dieser Geruch, die Kälte Vertreibendes, und ich kann ihm zuschauen, wie er sich mit den langsam sich windenden Säulen vermengt, die aus den Butterlampen und Behältern mit Räucherstäbchen in die Unendlichkeit emporsteigen.

Ich lehne an einem Heizkörper und lasse die Stimmung in mich einsickern, es ist eine Abschiedsstimmung, von der ich ganz genau weiß, daß es kein Abschied sein wird, irgendwann werde ich wieder irgendwo auf der Welt in einem Tempel stehen und diesen Geruch einatmen, ich werde mich von den Gebeten der Gläubigen fesseln lassen, ohne ihren Glauben teilen zu können, und ich werde sie um diesen Glauben beneiden.

Und dann entdecke ich einen mit karmesinroten Stoffen verhangenen Bretterverschlag; sachte lüpfe ich die Verkleidung und schaue, ja auf was eigentlich: Da steht ein modernes Schreibtischgebilde, darauf ein Computer, eine Geldzählmaschine daneben, wie ich sie von den indischen Wechselstuben kenne; und überall und zu Türmen gebündelt, Geld. Eine Skyline aus abgegriffenen Tughrik.

Auch Kashmere-Pullover wollen bezahlt sein, obwohl sie, wie Betty sich ausdrückt, so stinkbillig sind, daß einer Dreck im Hirn haben muß, wenn er nicht zupackt. Unter dem japanischen Restaurant, in dem für die »Lost Cities«-Reisenden das Lunch-Buffet gerichtet ist, befindet sich ein von den Touristen heiß umlagerter Ort in Ulan Bator, der Kashmere-Laden von Dashzeveg. S. lockt, bittet, befiehlt mich auf das Schlachtfeld, meine Pullover hätten alle Löcher an den Ellbogen und auch sonstwo, so könne ich nicht länger herumlaufen, beim besten Willen nicht, ich möge doch einmal die älteren Herren unserer Gruppe genauer betrachten, wie adrett die alle daherkämen; also verlasse ich schließlich den Laden fluchtartig mit vier Pullovern unterm Arm, dreißig Dollar das Stück, reines Kashmere, die zwei Monate später beim Waschen auf Kindergröße geschrumpft sein werden.

Blitzbesuch im »National Museum«. Einige Notizen dazu

Ich lerne wieder ein neues Wort, unser Guide heißt Nergüj, was »Ohne Namen« bedeutet; Nergüj klärt uns über die Schnabelform mongolischer Schuhe auf, der alte, im Glauben der Nomaden noch immer tief verwurzelte Animismus sieht in der Natur überall Gott. Baum, Fluß, ein Berg, die Erde, alles ist Teil der göttlichen Natur. Und jeder Teil besitzt seinen eigenen Gott. Die Göttin der Erde soll durch harte Sohlen und scharfe Kanten nicht verletzt werden. So gelangt man über das Schuhwerk der Nomaden zum Schutz unserer Umwelt; nur, die Altvorderen sahen es lange vor uns und mit anderen Augen.

Auch die Bestechung hat ihre Moden. Als ich mich bei »Ohne Namen« erkundige, warum die reich bestickten Mäntel und Roben der Provinzgouverneure so auffällig lange Ärmel hätten, erklärt er mir, daß die mächtigen Herren regelmäßig Empfänge abhielten, und da bekanntlich von nichts auch nichts kommt, ließen Leute, die etwas wollten, die Geldbündel unauffällig in den Ärmel des Umworbenen gleiten.

In der Abteilung »Schmuck und anderes Kulturgut« trifft man die alten Bekannten aus anderen Museen unserer Reise. Lange Reihen mit Vitrinen, in denen das beliebteste Spielzeug der Menschheit auf Samtkissen ruht; Folterinstrumente von bemerkenswerter Schönheit, Zehennägelausreißer, Peitschen und Glüheisen, Zangen zum Knochenbrechen und zierliche Stößel zum Blenden, alles ist mit kunstvoll gearbeiteten Intarsien versehen, hat Griffe aus Elfenbein oder Silber, die Zungenquetschzange ist aus purem Gold, wie Nergüj freudig erklärt, und er fügt auf Mrs. Broomfields Frage, ob man hier Ähnliches als Souvenir erwerben könne, kopfschüttelnd hinzu, wofür, Madame, würde man so etwas in Amerika brauchen?

Die letzte Station ist der Raum mit Schnupftabakdosen; auch diese handlichen Behälter sind wie die Fußblöcke und Würgeeisen mit hübschen Szenen verziert; eine dieser von einem französischen Wissenschaftler ausgegrabenen Dosen zeigt und beschreibt, wie ein Scharfschütze aus Dschingis Khans Garde den Pfeil aus fünfhundert Metern Entfernung ins Ziel schießt. Se non e vero … eine erstaunliche Leistung, wenn man bedenkt, die Treffgenauigkeit einer modernen Winchester 764 hört bei etwa zweihundertfünfzig Metern auf. Was mich an der Geschichte stutzig macht, ist Nergüjs Behauptung, das Ding sei die Schnupftabakdose des berühmten Kriegsherrn gewesen. Zur Zeit von Dschingis Khan gab es keinen Tabak, wende ich ein, Amerika wurde zweihundertfünfzig Jahre später entdeckt.

Nergüj lächelt wissend, dann war in der Dose eben etwas anderes, sagt er, etwas, das stark macht, dabei faßt er sich eindrucksvoll zwischen die Beine.

Auf der Fahrt zu den Nomaden am Steppenrand vor der Stadt begleitet uns Chunbis, der »Nicht Mensch«, dessen Traum es ist, Klavierbauer zu werden. Chunbis hat etwas gegen die Chinesen; als wir durch die trostlosen Vororte fahren und einer Fahrzeugkolonne begegnen, die einen chinesischen Staatsgast ins Regierungsgebäude bringt, deutet er abschätzig auf den wehenden Stander; auch einer von denen, die alles fressen, was sich bewegt, sagt er und erzählt von einem chinesischen Nachbarn, der ein Stück Fleisch vor die Tür legte und wartete, bis die Würmer kamen. Die Würmer haben alles aufgefressen, sagt er, sie wurden immer dicker und fetter, dann kam der Chinese und hat die Würmer gefressen.

S. fragt, was denn die Nomaden so alles auf ihrem Speisezettel haben. Milchprodukte, sagt er, Käse, Fleisch. Wir essen den Magen des Wolfs, wenn wir Magenschmerzen haben, und seine Zunge bei Halsweh.

S. läßt nicht locker, ich habe gelesen, Murmeltier sei eine Delikatesse, sagt sie.

Oh ja, antwortet Chunbis und leckt sich verträumt die Lippen, in Stutenmilch gegartes Murmel, ein Festschmaus.

Wir haben die Wohnsilos hinter uns gelassen und fahren durch eine unberührte Winterlandschaft; weite Schneeflächen wechseln mit sanften Hügelrücken und Streifen von Wald oder hellgrauem Fels. Hier beginnt das Reich der Nomaden, seit Jahrhunderten durchstreifen sie mit ihren weißen Rundzelten (die Touristen nennen sie »Jurten«, bei den Mongolen heißen sie »Ger«) die Steppen, Halbwüsten und Gebirge des riesigen Landes.

Ich hatte gestern während des Fluges von Chengdu nach Ulan Bator in Edward-Tonellis Aufzeichnungen gelesen. Er hatte, bevor er im Frühjahr 1837 zum Kloster Amarbayasgalant weiterzog, ein Jahr lang in dieser Gegend, der Tūla-Aūe, gelebt. Er war krank, wieder einmal, hatte im Unterkiefer alle Zähne verloren und konnte nur flüssige Nahrung zu sich nehmen; in dieser Zeit hielt er sich bei einer Nomadensippe auf, die ihn pflegte und von deren ältestem Mitglied, der bald hundertjährigen Balshir, er in die Geheimnisse des Schamanismus eingeweiht wurde; so erfolgreich anscheinend, daß er nach dem Tod der alten Frau selbst als Heiler durch die Wüstengürtel der Gobi zog.

Es fällt mir schwer, an die Wirkung übersinnlicher Kulthandlungen zu glauben, obwohl ich im Lauf der Jahre immer wieder Zeuge von Ereignissen wurde, denen mit herkömmlicher Ratio nicht beizukommen ist. Wie bei den Recherchen über den Magier John Dee ergeht es mir beim Lesen von Edward-Tonellis Aufzeichnungen über seinen Aufenthalt in der Mongolei; ich empfinde eine seltsame Traurigkeit über meinen mangelnden Sinn für das Wunderbare und meine Unfähigkeit, mich von geheimnisvollen Botschaften mitreißen zu lassen.

Edward-Tonelli behauptet, fähig gewesen zu sein, sich in Trance zu versetzen, durch das Tor des Bewußtseins zu gehen und Reisen in die entlegenen Gefilde der Geister unternehmen zu können. Vielleicht lügt er an diesen Stellen seines Berichts, aber warum sollte er lügen? Schrieb er diese Zeilen im Fieberwahn? Dagegen spricht, daß er die meisten seiner einmaligen Wahrnehmungen erst sehr viel später von den Wachstafeln seiner Erinnerung auf Papier übertrug. Oder verstand er darunter Augenblicke von solcher Dichte und Klarheit, daß jedes andere Wissen dagegen verblaßte? So schildert er auf mehreren Seiten einen Fall, wo er in der Gegend von Khövsgöl durch eine imaginäre Reise ins Land des Todesgeistes einem zweijährigen Kind das Leben rettete, »eine Trommel diente mir als Gefährt, kleine Pfeile aus Kupfer waren meine einzigen Waffen«.

Bereits auf der nächsten Seite geht er unvermittelt zum Alltag über und berichtet nüchtern von der Konstruktion eines »Ger«. In den weißen Zelten der Steppenbewohner wendet Edward-Tonelli sich erneut dem Denken des Epikur zu, der Behandlung der verängstigten Menschenseele. Wenn ich diese Menschen betrachte, schreibt er, sehe ich, daß ihnen das Jenseits weniger am Herzen liegt als der glückliche Aufenthalt im Diesseits. Ihr Nomadendasein hat sie von den überflüssigen Dingen befreit, sie opfern ihren Göttern für das Glück des Augenblicks, und diese fordern keinen Wegzoll in eine ungewisse Zukunft nach dem Tod. Sie opfern einzig der Natur, in und mit der sie von Ballast befreit leben …«

Edward-Tonelli bewunderte die Furchtlosigkeit und die Fröhlichkeit, die durch die unscheinbarsten Gelegenheiten jederzeit aufflackert; er bewunderte die Kunst der Improvisation und die Phantasie, durch die es den Nomaden gelingt, den Unbilden der Natur auszuweichen oder, wenn dies nicht möglich ist, ihnen die Stirn zu bieten. Ich bin sicher, schreibt er am Ende dieses Kapitels, Mobilität ist das Geheimnis ihres Glücks.

Der Bus fährt langsam; die Straße ist nicht geräumt, tiefe Spurrillen im Schnee zwingen den Fahrer, anzuhalten und Ketten zu montieren. Ich nutze die Gelegenheit, auf der Straße weiterzulaufen und die Landschaft zu betrachten.

Chunbis stapft neben mir her. Sie sollten wiederkommen, sagt er, letztes Jahr war eine japanische Schriftstellerin fast ein ganzes Jahr bei Nomaden im Südwesten des Landes. Er erzählt von den tiefen Becken der inneren Gobi, Gegenden mit geheimnisvollen Namen wie Kheerman Tsav oder Ultan Ula; eine Welt farbenprächtiger Sanddünen sei es, aus Labyrinthen von Schluchten und rotem Gestein, durch die im Sommer Staubstürme wehen und im Winter die eisigen Schneefahnen der nördlichen Steppen. Dennoch, dort gäbe es auch prächtige Blumen, die ihre kurze Pracht nähren vom Fleisch der Schmetterlinge und vom Blut kleiner Vögel. Wilde Kamelherden würden dort weiden, Schneeleoparden seien in den Felsen zu Hause und die letzten der fast ausgerotteten Gobi-Bären, deren Brummen in Vollmondnächten dem, der es vernimmt, ein langes Leben verspricht. Und alle diese Tiere stillen im Sommer ihren Durst an von blauer Iris umstandenen Quellen.

Chunbis ist stolz auf seine Heimat, während er spricht, gerät sein rechtes Auge ganz außer Kontrolle. Der künftige Klavierbauer hängt sehr an den Ebenen, den Hügeln und Wäldern mit ihren Wölfen. Meine Familie besitzt vierzig Pferde, sagt er, auf jeden Nomaden kommen im Schnitt dreißig Stück Vieh, die Hälfte davon Schafe; damit sie das spärliche Grün nicht überweiden, läßt man sie mit Ziegen grasen; anders als die Schafe äsen Ziegen im Vorüberlaufen und ziehen die lahmen Vettern mit. Schafe liefern Wolle für Kleidung, Polster und die Filzmatten, mit denen die hölzernen Scherengitter der »Gers« abgedeckt werden.

Wir sind vielleicht zwei Kilometer gelaufen, als der Bus uns einholt; ich werfe einen Blick auf die Reifen, sie sind völlig abgefahren; kein Wunder, daß wir ohne Ketten nicht vorwärts gekommen sind.

Das Miniatur-Dorf, das wir nach einer halben Stunde erreichen, liegt in einem nach Süden offenen Tal. Vier »Gers« stehen in ziemlicher Entfernung voneinander auf der hartgefrorenen Erde. Ein Traktor ohne Vorderräder, in einem Gatter Pferde. Die Familie, bei der wir zu Gast sind, begrüßt uns am Eingang; freundliche Gesichter. Chunbis dolmetscht. Die junge Frau in ihrer bestickten Tracht hält ein Neugeborenes auf dem Arm. Ein kleiner Junge hält sich am Rock der Mutter fest und blickt die Fremden an, ohne die Lider zu bewegen.

Während die Reisenden fotografieren, und es um uns herum nur so klickt, sagt Chunbis, wer von Ihnen im Westen würde eine fotografierende Mongolenhorde in sein Haus lassen und sie obendrein noch bewirten?

Werden die Leute für ihre Gastfreundschaft bezahlt?

Natürlich. Aber es ist lächerlich wenig. Sie sparen für einen neuen Traktor, die alten Dinger stammen aus Sibirien und sind vierzig Jahre alt. Schauen Sie, dort kommt Tej, er gehört zur Familie, er ist der Hausmechaniker und zugleich Heiler.

Ein jüngerer Mann kommt lächelnd auf uns zu; er wirkt wie ein hagerer, fast zierlicher Bergbauer, kaum mongolische Züge; Tej könnte auch aus Tirol stammen. Er hält einen Schraubenschlüssel in einer Hand, in der anderen ein mit Werg umwickeltes Motorenteil.

Ich kann Ihnen die Hand nicht geben, sagt er in stark amerikanisch gefärbtem Englisch und blickt auf seine ölverschmierten Hände.

Eigentlich ist Tej Hufschmied, erklärt Chunbis, sein zweiter Beruf ist Schamane. Er hat die Befähigung dazu spät entdeckt, als er einmal in den Bergen stürzte und fast erfroren wäre.

Jetzt ist meine Neugier kaum noch zu bremsen, ich würde mich viel lieber mit Tej unterhalten, aber Agnes drängt uns ins Zelt, die anderen sind bereits in der dunklen Öffnung verschwunden.

Ich würde Ihnen gerne ein paar Fragen stellen, sage ich zu Tej, hätten Sie später einen Augenblick Zeit?

Er deutet mit dem Schraubenschlüssel auf einen Bretterverschlag am Ende der Pferdekoppel. Ich bin dort, sagt er, muß den Generator reparieren. Glauben Sie, daß der Fahrer von Ihrem Bus Werkzeug dabeihat? Ich brauche einen Neunerschlüssel.

Im »Ger« herrscht eine heimelige Atmosphäre. Der Eingang ist nach Südosten gerichtet, die Schneestürme fegen in nordwestlicher Richtung durchs Tal. In der Mitte ein Herd mit offener Feuerstelle, der Rauch zieht durch Spalten in der Decke ab. Die junge Frau ist im Vergleich zu ihrem Mann bleich; bei den Nomaden der Gobi leben die Frauen hauptsächlich im Inneren der Zelte, während sich die Männer als »Außen Lebende« bezeichnen. Man hat mich auf einem kleinen Hocker plaziert; später wird Chunbis erklären, daß diese unbequeme Sitzgelegenheit der Ehrenplatz ist. Alle Möbel im Raum, die taubenblau gestrichene Kommode und die buffetartigen Schränkchen, sind zerlegbar; ein »Ger« wiegt hundertfünfzig Kilo und kann von vier Männern in zwei Stunden aufgebaut werden. Der gesamte Hausrat findet auf vier Kamelen Platz.

In der dunkelsten Ecke sitzt eine zweihundertjährige Frau und raucht ein Pfeifchen; nichts außer Rauchkringeln, die in regelmäßigen Abständen zur Filzdecke hochsteigen, deutet darauf hin, daß sie nicht ausgestopft ist. Über ihrem Kopf hängt ein Farbfoto, das einen fetten halbnackten Menschen zeigt, der eine Fahne schwingt. Das ist Bayanmunk, erklärt Chunbis, der Urenkel, er ist der berühmteste Ringkämpfer der Mongolei.

Jetzt hat der Mann das Kind auf dem Schoß; er redet kein Wort und starrt auf den Ofen, während seine Frau die Gäste bewirtet; Milchtee in kleinen Schalen, den kriege ich gerade noch runter, auch die Bröckchen von gesalzenem Hartkäse lassen sich schlucken, heikel wird es, als die Frau mir eine Riesenportion getrockneter Haut von gekochter Milch in das Schälchen schüttet und den Blick einfach nicht abwendet, bis ich das klebrige Zeug in den Mund stopfe; der Geschmack erinnert mich an die Tsampa-Kugeln in Lhasa. Es gelingt mir schließlich, einen Teil der gutgemeinten Mahlzeit in den Taschen meines Anoraks verschwinden zu lassen, wo ich sie nach Monaten, mit dem Zimmerschlüssel des »Ulanbataar Hotels« verklebt, wiederfinden werde.

Chunbis übersetzt, die Frau beantwortet unsere Fragen, rasch, geduldig, mit einem freundlichen Lächeln. Ja, sagt sie, uns geht es gut, wir gehen mit der Moderne, wenn wir den neuen Traktor haben, kommen als nächstes Solarstrom und Windenergie. Alles braucht seine Zeit, aber das ist zum Glück das einzige, was wir hier im Überfluß haben.

Zweihundert Stück Vieh hat die Familie, dazu hundert Pferde, sagt die Frau, und jetzt öffnet ihr Mann zum ersten Mal den Mund und korrigiert sie, nein, es sind hundertvierzig Pferde. Die Winter sind mitunter schlimm, sagt er, wir halten nichts von der Regierung, als einzige Hilfe schicken sie uns einen Agraringenieur, der sagt, wieviel Heu wir für die harte Zeit brauchen, aber der Kerl hat keine Ahnung. Als wir uns einmal auf ihn verließen, ist die Hälfte unserer Schafe verhungert. Jetzt halten wir uns wieder an den Schamanen.

(An diesem 20. November 1999 wußte ich nicht, daß den Nomaden der Mongolei der härteste Winter seit Menschengedenken bevorstand, in dem über eine Million Tiere erfroren sind, und daß eine Hungersnot droht, der bisher Hunderte alter Menschen und Kinder zum Opfer fielen. Ich konnte auch nicht ahnen, daß die »Siegreiche Revolutionäre Volkspartei«, die jahrzehntelang unter sowjetischer Ägide das Land regierte, von den mongolischen Wählern mit erdrückender Mehrheit zurück an die Macht geholt werden würde.)

Als wir ins Freie kommen, ist es wärmer geworden. Vor dem Zelt sind auf Holzschragen Souvenirs ausgestellt, Filzpantoffeln, Krummdolche, Ledertaschen und Mützen. Mrs. Swartz kauft sieben Wolfsfellmützen; als ich sie frage, warum ausgerechnet sieben, antwortet sie freudestrahlend, eine gute Idee, was, die sind für unsere Gäste an der Millenium-Party.

In den Gesichtern meiner Mitreisenden, die in der kalten Nachmittagssonne auf die Pantoffeln schauen, entdecke ich Abwesenheit; die meisten sind schon nicht mehr hier. Sie wollen heim. Ihre Gedanken kehren langsam in die Käfige ihres gewohnten Denkens zurück, sie schleppen zwar hier und da noch neue Eindrücke hinter sich her, aber jetzt frieren sie. Sie sind müde und wollen heim.

Der geheimnisvolle Apparat, dem Tej seine Aufmerksamkeit schenkt, ist ein wahres Kunstwerk an Erfindungskraft. Der Generator besteht aus einem vorsintflutlichen Außenbordmotor der Marke Yamaha, dessen Propellerachse einen Dynamo antreibt; gekühlt wird das exotische Gerät durch Wasser aus einem ausgedienten Ölfaß. Mit all dem, was in den USA und in Europa auf dem Müll landet, könnten wir hier hundert Jahre lang unsere Maschinen in Schwung halten, sagt Tej seufzend. Ich bräuchte dringend einen neuen Impeller. Er grinst, Sie werden nicht zufällig einen im Hosensack haben.

Ich könnte Ihnen einen schicken.

Wirklich? Wenn Sie so freundlich sein wollen, Sie könnten ihn an Chunbis ans staatliche Reisebüro schicken. Wir haben hier keinen Postzustelldienst. Sie wollten mich etwas fragen?

Was fragt man einen Mechaniker, der zugleich Hufschmied und Schamane ist? Chunbis hat gesagt, Sie seien ein Heiler, beginne ich.

Ich kann nichts dafür, sagt Tej entschuldigend. Er wolle Menschen helfen, natürlich klappt das nicht bei allen.

Während Tej die Teile der Wasserpumpe mit Petroleum abreibt, erzählt er von der verwirrenden Glaubenswelt seines Volkes. Und was er erzählt, kommt mir nicht einmal fremd vor. Unsere religiöse Vorstellungswelt ist eine Mischung aus tibetischem Buddhismus und hinduistischem Glauben, sagt er, für die Schamanen ist Shiva der Ur-Schamane. Dann schüttelt Tej den Kopf, Unsinn, sagt er, der Schamanismus ist eigentlich präreligiös, er ist keine Religion im üblichen Sinn. Er ist älter als alle Hochreligionen, die mit der Seßhaftigkeit und der Entwicklung der Städte aufkamen und zwischen Mensch und Götter die Priester stellten und die von den Priestern ausgeklügelten Theorien. Der Schamanismus ist eine magische Praxis aus der Welt der Nomaden, der Jäger, der Tiergeister. Es wird für Sie schwer sein, sich das vorzustellen, der Schamane ist Mittler zwischen Göttern und Menschen, er ermöglicht Geben und Nehmen.

Tej wirft den Wergknäuel in eine Schachtel mit Werkzeug und blickt mich freundlich an. Mehr kann ich Ihnen nicht erzählen, sagt er, und erwarten Sie nicht, daß ich anfange zu tanzen oder einem Huhn den Kopf abbeiße.

Hinter mir die Stimmen der Reisenden, Bettys unverkennbares Organ, sie möchte auf einem der Mongolenpferde eine Runde reiten und von Larry fotografiert werden. Der Busfahrer läßt den Motor an. Tej blickt mir noch immer in die Augen.

Haben Sie manchmal Schmerzen im rechten Bein, fragt er plötzlich, am Oberschenkel?

Ich bin verblüfft. Seit Jahren habe ich immer wieder Nervenschmerzen am rechten Bein, deren Ursache ein Dutzend Ärzte nicht zu erklären vermochten.

Sie hatten einen Unfall, danach waren die Schmerzen eine Zeitlang verschwunden?

Auch das stimmt. Ich war bei einer Skitour gestürzt und hatte mir einen komplizierten Bruch zugezogen.

Woher wissen Sie das?

Tej schüttelte den Kopf. Mit einem kleinen Lächeln sagt er, wenn ich es wüßte, ich würde es Ihnen gerne sagen. Aber warten Sie einen Augenblick.

Er geht zu seiner provisorischen Werkbank und schneidet aus Filz zwei fersengroße Stücke, legt sie übereinander, schneidet, paßt an, schneidet aus einem alten Sattelgurt ein dünnes Stück und legt das Leder zwischen die Filzteile. Wieder wird angepaßt, schließlich nagelt er das Ganze zusammen und schlägt die Kupferspitzen krumm. Eine Zeitlang schaut er stumm auf das handtellergroße Gebilde, dann nickt er und reicht es mir.

Legen Sie das in Ihren Schuh, sagt er, mal in den rechten, mal in den linken.

306

Er bemerkt meinen fragenden Blick und fährt lächelnd fort, man muß Ihren Körper aus dem Gleichgewicht bringen, damit er erkennt, was das Gleichgewicht wert ist.

Ein fester Händedruck, dann gehe ich, mein mongolisches Souvenir in der Tasche, zu den Reisegefährten. Einmal bleibe ich noch kurz stehen und drehe mich um. Wo er so gut Englisch gelernt habe, frage ich Tej, für die meisten Nomaden sei doch Russisch schon eine exotische Sprache.

Aus Büchern, sagt er, und bei den Amerikanern. Wenn in der Botschaft keiner die Jeeps flicken kann, weil ein Ersatzteil fehlt, läßt Mr. La Porta den Schamanen holen. Er winkt mir lachend zu.

Ich habe nach meiner Rückkehr ein Dutzend Impeller für Yamaha-Außenbordmotoren gekauft und nach Ulan Bator geschickt. In meinem Brief schrieb ich, daß ich Tejs Rat folge und seither die Schmerzen kaum noch spüre.

Das weiß ich noch nicht, als ich auf den kleinen Hügel steige, um wieder einmal auf dieser Reise von einer Landschaft Abschied zu nehmen. Ich weiß, daß ich hierher zurück will; zu den Becken der inneren Gobi reiten möchte ich, zu den Schluchten aus rotem Gestein, wo die Gobi-Bären den Mond anbrummen und der Schneeleopard seinen Durst an von blauer Iris umstandenen Quellen löscht. Ich weiß, daß das Stück Filz in meiner Hosentasche in der Nachbarschaft SEINER Hand, den Opiumpfeifen und dem Schwanz des Nashorns auf dem Boden meines Arbeitszimmers liegen wird, wenn es nicht gerade im linken oder rechten Schuh mit mir unterwegs ist.

Und während ich dann an verstruwwelten Hundekindern mit rosa Näschen vorbei auf meine Reisegefährten zugehe, stelle ich mir vor, wie S. und ich an dem blaugrauen Schatten des Saichan Gebirges entlangreiten, es nach wildem Schnittlauch riecht, ein Geruch, den Edward-Tonelli so liebte; und mitten hinein in meine schönen Visionen dringt das Hupen unseres Gefährts.

Flug Ulan Bator nach Samarkand, Usbekistan

Ein Flug mit dem Tag, wir fliegen einem goldenen Streifen über der Wüste entgegen, ohne ihm näher zukommen. Wir fliegen nach Westen, stundenlang, auf eine Sonne zu, die nicht untergehen will.

Beim Blick aus den Fenstern der »Explorer 2000« wird das Wüstenland unter mir allmählich zum mongolischen Großreich des Dschingis Khan im 13. Jahrhundert; zur Zeit seiner Hochblüte erstreckte es sich vom Pazifik bis zum heutigen Polen und Österreich und von den weiten innerasiatischen Steppen bis in die südlichen und südöstlichen Hochkulturen des eurasischen Kontinents; das Reich des Steppenfürsten war das größte Territorialreich, das je existierte, größer als das Alexanders oder das Heilige Römische Reich Karls V.

Für uns, die wir in den Sesseln der »Explorer« sitzen, italienischen Espresso und französischen Cognac trinken und beim kleinsten Anzeichen einer Erkältung im Gepäck nach Antibiotika wühlen, sind Konstitution und Wille eines Mannes vom Schlag Dschingis Khans kaum mehr vorstellbar. Zwischen 1155 und 1167, genau weiß man es nicht, wird dieser Außergewöhnliche in einem Feldlager irgendwo zwischen den Flüssen Onon und Cherlen in der ostmongolischen Steppe geboren; ein eisiger Winter soll es gewesen sein, von hundert Neugeborenen hätten neunzig das Jahr nicht überlebt. Neun Jahre alt ist Temudshin, der spätere Groß-Khan, als sein Vater, Fürst Jesugej-Baatar, von der Hand eines Mörders vom Stamm der Tatar stirbt. Wenig später wird der junge Prinz vom Clan der Taitschigut gefangengenommen; die Flucht, er war zwölf oder dreizehn, könnte den mongolischen Chroniken zufolge abenteuerlicher nicht sein. Temudshin tötet vierzehn seiner Verfolger, darunter den Vater einer seiner späteren Frauen. Nun beginnt ein Leben, in dem Krieg und Eroberung und Aufbruch sich lückenlos aneinanderreihen, keine Rast, kein Aufatmen, kein Verweilen, immer nur weiter, in einem atemlosen Rausch, den Hunnen ähnlich, organisiert Dschingis Khan sein Reich. Er tut es nicht nach überlieferten, von Blutsbindung bestimmten Regeln, sondern allein nach militärischer Weitsicht, entscheidend für seine Karriere sind Mut und der im Kampf erworbene Verdienst. Die Spitze seiner Zehntausenderschaften überträgt der Khan den erfahrensten und treuesten Offizieren, kaum einer ist verwandt mit ihm oder verschwägert. Historiker haben ausgerechnet, daß Dschingis Khan bis zu seinem Tod 1227 (ein Jagdunfall? Gift? eine Infektionskrankheit?) auf seinen Feldzügen achtzigtausend Kilometer im Sattel zurückgelegt hat, zweimal rund um die Erde.

Der Sattel, sagt Ben bei unserer Gesprächsrunde vor den Toiletten, der Sattel ist eine Erfindung der Mongolen; er wurde für die Bogenschützen entworfen, die starre Form gab dem Krieger Halt fürs Anvisieren des Ziels. Die Konstruktion des mongolischen Bogens sei bis heute nicht genau bekannt, enorm müsse die Muskelkraft des Mannes gewesen sein, der ihn spannte.

Ben, der versichert hat, außerstande zu sein, einen Moskito bei der Nahrungsaufnahme zu stören, selbst wenn er auf seiner empfindlichen Brustwarze säße, schwärmt für die Mongolen. Die Tapferkeit und Überlegenheit ihrer Heere ist in der gesamten Kriegsgeschichte unübertroffen, sagt er.

Und die Grausamkeit, fragt Frank Nashville, was sagen Sie zu dem grausamen Morden der mongolischen Horden? Er blickt auf die rosaroten Turnschuhe seines Gesprächspartners, die mit jeder Station unserer Reise fleckiger geworden sind. Wehmut schwingt mit bei diesem Gespräch im Heck der Boeing; nur einmal noch werden wir hier stehen und beiläufig zuschauen, wie die Zeichen »Besetzt« und »Frei« aufflackern und wieder verschwinden und wir im Eifer des Redens ganz vergessen, warum wir ursprünglich hierhergekommen sind.

Die Grausamkeit der Mongolen? Grausamer als Stalin und Hitler oder die gesalbten Herren der Heiligen Inquisition waren die Mongolen auch nicht, sagt Ben, und wir sollten uns ja davor hüten, dem Irrtum anheimzufallen, daß der Mensch in alle Ewigkeit nur hilfreich und gut sei. Der erste Blick in den Spiegel der Tageszeitung würde als Beweis doch genügen.

Die Stadt, der wir uns mit mehr als neunhundert Kilometern pro Stunde nähern, Samarkand, war eines von Dschingis Khans Opfern. Seine Heere bewegten sich damals mit dreißig, bei günstigem Wetter mit vierzig Kilometern pro Tag nach Westen, wo im Oasengürtel des Sarafshan die Städte Samarkand und Buchara lagen. Edward-Tonelli schreibt von der »Chronik einer Westreise« des chinesischen Gelehrten Yeh-lü Ch'u-ts'ai, der Dschingis Khan auf seinen Eroberungszügen begleitete. Ch'u-ts'ai schildert Samarkand als »Hauptstadt am Fluß«, unermeßlich sei ihr Reichtum, den sie durch uneinnehmbare Wehrmauern schützt. Zu jedem Haus gehöre ein von Kanälen bewässerter Garten, und das Stadtbild sei geprägt von Springbrunnen, Teichen, Hainen von Silberweiden, wohin das Auge blickt, und breiten Alleen mit Pfirsichbäumen ...

Auf diese paradiesische Stadt bewegt sich das mongolische Heer zu. Am dritten Tag der Belagerung werden zur Überraschung der Mongolen die Tore geöffnet, und sechzigtausend Zivilisten stürzen sich ohne Unterstützung des Heeres auf die Belagerer. Sie werden eingekreist und geschlachtet; Yeh-lü Ch'u-ts'ai schreibt, »nach drei Stunden war auch dem letzten der Angreifer der Kopf vom Körper getrennt«. Die Stadt ergibt sich, dreißigtausend Verteidiger räumen die Mauern. Plünderung, die Heiligen Stätten werden verbrannt. Wie Schlachtvieh zu einem Haufen getrieben, massakrieren die Mongolen ein Heer, das sich ergeben hat. Bald heult durch die Ruinen der verlassenen Stadt der Wind aus den Steppen des Nordens.

Darüber reden wir vor den Toilettentüren der »Explorer«; wir stehen da wie auf einer Cocktailparty, halten Gläser in den Händen, die flinke Stewardessen auf den kleinsten Wink mit Eis und Whisky, Campari oder Gin-Tonic füllen. In meinem Kopf reihen sich Namen aneinander, alle die Orte, die auf Bens rosa Schuhen Spuren hinterlassen haben. »Verlorene Städte«, nicht eine darunter, die vom Wüten des schädelspaltenden Untiers verschont blieb.

Crawley hat sich zu uns gesellt, er nippt an seinem Scotch und bemerkt sichtlich zufrieden, nun, meine Herren, das ist ja wohl keine neue Erfahrung, das Abschlach-

311

ten von Seinesgleichen gehört zum Menschen wie seine
Ohren und bei den Männchen der Schwanz.

Dann beginnt er von Strudelwürmern zu erzählen, während
seine Frau die Augen zur Decke verdreht und rasch
in der Toilette verschwindet. Ich kenne einen Wissenschaftler
in Boston, sagt er, der experimentiert seit Jahren mit
Strudelwürmern; bei einer Gruppe dieser blattförmigen
Zwitter hat er feststellen können, daß sie nach einiger Zeit
auf Lichtsignale reagieren, sie zucken und graben sich ein.
Mein Freund verlor das Interesse an dem Experiment, er
zerschnitt seine Würmer und fütterte sie einer anderen
Strudelwurmgruppe; Sie müssen wissen, diese niedlichen
Tierchen sind Kannibalen. Als er nach Wochen ins Labor
kam, sah er, daß die Würmer, die ihre Artgenossen gefressen
hatten, genau wie diese auf Lichtsignale reagierten, sie
zuckten und gruben sich ein. Bei der nächsten Generation
war es dasselbe. Und ich sage Ihnen, meine Herren, sagt
Crawley, wie das Zucken im Strudelwurm steckt im Menschen
das Schwert des großen Khan.

Samarkand

Bei unserer Ankunft in der usbekischen Hauptstadt
regnet es. Feiner Nieselregen bei zwei Grad, der auf
dem Weg vom Flugzeug zur Abfertigungshalle die Kleider
klamm werden läßt. Eine Kapelle mit unbekannten Blasinstrumenten
empfängt uns, Tonfolgen erschüttern das
Trommelfell, die mich an Experimentalmusik erinnern,
die ich mir in Wien einmal anhören mußte.

Im Bus sitzt Ad neben mir. Na, Ad, was macht die Liebe, frage ich, und ernte einen strafenden Blick von S. Er schaut mich nachdenklich an, shit, sagt er, dann vertieft er sich ins »Lost Cities«-Programm, ohne darin zu lesen. Ich überlege, ob ich ihm empfehlen soll, künftig mit Strudelwürmern zu experimentieren, lasse es aber bleiben, weil S. auf mich aufpaßt.

Fahrt durch den stärker gewordenen Regen. Ich versuche, aus dem trüben Tümpel meines Wissens Bruchstücke über Samarkand herauszufischen. Historiker sehen es als gesichert, daß die von Curtius Rufus in seiner »Geschichte Alexander des Großen« erwähnte sogdische Hauptstadt Marakanda mit dem antiken Samarkand identisch ist; die im Norden entdeckten Ruinen von König Afrasiabs Festung sprechen dafür.

Nach Schleifung durch Dschingis Khans Truppen sollten mehr als hundert Jahre vergehen, bis Samarkand erneut die Hauptstadtwürde erlangte. Der dies bewirkt, Tamerlan, wird in der ersten Hälfte des 14. Jahrhunderts in Mawarannahr als Sohn eines ziemlich unbedeutenden Stammesfürsten geboren. Der Lebensweg des jungen Tamerlan ist kaum weniger abenteuerlich als der seines Vorbildes Dschingis Khan. Noch nicht fünfundzwanzig, erkämpft er sich die Herrschaft über seine Heimat Kesch; hier nimmt sein unaufhaltsamer Aufstieg den Anfang, es ist ein skrupelloses Bergan, das buchstäblich über Berge von Toten zum Gipfel der Macht führt. Verbündete, die Tamerlan das Vertrauen schenken, bezahlen es mit dem Leben, sobald der Mächtige sie nicht mehr benötigt.

Timur Leng, »Der Lahme«, den Beinamen verdankt er seiner Verwundung im Kampf mit dem Sultan des Osmanisch-Türkischen Reichs, strebt den Aufbau eines islami-

313

schen Großreichs nach dem Vorbild des Großen Khans an. Seinen Anspruch auf Gefolgschaft versucht er durch die Ehe mit einer Enkelin aus der Familie Dschingis Khans zu legitimieren. Tamerlan träumt sich als Bluterbe des großen Eroberers, und es gelingt ihm auch, diesen Traum zu realisieren, mit einem Unterschied: Die Zeit nach Dschingis Khan hatte ein mächtiges Mongolenreich gesehen, das Reich Tamerlans zerbrach in wenigen Jahrzehnten.

Es gibt eine Geschichte, bei der S., wie Mrs. Crawley im Fall der Strudelwürmer, die Augen verdreht und verschwindet. Ich hatte sie eine Zeitlang bei jeder passenden und unpassenden Gelegenheit als Beispiel für angewandte Diplomatie erzählt; die stammt von meinem Lehrer Pater Ludger, der sie so anschaulich zu schildern vermochte, daß sie auf ewig in meinem Kopf stecken wird.

Als Timur, auf dem Zenith der Herrschaft, Samarkand in seiner alten Pracht wiedererrichtet hatte, beschloß er, sich ein Denkmal zu setzen. Er sandte Boten nach Westen; die berühmtesten Künstler sollten sie in die Stadt holen, und reich sei der Lohn für den, dem der Auftrag gelänge.

Ein heikles Unternehmen. Wie stellt man einen Herrscher dar, der klein ist, ein verkrüppeltes Bein hat und obendrein im Wettstreit ein Auge verlor? Der erste, der dem Ruf folgte und nach Samarkand eilte, war der neapolitanische Maler und Bildhauer Francesco Lamma. Aus dem Stein des Pamiro-Altai-Gebirges schuf Lamma einen strahlenden Helden, groß, aufrecht, den Herrscherblick auf ferne Ziele gerichtet. Zuviel des Geschönten. Timur ließ den Schmeichler im Zierbecken seines Palastes ertränken.

Der zweite Künstler, der sich an das schwierige Werk heranwagte, war Diego Silos; er kam aus Asturien und hatte vom Los seines Vorgängers gehört. Nicht schön sollte der

Fürst seinen Untertanen erscheinen, sondern so, wie er war, ein von den Spuren des Kampfes gezeichneter Krieger. Kein erhabener Anblick. Timur ließ Silos und zwei seiner Gehilfen vor den Toren der Stadt von seinen Rössern zu Tode schleifen.

Dann kam der dritte, wieder ein Italiener, diesmal einer aus Orbetello in der Toskana; er war von adeliger Abkunft, mit den Strozzis verwandt, und hieß Umberto di Pietrangeli. Auch er hatte erfahren, auf welche Weise seine Vorgänger entlohnt worden waren. Im Winter des Jahres 1402 schuf Pietrangeli den Lahmen, wie er auf einem Felsen kniet, ein Auge geschlossen, mit Pfeil und Bogen ein Ziel anvisierend. Der schlaue Italiener soll reich belohnt worden und bis an sein Ende in Samarkand geblieben sein.

Die auf dem Registan Square geplante Folkloredarbietung bei Kerzenlicht fällt ins Wasser, es gießt. Als wir das »Afrosiab« Hotel erreichen, ist es zehn Uhr. Die kommunistische Architektur der Nachkriegszeit hat auch Samarkand nicht verschont, das Hotel ist von einer bombastischen Scheußlichkeit. Wieder ein Ballsaal als Zimmer, das Heizungskollektiv schlägt zu, dreißig Grad Raumtemperatur, die Heizkörper sind mit Plomben versehen, die Hammer und Sichel tragen. Zur Erfrischung stehen anstelle von Wasser Literflaschen mit usbekischem Wodka auf jedem Nachttisch.

Während S. aus- und umpackt, ein Teil ihrer Gedanken ist bereits im winterlichen London, das wir in zwei Tagen erreichen werden, mache ich mich auf die Suche nach einer Bar. An den Tischen asiatische Geschäftsleute mit PCs und Handys, die andauernd klingeln; am Tresen bin ich der einzige Gast. »Pulsar« heißt das usbekische Bier, das eine vergrämte Barfrau vom Hahn zapft; es ist würzig und kühl

315

und erinnert an den Münchner »Salvator« zur Starkbier-
zeit. Ums Haar zu spät entdecke ich dann, daß »Pulsar«
einen Alkoholgehalt von 12 Prozent hat, gleich viel wie
Wein.

Jetzt sitze ich also im Herzen von Samarkand in einer
bordellähnlichen Bar, höre russische Schlager und versuche, die in Jahren zusammengetragenen Fakten und Mo-
tive, eine Mischung aus Logik und Chaos, Rätselhaftigkeit
und Emotion, einigermaßen zu ordnen. Samarkand, wie
Petra und Palenque, ist eine der Städte, in die ich mich seit
meiner Jugend gewünscht habe. Über keinen der Orte, die
wir aufgesucht haben, weiß ich soviel wie über diese Stadt
und ihren Neugründer Tamerlan. Natürlich, es ist das Wissen eines romantischen Dilettanten, und jetzt, während ich
mit apathischer Faulheit bereits das dritte »Pulsar« bestelle
und feststelle, daß die langen blonden Haare der Barfrau
eine Perücke sind, bekomme ich es mit der Angst zu tun,
daß die sorgsam gehegten Bilder meiner Vorstellung im
Spiegel der Wirklichkeit verblassen, daß der Regen mir die
Farben der die Stadt überwölbenden Kuppeln nehmen wird
und ich nicht begreifen kann, was Edward-Tonelli über
Samarkand schrieb: »Es gibt dort eine Zitadelle, ich habe
sie erstiegen und einen der schönsten Augenblicke erlebt,
die dem menschlichen Auge jemals vergönnt waren.«

Sonntag, 21. November

Der Tag beginnt mit einem Fest: geräucherter Aal und Fisch, mit Speck gefüllte Tomaten, Eier mit geröstetem Knoblauch und ein scharf gewürztes Gulasch mit Hammel und Rind, lauter Dinge, die schon früh am Morgen nach »Pulsar« oder einem Gläschen Wodka schreien, in den Augen meiner Reisegefährten aber ein Frösteln erzeugen. Die dürre Holländerin und ihr Mann kommen sichtlich erschöpft in bunten Joggerhöschen in den Frühstücksraum, beide haben dasselbe Gerät wie Betty um den Bauch geschnallt, um die täglich zurückgelegten Kilometer in ihre »Jogging-List« eintragen zu können; ich habe beobachtet, wie sie jeden Morgen ihre Pillenmahlzeit anrichten, mindestens ein halbes Dutzend Kapseln und Kügelchen, deren Einnahme einem geheiligten Ritual gleicht. Ich schätze, die Belegschaft der »Explorer« hat während der Reise bestimmt hunderttausend Pillen geschluckt.

Es hat über Nacht aufgehört zu regnen, aber der Himmel ist tief verhangen, die Stadt wirkt grau und kalt. Die erste Station an diesem Morgen ist das Observatorium des Ulug'bek. Die Sternwarte, 1424 bis 1428 errichtet, befindet sich im Nordosten Samarkands. Timurs Nachfolger und Enkel Ulug'bek regierte vierzig Jahre, unter ihm begann für die Stadt eine Zeit des Wohlstandes und einer durch Kriege beinahe ungestörten kulturellen Blüte.

Die heutige Touristenattraktion ist die Ruine eines Sextanten von gigantischem Ausmaß (er hatte ursprünglich einen Radius von 40,04 Metern); das alte Gebäude ist zerstört, nichts erinnert an das mit blauen und türkisfarbenen Fliesen verzierte Bauwerk der alten Schriften. Mit diesem aus Steinen des Altai-Gebirges gebauten Sextanten wurde der Sternenatlas des Ulug'bek erstellt; seine astronomischen Tafeln wiesen eine Genauigkeit auf, die im Abendland erst Jahrhunderte später erreicht werden sollte. Während ich den enthusiastischen Ausführungen unseres weiblichen Guides mit halbem Ohr folge, denke ich unwillkürlich an die Astronomen der Mayas, die tausend Jahre bevor die Handwerker des Ulug'bek den Grundstein zu dieser Sternwarte legten, die Jahreslänge mit nahezu derselben Präzision zu berechnen vermochten.

Valentina, das ist die offizielle Bezeichnung für unsere Führerin, hat einen Damenbart, den sie nach jeder Erwähnung einer glorreichen Erfindung durch die islamischen Genien zärtlich streichelt. Ich bin überzeugt, daß sie fest daran glaubt, das Rad, die Flasche, der Ottomotor und das künstliche Hüftgelenk seien ebenfalls Geistesblitze Mohammeds oder Abu Bekrs, seines ersten Kalifen.

Während wir unter einem grauen Himmel über eine graue Stadt blicken, kommt eine Busladung mit italienischen Touristen die Treppen herauf. Ich flüchte mich in das Samarkand meiner Bücher, in dem ich seit nun fast dreißig Jahren herumspaziere, wo die Sonne scheint und es weder mich noch meine Reisegefährten gibt.

Wo ich stehe, wird Ulug'bek manchmal gestanden sein, allein, er soll das Alleinsein geliebt haben, manchmal ging er nachts in die Wüste, um die Stille zu genießen, er soll sie sogar durch den Klang eines silbernen Glöckchens akzentuiert haben. Er war, verglichen mit seinem Großvater, ein friedfertiger Mann, der die Wissenschaft höher schätzte als die Strenge islamistischer Dogmen. Zu seiner Zeit besaß die Stadt an der Seidenstraße drei Universitäten, deren Glanz auf den Gebieten Mathematik und Medizin bis weit ins iberische Abendland strahlte.

Wieder betritt das Untier die historische Bühne; Ulug'-beks Friedensliebe fand ihren Lohn in seinem Sohn, einem religiösen Eiferer, der den Vater in einen Hinterhalt lockte und von seinen Knechten enthaupten ließ. Tamerlan hatte Ulug'bek geliebt; er nahm diesen Enkel mit auf seine Feldzüge in den Kaukasus und später nach Indien. Der große Schlächter, der in Delhi hunderttausend Gefangene niedermetzeln und in Bagdad eine Schaupyramide aus neunzigtausend Menschenschädeln errichten ließ, soll geweint haben, als der kleine Ulug'bek sich beim Reiterspiel an der Schulter verletzte.

Samarkand ist eine ruhige Stadt; mit ruhig meine ich langsam, Menschen, die Tiere, sogar die Fahrzeuge bewegen sich langsamer als an anderen Orten, mir kommt es jedenfalls an diesem Morgen so vor. Wir fahren durch eine breite Ladenstraße, viel Grün auf einer Seite, auf der anderen eine Kupferschmiede, Eisenwarenhandlungen, Fleischerläden, vor denen gefrorene Tierhälften hängen. Dann plötzlich, wie aus dem Himmel gezaubert, liegen die Kuppeln des Registan Platzes vor uns. Vor zweihundert Jahren sah ihn Edward-Tonelli als ein Geviert von Ruinen, das er trotz des Verfalls als »den nobelsten Platz der Welt« beschrieb, dem in Asien und Europa nichts an Einfachheit und Grandiosität gleichkäme, ein freier Platz, auf drei seiner vier Seiten von gotischen Kathedralen umschlossen.

Obwohl die Sonne nicht scheint und es aussieht, als würden jeden Augenblick die ersten Regentropfen fallen, strahlen die Kuppeln der drei Medresen als türkisfarbene Planeten im Grau des Himmels. Sie schweben über dem mittelalterlichen Platz, dem Zentrum dieser Stadt, Ort des Herrscherwillens, der Hinrichtungen, der Märkte und, fünfhundert Jahre später, dem Ort, wo die rote Fahne der Revolutionäre gehißt wurde und die Frauen den Parandasha verbrannten, den schwarzen Schleier ihres hinfällig gewordenen Glaubens.

Langsam bewegen wir uns über den Platz; es weht ein kalter Wind, S. friert, sie ist ohne Anorak, meine Schilderungen von einem sonnendurchfluteten Samarkand haben sie leichtsinnig gemacht. Ich gebe ihr meinen Anorak, jetzt friere ich.

Während unsere Gruppe und die bärtige Valentina auf die Medrese Tillakori zuhalten, gehen Ben und ich zum Sherdor madrasasi, der »Löwentragenden«; auf ihrem Portal sind löwenähnliche Tiger (Ben sagt tigerähnliche Löwen) dargestellt, die weiße Antilopen jagen. Was an diesem Bau fasziniert, ist die völlige Mißachtung des islamischen Bilderverbots; die Verzierung der ganzen Medrese steht unter dem Zeichen der Sonnensymbolik, überall strahlt die Swastika, heiliges Zeichen der Zoroastrier, der Feueranbeter und Hüter des ältesten Glaubens, Diener Ahura Masdas, der mit gespreizten Schwingen über der Erde schwebt; er kommt aus einer Zeit vor Buddha, vor Christus, vor Mohammed, der ihn aus Vorderasien vertrieb, nicht aber aus Samarkand.

Staunend stehen wir unter der gewaltigen Kuppel, in einem Raum der Unmenschlichkeit, trotz der figürlichen Darstellungen kommt der Mensch in diesen geometrischen Formen nicht vor; es gibt keine Identifizierung mit Schicksalen. Ich laufe umher mit einem Gefühl der Verzückung, erfaßt von den raffinierten, sinnlich herausfordernden Farbgeometerien; bei in den Nacken gelegtem Kopf befällt mich eine schwindelnde Blindheit, in der das Kaleidoskop der Fliesen zu einem türkisen Farbschleier schmilzt; dann blicke ich wieder geradeaus, massiere die Nackenmuskeln, rätsle über den Inhalt von arabischen und usbekischen Schriftzeichen im Blau der Lasur und versuche vergeblich, in der Kalligraphie das verborgene Antlitz Allahs zu schauen.

Eine Stunde später stehe ich wieder vor den drei Medresen, die ich auf hundert Abbildungen leuchten sah und die jetzt ohne Sonne den Regenhimmel erleuchten. Ich bin falsch gereist, denke ich, um diese Architektur zu erfassen, darf man nicht durch die Luft kommen, man muß den Gegensatz physisch spüren, den beschwerlichen Weg durch die Ödnis der Wüste, man müßte, bevor man solche Orte betritt, den Traum des Mannes in der Wüste träumen, einen Traum aus Entbehrung, die sich nach Schutz sehnt, der Ruhe schmeichelnder Farben und dem Rauschen von Wasser. Die verdorrte Steinwelt der Wüste ist auf dem Registan ausgesperrt, hier herrschen die Sicherheit geometrischer Strenge und der Liebreiz der Farben, die der Sand dem Auge verweigert.

Die tieffliegenden wasserschweren Wolken, die in ungeordneten Rotten Minarette und Kuppeln umkreisenden Krähen, alles wird in die phantastische Ordnung dieses Platzes gesogen. Ich spaziere durch Allahs himmlische Geometrie, später werde ich aus meinen Notizen nicht mehr rekonstruieren können, wo dieser Spaziergang mich überall hingeführt hat; ich werde mich erinnern, daß ich in einem Innenhof vor einem Becken mit grünlichem Wasser stand und einem Mann in braunem Kaftan zusah, der sich endlos die Hände wusch, dann mit geschlossenen Augen zum Boden neigte und dabei in lautlosem Gebet die Lippen bewegte. Und wie in mir, dem Christenhund, das Gefühl von Scham stärker wurde, Scham, daß ich Zeuge war dieses schamlosen Gebets zu einem Gott, der für mich unerreichbar ist.

Irgendwann finde ich mich unter einer goldenen Kuppel, die in Wirklichkeit keine Kuppel ist, sondern eine vom Künstler inszenierte optische Täuschung; der imaginäre Raum wölbt sich in einen imaginären Himmel, der in mir den flüchtigen Gedanken weckt, Gott sei schlußendlich auch nur Imagination.

In den ehemaligen Studentenquartieren ist der Basar untergebracht, Kupferschmiede und Teppichhändler, Souvenirverkäufer, Flötenspieler, verkrüppelte Bettler; die Männer sind nicht aufsässig, aber höflich hartnäckig. Bei einem Coca-Cola-Automaten finde ich wieder zu meinen Reisegefährten; unbeeindruckt von Valentinas Begeisterung, reden sie über das Wetter, das Pech, die falschen Filme in den Kameras zu haben, den grauen Himmel, die Kälte und darüber, daß der Tourismus nach Aids und dem Finanzamt die dritte Seuche in diesem Jahrhundert darstelle. Der Coca-Cola-Automat zieht meine Aufmerksamkeit ab; er wird zum Absurdum, ein Symbol für die Zeit, in der ich lebe und der ein Lehrer fehlt, der mich in der Kunst unterweisen könnte, wie man gewinnt, indem man verliert. Für mich, und vermutlich für die meisten der »Lost Cities«-Reisenden, gibt es keine Beseeligung mehr, diese ganzen Himmelfahrten des Gefühls, diesen Hunger nach gläubiger Erfahrung, der vormals ins Jenseits griff und der heutzutage nur noch in jenen wohnt, die bereit sind, den Worten der Propheten zu folgen.

Von einem Pfeiler neben dem Coca-Cola-Automaten blickt mich aus blau lasiertem Grund die Swastika an. Ich denke an Edward-Tonelli, was er an einem der letzten Tage seines Aufenthalts in Samarkand in seine Erinnerung schrieb; der Erde treu bleiben, meinte er, und dafür bedürften wir keiner Religion; wir bräuchten sie nicht zu verlieren, nur in uns zurücknehmen sollten wir sie und die heiligenden Kräfte fürs Diesseits bewahren. Rosenknospen sollen wir pflücken, so oft und so lange es geht.

Wie schön und wahr diese Gedanken auch sein mögen, mein Problem ist jetzt ein dringendes, und es wird während meines Eilmarsches über den Registan-Platz immer dringender; weit und breit ist keine Toilette in Sicht, kein Örtchen, wo man sich zwei Minuten lang unbeobachtet Linderung verschaffen könnte. Endlich entdecke ich hinter einer Tribüne den ersehnten Ort, nur, die Tür für »men« ist geschlossen. Es gibt Augenblicke, wo man sich über spezifisch Geschlechtliches hemmungslos hinwegsetzt, was in diesem Fall zur Flucht von zwei Damen mit Kopftüchern führt, die bei meinem Anblick den Raum der Notdurft in panikartiger Eile verlassen, wobei sie spitze kleine Schreie ausstoßen.

Erleichtert trete ich ins Freie, im Himmel sind ein paar blaue Löcher, durch die Sonnenlicht auf den gleißenden geometrischen Aberwitz des Registan fällt. Ich sehe meine Reisegefährten mit Kupfertellern und Teppichrollen die Gewölbe des Basar, verlassen, Larry schleppt einen Wasserkrug, und Mrs. Lexman trägt unverdrossen Jack Kornfields »Lehren Buddhas« unter dem Arm, ihre Wunderwaffe gegen das Leben.

Als ich diese Sätze viel später niederschreibe, wird mir einmal mehr bewußt, wieviel einfacher es doch ist, die skurrilen und negativen Seiten eines Menschen zu schildern als seine guten. Nur ist es eben doch so, eine komische Situation prägt sich uns ein, das andere ist Alltag. Ein guter Zahnarzt mit einer lieben Frau und drei Kindern, der jeden Sonntag achtzehn Löcher Golf hinter sich bringt, interessiert niemanden; spannend wird die Geschichte erst, wenn er einen Buckel hat und ein Verhältnis mit dem Solotänzer des Bolschoj-Balletts.

Gur Emir, das »Grab des Gebieters«, wurde Ende des 14. Jahrhunderts als Mausoleum der Temuriden errichtet. Es ist der schönste und wahrscheinlich auch architektonisch edelste Bau Samarkands. Wir wandern durch den geometrisch angelegten Garten, ein paar Rosen haben die Kälte überlebt und warten auf die Sonne, die gerade zwischen zwei Wolkenbänken hervorkommt und ihr weißes Licht auf eine gerippte Kuppel wirft, die »zum Himmel strebt, als löse sie sich von den irdischen Sorgen und der Welt der Eitelkeiten«; ein Satz des Dichters Abdurrachman Jami, eines Freundes von Ulug'bek. Im Sonnenlicht wirkt die Kuppel blau; ich weiß, neben den blau lasierten Ziegeln liegen grüne und orangefarbene Steine, die man von unten wegen des Schattenspiels der Rippen nicht sieht. Die Erbauer wußten um die Komplementärfarben und nutzten ihr Spiel, das ich jetzt von meinem winterlichen Rosengarten aus beobachten kann, die Sonne ist wieder verschwunden, das Blau der Kuppel hat sich in die Steine zurückgezogen und eine smaragdgrüne Seifenblase im Himmel zurückgelassen.

Im Inneren des Mausoleums überkommt mich das Gefühl, daß es zu viele Menschen gibt auf dieser Welt, mich eingeschlossen. Als der Raum sich allmählich leert, kann ich endlich die mit Onyxplatten verkleideten Wände sehen, die hellblauen Fayencen der Säulen, das Gold. In der Mitte Ulug'beks Steinsarg, daneben Tamerlans Sarkophag, ein Quader aus schwarzem Nephrit. Timur ruht zu Füßen seines Lehrers, des Scheichs Mirsaijd-Bereke. Unwillkürlich fragt man sich, was das für ein Lehrer gewesen sein muß, der seinen Schüler so vorbildhaft in der Kunst des Schlachtens und Schädelspaltens unterwies, daß er es in der Ahnengalerie der Monster zu einem Ehrenplatz brachte. Die Verehrung Timurs für ihn muß groß gewesen sein, der Platz zu seinen Füßen beweist es.

Ich stehe im Halbdunkel des Mausoleums, nur ein Beter befindet sich noch im Raum, der neben seinem kleinen Sohn still vor der Balustrade kniet, auf der meine Fingerspitzen jetzt über kleine Einkerbungen im Alabaster gleiten, die Kerben der Zeit. Es ist sehr still. Von draußen, schon ziemlich weit weg, dringt das schneidende Organ Valentinas in diese Stille, die den Reisegefährten von den Gebeinen Tamerlans erzählt, die in einer Krypta unterhalb des Raumes ruhen, in dem ich mich befinde. Ich kenne die Geschichte aus meinen Büchern; 1941 war das Grab von dem russischen Archäologen Kari-Niyazov erstmals seit fünfhundert Jahren geöffnet worden, gegen erbitterten Widerstand vieler Usbeken; sie befürchteten, der »Geist des Krieges« könnte dem Sarg aufs neue entfliehen. Die Schlacht um Stalingrad tobte, während Wissenschaftler in einer Holzbaracke hinter dem Mausoleum die Knochen des Toten mit Zahlen versahen und feststellten, daß Tamerlans linker Oberschenkel tatsächlich drei Zentimeter kürzer war als der rechte und vom Schädel des Eroberers Strähnen von wirrem rotem Haar hingen. Eine Legende erzählt, die Schlacht sei an dem Tag zugunsten Rußlands entschieden gewesen, an dem Kari-Niyazov den Sarg wieder schloß.

Milchiges Sonnenlicht liegt über den Gärten, als ich über breite Kieswege zum »Afrasiab Hotel« zurückspaziere; die Reisegefährten sitzen wieder im Bus, um vor dem Lunch die Sehenswürdigkeiten der Stadt anzuschauen. Ich habe mir vorgenommen, am Nachmittag oder morgen ganz früh nochmal hierherzukommen, um die Krypta zu besuchen.

Ein einheimischer Guide, unter Tausenden an seiner Haltung zu erkennen, löst sich von der Mauer und steuert auf mich zu; ich will keinen Führer, mir reicht Valentina, ich will allein meines Weges gehen, aber der Mann bleibt, er redet unbeirrbar auf mich ein, probiert es auf englisch, französisch und deutsch, stapft mit seinen riesigen Stiefeln so lange neben mir her, bis ich ihm einen Som-Schein in die Hand drücke und energisch erkläre, er möge sich, bitteschön, zum Teufel scheren.

Der Weg führt zwischen entlaubten Rosenrabatten von Wasserbecken zu Wasserbecken. Ein alter Mann mit weißem Turban kommt mir entgegen, er sieht mich nicht, obwohl ich seinen Kaftan mit der Hand berühren könnte, blickt er durch mich hindurch, als sei ich Luft. Luft bin ich anscheinend auch für die jungen Frauen, die kichernd vorbeiflattern und sich am Rand eines Beckens niederlassen. Ein Taubenschwarm platzt in den Himmel, plötzlich ist überall Licht, weiße Helligkeit ist zwischen die Rabatten gewoben, die Brunnen und Kuppeln, nach denen ich mich immer wieder umdrehe, bis ich vor den Stufen des »Afrasiab Hotels« stehe.

Eine Folge dieser Reise wird sein, daß ich für lange Zeit davon geheilt bin, mich von einer Menschenmenge mit Reiseführern in der Hand an Statuen und Wandbildern vorbeischieben zu lassen, an tausend Dingen, die ich, lange nachdem ich Tore und Treppenfluchten hinausgescheucht worden bin und in den nächsten Bus hinein, gerne noch länger betrachtet hätte, und sei es, um zu prüfen, auf welche Zeichen der Vergangenheit mein Auge reagiert.

Das Nachmittagsprogramm ist derart überfrachtet, daß ich beschließe, nur Orte aufzusuchen, die in meiner papierenen Erinnerung vorkommen. Ich werde auf das Ruhabad-Mausoleum verzichten, in dem ein Barthaar des Propheten aufbewahrt wird. Ich hege eine instinktive Abneigung gegen all die Merkwürdigkeiten, welche die Weltreligionen in ihren Glaubenstempeln gesammelt haben; Fingernägel Mohammeds, Backenzähne Buddhas, ein Schlüsselbein der Heiligen Hildegard oder das Schweißtuch des Gekreuzigten. Ein Kuriosum ganz besonderer Art ist mir in Gestalt des getrockneten Blinddarms von Simeon, des wetterfesten Säulenheiligen, in Kalabrien begegnet, der dort als wundertätige Reliquie gegen Fehlgeburten und Schlagfluß verehrt wird.

Ebenfalls verzichten werde ich aus diesem Grund auf den Besuch der Nekropole Shohizinda, wo der muslimische Märtyrer ibn Abbos, ein Cousin Mohammeds, nach seiner Enthauptung den Kopf unter den Arm nahm und sich durch einen Brunnen zu den Seligen des Paradieses unter die Erde zurückzog.

Als ich im Taxi sitze, nehme ich den Verzicht wieder zurück, der Fahrer, ein Chemiestudent aus Petersburg, der sich in den Semesterferien sein Geld als Fremdenführer verdient, überredet mich, wenigstens einen Spaziergang durch die Totenstadt zu machen; vieles sei nach der Zerstörung durch Erdbeben neu aufgebaut, und jetzt, wo die Sonne scheine, dürfe ich mir die märchenhaften Majolika-Dekors einfach nicht entgehen lassen. Hier bin ich also, der Wille des Taxifahrers war stärker als meiner, und ich bereue es nicht. Blaue und türkise Kuppeln, auf riesigen

Steintrommeln ruhend, Ornamente aus Blumen und Sternen, alles in dieser Nekropole scheint eine gigantische Komposition zu sein, Symbol, Absicht, eine geordnete Natur, die sich der ungeordneten der Steppen und Wüsten schützend entgegenstellt. Auf manchen Kuppeln wachsen Bäume und Sträucher zwischen den Ziegeln und sprengen die Ordnung. Bilder der vom Untergang gezeichneten Temuriden-Dynastie, zu ihnen gesellen sich, trotz der Renovation, jene Bilder schleichenden Verfalls, der sich über die Jahrhunderte hinweg auch hier nicht anders vollzieht. Zur Zeit Timurs waren die Kuppeln in frostigen Wintern durch Kappen aus Ziegenhäuten geschützt.

Mein Taxifahrer bringt mich zum Basar, wo ich für zehn Dollar zwei faltbare Reisetaschen erstehe, von deren Fassungsvermögen ich hoffe, sie möchten unsere Neuerwerbungen schlucken, ohne aus den Nähten zu platzen. Bei der Wanderung über den Markt blickt man erstaunt auf die kunstvoll getürmten Pyramiden von Paradiesäpfeln und Auberginen, die Traubenhügel und Kartoffelberge; es scheint, als seien den schweren Frauen mit den breiten Gesichtern unter bunten Kopftüchern die geometrischen Formen der Moscheen so in Fleisch und Blut gedrungen, daß sie sogar Knoblauchzöpfe und Zwiebelstränge nicht nur in wunderbarer Regelmäßigkeit flechten, sondern sogar so ins schräg einfallende Licht drapieren, daß man das Gefühl bekommt, durch ein lebendes Kunstwerk zu schreiten.

Wegen ihrer Größe ist sie nicht zu übersehen: In unmittelbarer Nachbarschaft des Basars steht die Bibi-Xanom-Moschee. Nach seinem Indienfeldzug wollte Timur in Samarkand die prächtigste Moschee der östlichen Hemisphäre errichten, prächtiger noch als die »Freitagsmoschee« im persischen Isfahan. Verglichen mit dem Gur Emir Mausoleum wirkt der für die junge Königin errichtete Monumentalbau leblos und kalt.

Museumsbesuche zählen nicht zu meinen Lieblingsbeschäftigungen; daß ich dennoch zum Nationalmuseum fahre, hängt wieder mit der liebenswürdigen Beredsamkeit meines Fahrers zusammen, der erzählt, dort sei der Holzsarg Tamerlans zu besichtigen, in dem man ihn von den Grenzen Turkistans zurück in die Heimat gebracht hatte. Leere Särge haben Fetischcharakter; ich glaube nicht an Fetische, trotzdem üben diese Totenhüllen eine unerklärliche Faszination auf mich aus. So laufe ich dann durch die Halle eines an Häßlichkeit kaum überbietbaren Museumsgebäudes, wahrhaftig mutterseelenallein, wenn man absieht von ein paar Mütterlein, die teetrinkend und stikkend in einer Nische mit Wandteppichen sitzen und erstaunt auf den eiligen Besucher starren, *einen* Besucher, das ist für sie etwas Neues, Touristen kommen in Scharen und in Begleitung eines amtlichen Führers.

Vorbei an verstaubten Vitrinen, in denen Manuskripte und Instrumente des arabischen Gelehrten Avicenna liegen, der in Samarkand zwei Jahre gelebt hatte. Tamerlans Zelt, das ihm auf seinen Feldzügen Unterkunft war, schmucklos, von bescheidenem Ausmaß, als hätte er angesichts des drohenden Todes übertriebenen Prunk als schlechtes Omen betrachtet.

Der Sarg, eine schlichte Kiste aus Eisenholz, Wurmlöcher an den unteren Rändern, rohe, rasch geschlagene Kerben; rasch mußte es gehen in diesem Februar 1405, als die Offiziere mit dem in rosenwasser- und moschusgetränkte Tücher gewickelten Leichnam den eisigen Rückweg nach Samarkand antraten.

Es war einer der härtesten Winter, die Turkestan je erlebt hatte. Dennoch, den Warnungen seiner Sterndeuter zum Trotz hatte Tamerlan an seinem Entschluß festgehalten, China für die Verweigerung der Gefolgschaft zu strafen. Zweihunderttausend Mann zählt das Heer, an die fünfzigtausend, was hinter ihm kommt, um den Nachschub zu sichern. Ich stelle mir dieses Feldlager vor, eine weiße Zeltstadt in einem weißen Tal, umschlossen von Bergen, Dunst liegt über der eisigen Kälte, der Atem von Menschen und Pferden und Schlachtvieh. Timur liegt im Winterzelt, er ist in Felle gehüllt, dennoch friert er. Gegen diese Kälte ist der kirgisische Schamane ebenso machtlos wie die Leibärzte aus Akra, Isfahan und dem fernen Venedig. Es ist ein inneres Frösteln, anders als die Eisluft, die das Tal in der Richtung durchweht, in der er den Feind weiß, im mauerumgürteten Osten. Dieses Frösteln, mehr eine Ahnung von Kälte, läßt ihn zum Alkohol greifen, Arrak, den hochprozentigen türkischen Schnaps; ihn schüttet er, ohne einen Bissen zu essen, drei Tage in seinen alten Körper hinein, so lange, bis er weder Hitze noch Kälte mehr spürt und nur noch das Blau von Samarkands Kuppeln ihm den Weg dorthin weist, wo auch für den Tapfersten keine Schlachten mehr zu gewinnen sind.

Den Fahrer habe ich mit Dollars bezahlt; sein enttäuschter Blick, als ich ein Bündel Som aus der Tasche zog, hatte mich nach meinen letzten kleinen Dollarnoten suchen lassen. Sosehr wir dem Dollar trauen, hatte er lächelnd gesagt, so wenig trauen wir den Amerikanern. Ich lasse die Reisetaschen im Hotel und gehe nochmal durch den Park zum Gur Emir Mausoleum. Auf halbem Weg fängt der linke Schuh an zu drücken, genau an der Stelle, wo der rechte mir in Petra eine Blase bescherte. Vielleicht habe ich Glück und finde noch einen Guide, der mir für die verschmähten Som die Krypta aufschließt.

Es ist kurz vor fünf, der Park ist leer, ein paar magere Hunde, die sich um den Kadaver einer toten Taube raufen. Auch der Rosengarten vor dem Mausoleum ist menschenleer, keine Händler, kein Guide, die Tore sind verschlossen. Durch die geometrische Gotteswelt der Gärten gehe ich um den Bau, für Sekunden beleuchtet die Abendsonne das westliche Minarett und die Spitze der Kuppel, ein Feuerwerk aus Blautönen am Himmel. Das Mausoleum ist jetzt nur noch ein Ort des Lichts und des Schweigens. Dann mit einemmal erlischt die Sonne in ihrem uralten Blau. Ich muß wieder zurück.

Woran ich mich später noch oft erinnern werde: Auf dem Weg zurück zum »Afrosiab Hotels« hatte ich plötzlich Sehnsucht nach menschlichen Gestalten oder wenigstens Gestalten der menschlichen Phantasie; ich wußte, die menschenlose, geometrische Ornamentik würde mich bei all ihrer Farbenpracht und Schönheit nicht glücklich machen; ich brauche Bilder, auf denen Engel fliegen, Götter weiße Bärte tragen und Ungeheuer mir die Zunge herausstrecken.

Montag, 22. November

Morgendämmerung, als ich von einem Schlag gegen das Fenster erwache; wie ich mich aufrichte, sehe ich eine große Taube, sie hockt auf dem Fensterbrett und glotzt mich aus roten Augen an.

An kleinen Dingen merkt man, wie die Zeit vergeht. Die Zahnbürste, vor der Reise in Zürich gekauft, hat in den drei Wochen Haare gelassen. An diesem letzten Morgen vor der Rückkehr gehen mir beim Zähneputzen all die Orte durch den Kopf, wo ich das Gefühl hatte, in etwas ganz Lichtem und Klarem gewesen zu sein. Es muß etwas mit der Höhe zu tun haben, die Ballonfahrt über dem Mäanderband des Ayeyarwaddy, der Blick vom Turm in Angkor über die vom Dschungel verschluckten Ruinen, der Berg Sera oder das dürre Blatt in der Hand des alten Mannes.

Ich rasiere mich besonders langsam und gründlich, als könnte ich so das Ende der Reise hinauszögern. Neben mir, auf dem Rand des Waschbeckens, liegt ein Zettel mit Notizen, Stichworte der Rede, die der Bürgermeister von Samarkand nach dem »Usbekischen Diner« für die »Lost Cities«-Reisenden hielt. Ich hatte Gelegenheit, danach mit ihm ein paar Worte zu reden. Seine erste Frage war: Haben Sie das Museum besucht?

Der historische Teil ist interessant. Das Museum ist schrecklich.

Ich hatte sein Gesicht beobachtet, während ich fortfuhr, der Spiegel des Kommunismus ist seine Architektur, man sieht das in China.

Seine Miene blieb unverändert. Ja, sagte er kurz, ich wünsche Ihnen noch einen angenehmen Aufenthalt. Später erzählte mir Agnes, daß er unter den Sowjets »Deputierter« in Usbekistan war und den Bau des Museums angeregt hatte.

Ich drehe den Zettel um und schreibe mit S.s Augenbrauenstift, »bin Frühstücken und mache danach einen Spaziergang«. Im Restaurant bin ich der erste; es ist kurz nach sechs, das Buffet wird gerade gerichtet. Nur die russische Reiseleiterin ist schon unterwegs, rauchend, eine Kaffeetasse in der Hand. Ein großartiges Weib, sie wirkt wie eine guterhaltene Puffmutter, orangerot gefärbte Haare, das kaskadenförmige Kinn fällt in die klirrenden Halsketten, während sie auf mich zuwatschelt und mit der Zigarette auf den dampfenden Topf mit Bohnensuppe und Speck deutet. Sie mögen das auch, flötet sie, ich habe Sie beobachtet, würde es Sie stören, wenn ich mich zu Ihnen setze und ein Tellerchen esse?

Und dann sitzen wir um halb sieben Uhr morgens an einem runden Tisch und löffeln Bohnen und Speckwürfel aus unseren Tellerchen; ich mache es meiner Tischgefährtin nach und wische mit der röschen Kruste frischgebackener Brotfladen den Tellerrand ab. Die wabbelnde Lebendigkeit dieser Frau, ihr helles Flöten und dann wieder ihr tiefes rollendes Lachen, als sie sagt, vielleicht noch ein Tellerchen, und dann könnte man ein Gläschen vertragen, ich werde das nie mehr vergessen. Das ist Rußland, Usbekistan, der Arrak trinkende Tamerlan, und ich weiß nicht was sonst noch alles. Jedenfalls folge ich allen Vorschlägen von Ilona, so heißt meine Verführerin an diesem Morgen, esse noch ein Tellerchen, diesmal angereichert mit Hammelwurst und in Nierenfett gerösteten Brotbröckchen, trinke usbekischen Wodka, von dem ich erfahre, daß er gut gegen Zahnfleischbluten und Krampfadern sei und obendrein Sorgen vertreibe. Ich freue mich, mit welch ungeheurer Beschwingtheit diese Ilona jetzt die Frühaufsteher begrüßt, ihnen ein Tellerchen empfiehlt und mir dann zuzwinkert, als sie die erschrockene Abwehr meiner Reisegefährten erkennen und zusehen muß, wie sie Milchreis und Fruchtsaft den Vorzug geben.

Ich habe Zeit bis zehn, um nochmal zum Gur Emir Mausoleum zu spazieren. Es ist kalt, aber der Himmel ist heute wolkenlos. Wie gestern abend ist der Park menschenleer, ein vom Rest der Welt abgeschiedenes Fleckchen, durch das ich mit einem seltsamen Glücksgefühl wandere; dabei weiß ich nicht, ob ich dieses Einatmen von Glück Ilonas Gläschen verdanke oder einfach der Tatsache, daß ich an solch stillen Orten immer am glücklichsten bin. Ich habe darüber nie wirklich nachgedacht, ein Zeichen, daß man über Glück anscheinend weniger nachdenkt als über das Unglück.

Vor den Rosenrabatten kniet ein Mann und schneidet dürre Triebe. Als er mich sieht, steht er auf und kommt ein paar Schritte entgegen. Ich erkenne in ihm einen der Wächter, die gestern eintausend Som für die Fotoerlaubnis kassiert hatten; heute, im Morgenlicht, sieht er aus, als gehöre er leibhaftig zu diesem Mausoleum und würde sich jeden Augenblick in Geschichte auflösen, einfach im Blau der Fliesen verflüchtigen. Während wir uns schweigend gegenüberstehen, denke ich plötzlich, daß weder für ihn noch für mich irgend jemand einmal ein Mausoleum errichten wird.

Inzwischen spiegelt sich die Sonne bereits im Fliesenkranz des Minaretts, smaragdfarbene Blitze, deren Licht in den im Schatten liegenden Fayencen der Kuppel weiterglüht. Etwas in mir will dort hinauf, ich will wissen, ob es mir wie Edward-Tonelli vergönnt ist, einen der schönsten Augenblicke zu erleben, die dem menschlichen Auge geschenkt sind. Ich deute auf das Minarett, versuche, dem Mann klarzumachen, daß ich auf den heiligen Turm möchte, aber die Anmaßung der englischen Weltsprache verfliegt wie das unsichtbare Stäubchen, das der Wächter jetzt von

334

seinem Handrücken pustet; angewidert blickt er auf das Bündel heimischer Som, das ich aus der Tasche ziehe und gerne loswerden würde, weil keine Bank der Welt einen Som wechselt.

Sein gelangweilter Gesichtsausdruck ändert sich schlagartig, als ich es diesmal mit einer Dollarnote versuche; ein Dollar reicht für ein müdes Lächeln, ein zweiter läßt ihn strahlen, der dritte bringt ihn dazu, die Gartenschere in die Rabatten zu werfen und auf eine Tür an der Seite des Mausoleums zuzueilen. Nach ein paar Minuten taucht er mit einem Bund uralt aussehender Schlüssel wieder auf und versucht, das Vorhängeschloß an der Minarettpforte zu öffnen. Das Schloß ist verrostet, die Angeln sind verrostet, die Holztür läßt sich nur mit Gewalt bewegen, wir müssen uns beide dagegenstemmen, bis ich mich durch einen Spalt ins Innere zwängen kann.

Eng ist es und finster, steile hohe Stufen winden sich nach oben, Schutt, Spinnweben, es riecht nach Fledermauskot, Vermutlich hat seit Jahrzehnten kein Verrückter diese Klettertour unternommen. Das Steigen in der dunklen Spirale kommt einem endlos vor. Dann plötzlich von irgendwo Licht. Endlich stehe ich auf dem Dach des Mausoleums, vor mir wölbt sich die blaue Kuppel in den blauen Morgenhimmel. Auf dem Boden liegt Schutt, Reste von verwittertem Zierat, Moos und Flechten wachsen in Spalten zwischen Fayencen, ich kann die haarfeinen Krakeluren in der Lasur erkennen, deren seidigem Glanz seit sechshundert Jahren weder Hitze noch beißender Frost etwas anhaben konnten.

Im Schutt entdecke ich eine herausgebrochene Kachel, fast unversehrt; sie ist der letzte Fund dieser Reise, in wenigen Tagen wird er zwischen den anderen Dingen aus neun fernen Ländern auf dem Boden meines Zimmers liegen und mich an einen Morgen in Samarkand erinnern.

Dann zwänge ich mich nochmal in das Loch im Minarett, um die letzten zwanzig Meter zur Spitze hochzusteigen. Wieder Dunkelheit, wieder tasten die Hände sich an rauhen Steinwänden entlang. Mich begleitet die oft gemachte Erfahrung, daß Nähe den Zauber bricht; blind steige ich durch eine andere, ältere Zeit und sehe vor meinem inneren Auge das schwebende Blau der Kuppel, wie ich es gestern aus der Ferne zum ersten Mal sah; was ich jetzt mit meinen von Staub schmutzigen Fingern berühre, sind nur Dinge, die erst aus der Distanz von tausend Meilen den Glanz des in der Weite Geschauten wieder zurückerhalten werden.

Tauben flattern auf, als ich ans Licht klettere. Jetzt stehe ich auf der kleinen kreisrunden Plattform, auf der vor sechshundert Jahren der Muezzin stand und die Gläubigen zum Gebet rief, die von weither gekommen waren, um am Sarg ihres toten Herrschers zu trauern. Ich stelle mir die Menge vor, weit unter mir, zwischen Rosenrabatten und geometrischen Mauern, die Frauen haben die Haare gelöst und die Gesichter geschwärzt, Wehgeschrei einer Menge, die schnell fanatisch werden kann und das Fremde nicht mag.

Heute ist es still und leer im Park, die Stadt scheint noch zu schlafen, Samarkand, umschlossen von sanften Hügeln, vor deren Silhouetten wie lodernde Visionen die Kuppeln der Heiligtümer schweben. Edward-Tonelli hatte recht, der Blick über Samarkands Dächer hat sich wahrhaftig gelohnt. Vor dem Abstieg ein letzter Blick auf die Wege, über die ich gegangen bin und bald noch einmal gehen werde. Wie in einem Film des Irrsinns sehe ich zwischen den Hecken meine Reisegefährten auftauchen, Mr. und Mrs.

Zack und das holländische Ehepaar, sie sind unverkennbar in ihren bunten Joggerhöschen, sie rennen die Rabatten entlang, umrunden den »Brunnen der Ewigkeit« und entschwinden wieder in Richtung »Afrasiab Hotels«.

Wenn er dich raufläßt, wird er dich auch unter die Erde lassen, denke ich eine Viertelstunde später, als ich wieder auf dem Platz vor dem Portal stehe und meinem Komplizen beim Schneiden dürrer Triebe zuschaue. Diesmal weist meine Gestik unter die Erde, in die Krypta will ich, und ich unterstreiche diesen Wunsch mit drei Eindollar-Noten, die meine Hand auffächert wie ein Kartenspiel. Was unter der Erde liegt, kostet mehr. Das gelangweilte Lächeln weist in Richtung von wenigstens vier Dollar, ein sechster Schein erweist sich als Sesam zur Gruft.

Soweit habe ich die Zeichensprache des Mannes begriffen, wir müssen uns beeilen, in einer Stunde beginnen die ersten Führungen, und es gibt kein Licht dort unten, weil er keinen Schlüssel für den Schaltkasten hat. Dann gehe ich hinter dem Wächter die Steinstufen zur Krypta hinunter, er trägt zwei Kerzenstöcke, die mir bei den Gebeinen des Toten Gesellschaft leisten werden. Schweigend stellt er die Lichter in eine Mauernische, schaut mich an, schaut auf seine Armbanduhr und schlurft die Stufen wieder hinauf. Ich bin allein mit Timur dem Lahmen.

Es ist sehr still hier unten, wie das Ticken einer langsamen Uhr fallen in einer Ecke des Raumes Wassertropfen auf die Fliesen. Die Kerzen lassen die Onyxkuppel des Sarkophags bernsteinfarben leuchten, ein Licht, als käme es aus dem Inneren des Steins. Die seltsame Aura dieses Ortes, ich empfinde sie anders, stärker als alles, was ich je zuvor an einer Totenstätte empfand.

Die Waffen, seine Sättel, der Inhalt der Schatztruhen,

die zusammengerafften Herrlichkeiten der eroberten und geplünderten Länder waren um den Sarg des toten Herrschers gehäuft, Teppiche aus Seide dämpften die Schritte der Trauernden, und wer am Mausoleum vorbeiritt, stieg vom Pferd, um Tamerlan die letzte Ehre zu erweisen. Nun sind die Gebeine vermessen, seine Taten und Untaten auf Disketten gespeichert; ich frage mich, was sonst außer dieser kalten Steinherrlichkeit ist von diesem Leben geblieben, das als gnadenlose Sonne über Samarkand leuchtete, die weder wärmte, noch den Menschen die Angst nahm. Ich frage mich, ob es im Leben des Toten etwas gab, das half, ihn vor der Einsamkeit zu beschützen, ob es Augenblicke gab, wo er im Morgenspiegel auf ein Gesicht traf, das Dinge von ihm erbat, die ihm zu geben er Angst hatte. Und ich frage mich, wie viele Rosenknospen dieser Herrscher in den siebzig Jahren seines Lebens ungepflückt verwelken ließ, bis er im Delirium erkannte, daß es Winter war und endgültig zu spät.

Ich weiß nicht, wie lange ich schon in der Krypta an der Wand lehne; als ich mich endlich abstoße, um dieses Geisterreich zu verlassen und zur Treppe gehe, begleitet mich der Gedanke, ob nicht die wahren Gespenster die Lebenden sind.

Der Flug von Samarkand nach London

Der letzte Reiseabschnitt wird der längste sein, acht Stunden von Usbekistan bis Europa. An Bord der »Explorer 2000« herrscht eine ausgelassene Stimmung, alle, fast alle, freuen sich auf zu Hause, für einige wird der Weg noch weit, London ist nicht Endstation, Australien, Südafrika, Kanada und die USA; morgen früh werden sie wieder im Flugzeug sitzen, um dorthin zu gelangen, wo sie vor drei Wochen aufgebrochen waren, um Inseln des Glücks und der Bedeutsamkeit zu entdecken.

Adressen werden getauscht, man verspricht zu schreiben, sich irgendwo auf der Welt wiederzusehen, und jeder weiß, daß die meisten dieser Versprechen uneingelöst bleiben. Wenn ich Ende Juni 2000 diese letzten Sätze schreibe, werde ich Ben in Namibia getroffen haben, wo er neue rote Turnschuhe an den Füßen hat und Zegrahms Reisende durch die wundervollste Wüste der Erde begleitet; er wird mir erzählt haben, die drei Freundinnen seien Luftgeschöpfe, die sich im Schlaf zwischen ihn und die Frau stellen, die er im verborgenen liebt, Agnes, die ihn behandelt wie einen Bruder.

S. hat Agnes in Wien gesehen, wo sie sich von einer bulgarischen Ärztin ein Wunder für ihre kleine Tochter erhofft; Betty und Larry haben uns in Kilchberg besucht und versucht, uns eine Zegrahm-Reise schmackhaft zu machen, die im Herbst zu den Königspinguinen der Arktis führen soll.

Unsere Gruppe ist geschrumpft, sechs Passagiere sind vorzeitig mit Linienmaschinen heimgeflogen, so auch Guaretti, dessen Gesundheitszustand sich derart verschlechtert hatte, daß er auf Drängen seiner Frau von Ulan Bator zurückflog.

Die großartige Agnes hält eine Abschiedsrede, sie hoffe, daß wir uns auf irgendeiner nächsten Zegrahm-Reise alle wieder begegnen werden. Ich sehe Tränen in den Augen von einigen älteren Ehepaaren, sie ahnen vielleicht, daß es für sie diese Reise nicht mehr geben wird, weil auf der anderen Seite des Frühstückstisches ein leerer Stuhl steht und die ungelesene Zeitung das Lächeln ersetzt, mit dem man jeden Morgen aufgeklärt wurde, daß es unhöflich sei, in Gegenwart anderer Zeitung zu lesen.

Agnes erzählt, daß wir in Nepal haarscharf an einem Unglück vorbeigekratzt sind; in Kathmandu habe der Tankwagen zu brennen begonnen, nur durch die Geistesgegenwart des Bordmechanikers Alan Drian sei das Schlimmste verhindert worden. Der blasse junge Mann, der während der ganzen Reise in der hintersten Reihe saß, Comics las und Milchshakes trank, hält das Mikrophon wie ein glitschiges Reptil, well, sagt er, well, no problem, und geht rasch und mit gesenkten Schultern zurück an seinen Platz.

Vierundvierzig Stunden sind wir geflogen, sagt Agnes, dreizehntausend Tonnen Treibstoff wurden verbraucht und neunundzwanzigtausend Meilen werden zurückgelegt sein, wenn die »Explorer« nach dreiundzwanzig Tagen wieder in London landet.

Edward-Tonelli hatte für seine Reise dreiundzwanzig Jahre gebraucht.

Ich lehne mich in meinem Sessel zurück; Neil Hallett, der Küchenchef, erzählt mit appetitförderndem Bilderreichtum, was uns zum Lunch erwartet. Schottischer mild gebeizter Wildlachs mit frischem Dill und Crème fraîche; eine Spezialität aus Samarkand, in Weißwein gedünsteter Zander mit Duchesse-Kartoffeln und Senf-Aioli. Langsam packt mich die Müdigkeit. Wir reisen in neuntausend Metern Höhe nach Westen; unter uns dichte Wolken, ich stelle mir die Landschaften vor, die wir auf unserem Weg überfliegen werden, Aral-See, Kaspisches Meer, Kiew, die polnischen Seen. Als ich aus meinem Dösen erwache, weil

340

Evelyn ein schäumendes Bier vor mich hinstellt, überlege ich, wie viele Augenblicke des Glücks ich auf dieser Reise wahrgenommen und wie viele ich wohl verpaßt habe, einfach weil meine Augen blind für die Gegenwart waren. Der Satz fällt mir ein, den ich in jenem Buch, das mit den Falten meiner Großmutter begann, ganz am Schluß schrieb: »Ein Leben lang stehen wir mit dem Blindenstock vor der offenen Tür und warten, daß sie aufgeht.«

Nachbemerkungen

Mein besonderer Dank gilt Mrs. und Mr. M. und
H. Kilroy sowie Frau Ray B.; ohne ihre Unterstützung wäre
dieses Buch nicht geschrieben worden. Danken möchte ich
auch den Organisatoren und der ›Crew‹ von Zegrahm Expeditions; ihre Hilfsbereitschaft und ihre Erfahrung waren uns unentbehrlich.

Eine Auswahl von Arbeiten half, die während der Rei-
se gesammelten Eindrücke zu erweitern und zu ergänzen:
Frances A. Yates's ›The Art of Memory‹; T. E. Lawrence's
›Seven Pillars of Wisdom‹; Burckhardt's Entdeckung von
Petra ist der Beschreibung in Anne Metz-Sounder's Buch
›The Nabateans and Their Rose-Red City‹ gefolgt (beide
Jordanien). Wilfred Thesinger's ›Arabien Sands‹ (Oman).
›Shades of Gold and Green, Anecdotes of Colonial Bur-
mah 1886–1948‹ von Nicholas Greenwood; ein Besuch der
Shwedagon Pagode und das Tête-à-Tête mit Gautama im
Ananda Tempel knüpfen an Überlegungen an, wie Cees
Nooteboom sie in seinem Buch ›Im Frühling der Tau‹ er-
wähnt; dieser Reiseerzählung verdanke ich einige wert-
volle Hinweise auf ›Sehenswürdigkeiten‹ abseits des Touri-
stenstroms (beide Burma). ›Old Luang Prabang‹ von Betty
Gosling (Laos). ›River of Time‹ des englischen Photojour-
nalisten John Swain: ›Rendevous with Death‹ von Karl D.
Jackson sowie Dawn F. Rooney's Angkor‹ (alle Kamdoscha).
›Annapurna‹ von Maurice Herzog und ›More Man Eaters
of Kumaon‹ von Jim Corbett (Nepal). ›Dharma Art‹ von
Chögyam Trungpa; Tiley Chodag's ›Tibet, The Land and
The People‹ und Heinrich Harrers ›Lost Lhasa‹. Peter A.
Splettstoesser's ›Great Days‹; seine Schilderung des Ein-
marsches der Britisch-Englischen Truppen unter Young-

husband in Tibet habe ich sinngemäß in meinen Text übernommen. Ein Buch (obwohl es nicht von fernen Ländern handelt) hat mir seltene Momente des Widererkennens beschert: Betrachtungen der Stätten des Steins, des Windes und der Einsamkeit in Philippe Jaccottet's ›La promenade sous les arbres‹.

Die Monatshefte von GEO waren mir durch Beiträge über Oman, Burma, Kambodscha, Tibet und die Mongolei eine wertvolle Hilfe. Um historische und geographische Zusammenhänge besser kennenzulernen, wurden die ›Geographical Journals‹ der Royal Geographical Society herangezogen. Der erste und der letzte Satz dieses Buches sind Zitate aus meinem Roman ›Die Hieroglyphe des Johannes Dee‹.

»Ich kann nicht schreiben, ohne zu lügen«, diesen Satz notierte Kurt Tucholsky im Dezember 1927 in Berlin. In diesem Buch ist nichts erlogen; ich habe, um Schicksale unkenntlich zu machen, die Portraits der Personen ebenso wie manche Ereignisse ehrlich erfunden.

Inhalt

11	London; 2. November; Langham Hilton Hotel
13	3. November; London via Agaba, Jordanien
17	Petra, Jordanien; 3. und 4. November; Wadi Musa, Moevenpick Resort
45	Freitag, 5. November; Agaba via Muskat, Oman
62	Samstag, 6. November; Muskat
79	Sonntag, 7. November, Muskat via Rangoon, Burma
82	Nach Rangoon
89	Montag, 8. November; Rangoon via Pagan
112	Dienstag, 9. November; Rangoon via Vientiane, Laos
121	Rangoon via Vientiane
124	Vientiane (laotisch Vieng Tjan), Laos
132	Mittwoch, 10. November; Vientiane via Luang Prabang
152	Donnerstag, 11. November; Vientiane via Phnom Penh und Siem Riep, Kambodscha
158	Freitag, 21. November; Angkor Wat
179	Samstag, 13. November; Siem Riep/Phnom Penh via Kathmandu, Nepal
187	Kathmandu
206	Bhaktapur, Sonntag, 14. November
211	Zur »Tiger Lodge« im Royal Chitwan National Park
230	Montag, 15. November; Kathmandu via China
234	Chengdu, China
236	Dienstag, 16. November; Chengdu via Lhasa, Tibet
260	Mittwoch, 17. November

269 Donnerstag, 18. November
276 Freitag, 19. November; Lhasa – Chengdu –
     Ulan Bator, Mongolei
281 Ulan Bator, Mongolei
286 Samstag, 20. November
295 Blitzbesuch im »National Museum«.
     Einige Notizen dazu
308 Flug Ulan Bator nach Samarkand, Usbekistan
312 Samarkand
317 Sonntag, 21. November
331 Montag, 22. November
338 Der Flug von Samarkand nach London
343 Nachbemerkungen

Manil Suri, Vishnus Tod

Roman, 2001, aus dem Amerikanischen von Anette Grube
400 Seiten. Gebunden

»Um Vishnu nicht zu wecken, falls er noch nicht gestorben war, ging Mrs. Asrani mit der Teekanne in der Hand auf Zehenspitzen hinunter bis zur dritten Stufe oberhalb des Treppenabsatzes, auf dem er lebte.« So beginnt der Roman eines neuen großen Erzählers, in dem ein Mietshaus in Bombay zum Spiegel indischen Lebens wird. Die Farben, der Humor, das Temperament Indiens sind hier ebenso brillant eingefangen wie die hinduistische Mythologie: die Wanderung durch die verschiedenen Seinsstufen, die Wiedergeburt, die Götter und Dämonen.

»*Der Roman sprüht vor Leben, ist wunderbar geschrieben, hat lauter herrlich vielschichtige und sehr menschliche Figuren ... Er ist außergewöhnlich.*« Michael Cunningham, Autor von *Die Stunden* und Pulitzerpreisträger 1999

»*Abwechselnd bezaubernd und lustig, traurig und ergreifend, dramatisch und grotesk, ist dieser süffige Roman eine Parabel auf die universellen Konditionen des menschlichen Lebens ... Er wird dieselben Leser ansprechen wie Arundati Roys* Der Gott der kleinen Dinge.« Publishers Weekly